乡村振兴

目标下社工推进农村社区治理创新的从化实践

XIANGCUN ZHENXING MUBIAO XIA SHEGONG TUIJIN NONGCUN SHEQU
ZHILI CHUANGXIN DE CONGHUA SHIJIAN

卓彩琴 等著

中国社会出版社

国家一级出版社·全国百佳图书出版单位

图书在版编目（CIP）数据

乡村振兴目标下社工推进农村社区治理创新的从化实践 / 卓彩琴等著 . -- 北京 : 中国社会出版社，2024.7
ISBN 978-7-5087-7050-5

Ⅰ.①乡… Ⅱ.①卓… Ⅲ.①农村社区－社区管理－研究－中国 Ⅳ.①D669.3

中国国家版本馆 CIP 数据核字 (2024) 第 090236 号

乡村振兴目标下社工推进农村社区治理创新的从化实践

出 版 人：程　伟
终 审 人：郑双梅
责任编辑：张　迟
装帧设计：尹　帅
出版发行：中国社会出版社
　　　　　（北京市西城区二龙路甲 33 号　邮编 100032）
印刷装订：北京九州迅驰传媒文化有限公司
版　　次：2024 年 7 月第 1 版
印　　次：2024 年 7 月第 1 次印刷
开　　本：170mm×240mm　1/16
字　　数：270 千字
印　　张：17.75
定　　价：55.00 元

目 录
CONTENTS

上篇 行动研究过程

第一章 导论 ……………………………………………………… 3

第二章 研究设计 ………………………………………………… 11

第三章 行动研究第一阶段：社工推进多元主体参与社区服务 ……… 26

第四章 行动研究第二阶段：社工推进村庄多元共治 …………… 40

第五章 行动研究第三阶段：社工推进村庄"五社联动"

社区共治 ………………………………………………… 54

下篇 行动研究成果

第六章 EPS 模式下社工推进村庄"五社联动"社区共治的

策略研究 ………………………………………………… 67

第七章 增能视角下社工推进村庄德孝文化建设的策略研究 ………… 110

第八章 美丽乡村建设中协同治理的实践模式研究 ……………… 159

第九章 社工推进乡村社区治理创新的实践模式 ………………… 209

第十章 社工推进社区共治典型案例 …………………………… 212

参考文献 …………………………………………………………… 263

后 记 ……………………………………………………………… 279

上篇

行动研究过程

第一章 导 论

一、研究背景

党的二十大报告指出，全面建设社会主义现代化国家，最艰巨最繁重的任务仍然在农村。尽管我国城乡基层治理体系在不断完善，但农村社区治理相对于城市而言仍有较大发展空间。自党的十八大以来，党和国家高度关注农村社区治理问题。2015 年 5 月，中共中央办公厅、国务院办公厅印发《关于深入推进农村社区建设试点工作的指导意见》，强调"农村社区是农村社会服务管理的基本单元"，要求"完善村民自治与多元主体参与有机结合的农村社区共建共享机制""完善在村党组织领导下、以村民自治为基础的农村社区治理机制"。2018 年 1 月，《中共中央 国务院关于实施乡村振兴战略的意见》指出，"乡村振兴，治理有效是基础"，应"加快推进乡村治理体系和治理能力现代化""加强农村社区治理创新"。2022年 5 月，中共中央办公厅、国务院办公厅印发的《乡村建设行动实施方案》指出，"完善农民参与乡村建设机制"是创新乡村建设推进机制的一项重要举措。2023 年 1 月，《中共中央 国务院关于做好 2023 年全面推进乡村振兴重点工作的意见》指出，应"扎实推进乡村发展、乡村建设、乡村治理等重点工作""发挥农民主体作用，调动农民参与乡村振兴的积极性、主动性、创造性"。以上重要文件反映出推动农村社区治理创新是实现我国新时代新征程"三农"工作的重要任务之一。

实现乡村振兴及农村社区治理创新为社会组织特别是社会工作提供了重要的参与契机，党和国家文件也多次提及社会工作。2020 年 10 月，党的十九届五中全会提出，要"完善社会治理体系，健全党组织领导的自治、法治、德治相结合的城乡基层治理体系""发挥群团组织和社会组织在社会治理中的作用，畅通和规范市场主体、新社会阶层、社会工作者和志愿者等参与社会治理的途径"。2021 年 4 月，《中共中央 国务院关于加强基层治理体系和治理能力现代化建设的意见》提出，要"创新社区与社会组织、社会工作者、社区志愿者、社会慈善资源的联动机制，支持建立乡镇（街道）购买社会工作服务机制"。2021 年 6 月，《中华人民共和国乡村振兴促进法》提出，应"培育……社会工作人才""搭建社会工作和乡村建设志愿服务平台"。2022 年 2 月，《民政部 国家乡村振兴局关于动员引导社会组织参与乡村振兴工作的通知》指出，"参与乡村振兴，既是社会组织的重要责任，又是社会组织服务国家、服务社会、服务群众、服务行业的重要体现，更是社会组织实干成长、实现高质量发展的重要途径和广阔舞台"。社会工作者（以下简称社工）作为一支新型的专业人才队伍，该如何嵌入农村现有的社区治理体系，又该发挥哪些功能去推进农村社区治理创新？

广州市从化区作为全国乡村治理体系建设试点示范区，同时也是全国乡村振兴示范县，正在全方位地进行改革和创新。为了更充分地发挥社会工作专业作用，推动农村社区治理创新，助力乡村振兴，2019 年广东省广州市从化区民政局与华南农业大学公共管理学院合作筹建江埔街道凤二村、鳌头镇帝田村两个乡村社会工作服务站（以下简称"社工站"），2020 年 3 月 22 日至 2021 年 3 月 21 日试点运营一年。在第一年试点基础上进一步优化项目，于 2021 年 3 月在吕田镇三村村新建第三个乡村社工站，从化区民政局进一步与华南农业大学公共管理学院、从化区社会组织联合会签订三方合作协议，共同探索社会工作参与农村社区治理、助力乡村振兴的新路径，并形成可推广、可复制的从化模式。

该项目在三方的共同努力下取得了较明显的成效。项目的特色服务被《公益时报》《中国社区报》《中国社会工作》《南方日报》《广州日报》《羊城晚报》等重要媒体报道过 100 多次。项目成果也获得了较多荣誉，比如：2022 年 3 月，服务项目获评中央宣传部等评定的 2021 年全国文化科技卫生"三下乡"活动示范项目（广东省仅 3 项）；2022 年 5 月《乡村振兴战略下社工站推动村庄协同共治的从化实践》被《公益时报》学习强国号和社会工作专刊以 9 篇的篇幅连载；2022 年 9 月《枢纽增能型村级社工站推动协同共治助力乡村振兴》案例入选由中国社会治理研究会指导、浙江大学社会治理研究院主办的"全国社会治理创新案例";2023 年 5 月项目成果获得 2020—2022 年度广州市市域社会治理十大创新项目;2023 年 8 月《枢纽增能型社工站助推村庄协同共治——广东省广州市从化区江埔街凤二村社工站运营与服务》入选由《中国社会工作》编辑部组织的"全国社工站建设优秀案例"。因此,该项目值得研究并推广。

二、研究现状

尽管从社会工作的社会性、专业性、利他性的角度考量,兴起于 20 世纪初的乡村建设行动与专业社会工作存在一定距离(刘振等,2020),但那些致力于中国乡村转型实践的乡村建设行动诸如晏阳初的定县实验、卢作孚的北碚实验以及梁漱溟的邹平实验等依然可以被视为中国社会工作的早期实践探索(李文祥,2023;刘文文等,2023;尹广文,2023;李光绪等,2021)。也有学者提出,1928 年由燕京大学主持的"清河实验"是我国第一次以专业社会工作名义展开的社会实践活动(萧子扬,2017)。随着我国社会工作专业教育的恢复与发展,特别是在 2011 年 11 月,中央组织部、中央政法委、民政部等 18 个部门和组织联合发布了《关于加强社会工作专业人才队伍建设的意见》之后,社会工作作为新兴的专业力量不仅为城乡特殊群体和困难群众提供服务,同时也被赋予了参与城乡基层治理的合法身份。学术界关于社会工作介入社区治理的研究逐渐增多,但主要集中于城市社区,专门以"社会工作""农村社区治理"为关键词的研究非常少。不过,随着社会主义新农村建设、乡村振兴战略等重要国家战略的深入推进,社会工作参与乡村治理、乡村建设逐渐成为研究热点,丰硕的研究成果为本书提供了理论和实践方面的参考。由于众多涉及乡村治理的文献是围绕着多元治理主体特别是村民而展开的,本质上属于社区治理范畴,因此本书融合乡村治理及农村社区治理的相关文献,从以下方面进行梳理。

(一)社会工作在农村社区治理中的作用

有学者提出,社会工作是回应当前农村社区发展诸多结构性困境的重要创新机制，更是针对现代化尤其是市场化、城市（镇）化、工业化对农村发展造成的破坏性影响的社会保护机制（徐选国等，2016）。社会工作所秉持的助人自助、尊重、接纳等价值与乡村治理强调"以人民为中心"的治理理念，强调对人民利益诉求的满足有着诸多共同之处（许静，2023）。由于农村社区公共服务匮乏，社工举办多种形式的活动时，可以充分团结村民，增强农村社区凝聚力，有效纾解社会矛盾（贺芳芳等，2022）。乡镇社工站成为我国社会工作发展的一种新的组织形式，它可以将公共服务传递到有需要的群体手中，从而实现资源的有效递送和配置（徐选国，2023）。另外，作为多元治理格局中的一种"黏合剂"，社会工作有利于实现农村"微治理"，激发村民的内生动力（包先康，2021），社工通过兜底性、发展性、预防性服务保护乡村困境群体，能够提升村民的幸福感和主体意识（吴琛杭，2022），并促进乡村各主体形成"社会治理共同体"（陈涛等，2020），最终引导集体行动朝有助于村庄福利提供和治理的方向发展（胡鹏辉等，2023）。

（二）社会工作参与农村社区治理的路径

现有文献主要从增强村民参与治理的内生动力和链接资源构建支持网络两个方面阐述社会工作参与农村社区治理的路径。社会工作要构建"回访式"或长期定点服务，持续关注服务对象的相关情况，精准发现服务对象的问题，增强服务对象的内生动力（毛宏龙等，2020）。由于社会工作的介入与助力只是暂时的，在"接力"条件成熟的时候便会撤离乡村，乡村治理的"接力棒"最终要回到乡村社区及村民手中（严雪雁等，2021），因而，社会工作需要以"完全在场—选择在场—隐形在场"的行动逻辑推动社区由单一行政性干预向多元力量协同共治转变，赋予社区内在治理潜能和动力（付钊，2023）。除动员村民的参与，社工也要加强居民与村委会之间的沟通和交流（刘霞等，2015），并在社区自组织与他组织之间建立起更加紧密的互助和协同关系（钱宁等，2011）。由于农村地区资源条件有限，社会工作在其中扮演着重要的资源链接角色（蔡鑫等，2021）。社工一方面要通过联合村委会共同打造"资源整合"平台，输入更多资源和希望，促进村民"自我管理、自我服务、自我发展"

意识的提升（韩潇霏，2020）；另一方面也要发挥自身优势，引入外部资源（张生元等，2022），此外，社工还要倡导"协同式"的治理机制，整合各方资源，促进多方主体共同参与农村基层治理（许静，2023），打造生活、文化、利益、社会、精神共同体，共筑基层治理共同体（李晓凤等，2022）。

（三）社会工作参与农村社区治理的角色

社工在参与乡村治理过程中扮演着包括服务提供者、政策宣扬者、政策倡导者、组织培育者等角色。社工作为专业服务的提供者，在进驻村庄后运用社会工作专业方法为村庄策划和开展一系列个案、小组、社区服务活动（杨红等，2022）。社工作为政策宣传者，通过对政策的宣讲、解释与实施，将国家的方针政策落实到乡村基层治理和管理中（王清华，2020）。社工也要结合在农村地区开展的项目服务形成评估报告和调研报告，呼吁国家为农村地区提供更多的资金支持和政策倾斜（王富国，2022），扮演政策倡导者的角色。社工还可以发挥社区社会组织培育者的角色优势，如将农村妇女组织起来，通过建立妇女议事厅平台，保证妇女持续参与村庄公共事务（魏开琼等，2023）。还有学者提出，社工是乡村公共文化建设的"助推者"，是乡村优秀传统文化传承的"策划者"，是乡村特色文化的"发掘者"，是乡村文化人才的"培育者"（曾秀兰，2021）。社工注重发挥村民的主动性、注重发展村民的主体能力，两者之间是一种合作的、联盟的伙伴关系（顾化杰，2023）。

（四）社会工作参与农村社区治理的困境

当前文献中有关社会工作介入农村社区治理的困境的研究，主要体现在社会工作人才队伍建设不足、社会工作服务能力不足、农村治理主体单一、村民缺乏自治能力等方面。

现阶段我国农村社会工作人才匮乏（马宁，2023；毛宏龙等，2020），职能定位不够清晰（卫小将等，2022），专业性不强（黄建榈，2022），社会工作人才流失严重（左建辉，2022；郭美琳，2023）成为制约社会工作参与农村社区治理的重要因素。

从服务能力角度看，由于当前整个社会具有浓厚的城市中心主义文化氛围，要求农村社工驻村与村民"同吃、同住、同劳动"比较困难（颜小钗等，2018）。有学者认为社会工作服务过于刻板，与社区治理契合度不高，如在社区儿童服务中，儿童更多的是被看作服务对象，而非社区发展资源，以致很多村民将社工服务看成是一种课外活动（赵方方，2020）。也有学者认为，由于我国农村社会工作在本质上是一种"改良主义"，在很大程度上它会忽视制度变迁取向，对政策、制度的敏感性不强，加之社工自身能力、农村资源网络等的限制，因此，在具体实务中更侧重微观干预而非综合干预，导致社会工作参与的广度和深度有限（袁小平，2019）。

从农村治理主体层面看，村"两委"依然是农村社区治理的主体（王富国，2022），但由于教育水平低、习惯了被动接受管理等原因，村民缺乏参与社区治理的意识和能力（叶秋辰，2022），过度依赖社工，往往成为社区服务的享受者而不是建设者（万江红，2023）。随着多方力量积极参与农村社区治理，多元治理的格局在不断地被推进发展，然而多元治理主体在资源和话语权等方面处于竞争状态，会导致治理主体的公共责任被"淡化"，治理共同体的集体行动"低效"（孟祥瑞，2020）。基层政府与社会组织之间没有形成良性互嵌，可能出现社会工作"机械嵌入"农村基层治理的情况，阻碍社工站开展服务（许静，2023；张生元等，2022），导致其专业性不断被弱化、服务行政化严重（许静，2023），也容易出现偏离服务目标的情况（黄建栩，2022）。

社工在参与农村社会工作时，也会面临一些伦理困境。社会工作要求社工和服务对象建立专业关系时不带有个人情感，但这与中国农村环境中注重强调熟人关系以建立专业关系的模式产生了冲突（陈晓东等，2023），此外，农村社工的介入如果完全从问题的角度出发，强调服务对象的脆弱性，提供专业的单向帮扶，则会助长村民的依赖性（胡子彤，2021）。

（五）社会工作参与农村社区治理的实践模式

不少学者提出了具有中国本土特色的社会工作介入农村社区治理的实践模式，其中较具代表性的是以能力建设和资产建立为核心的农村社区的可持续发展模式（张和清等，2008）。近年来，张和清（2021）团队又基于绿耕经验和广东经验总结出"绿耕模式"和"双百模式"。陈涛、徐其龙（2018）则将北京市 Z 村乡村振兴实践作为研究对象，总结出"社工驻村引领、'两委'班子决定、村民积极参与"的农村社会工作模式。普忠鸿（2019）探讨社会工作参与下城市边缘"非典型古村落"的发展路径，提出以社区为本的"1+N"整合联动的"非典型古村落"发展经验模式。唐南（2019）认为，应以社区传统文化的保育与传承的方式，唤醒社区居民对于社区的集体回忆，引导社区居民关注及参与社区治理与发展，推动农村社区治理"自治、法治、德治"的治理体系。

综上所述，已有研究集中在阐述社会工作参与农村社区治理的可能性、必要性、功能、角色定位以及路径选择上，主要基于学理分析，相关的支持性政策近几年才被发布，因此，相关实践及研究还比较少且不够多元、深入和全面。中国农村的多样性和复杂性决定了社会工作参与农村社区治理实践的多样化、差异化、情景性和阶段性，还需要更丰富的地方性实践探索及行动研究，并以此建立中国自己的社会工作参与农村社区治理的知识体系。

三、研究问题

本书借鉴已有的研究经验，基于农村社区治理问题，在国家政策和地方政府支持下，采用行动研究方法，提出以下问题：

第一，社工如何有效调动和整合社会慈善资源？

第二，社工如何有效激活农村社区发展内生动力？

第三，社工如何推进村庄多元主体协同参与社区治理？

四、研究意义

（一）学术意义

有助于中国本土社会工作理论和实务模式的建构。随着社会工作职业化、专业化的发展，中国非常需要本土的社会工作理论与实务模式，目前相关研究还比较少，本书通过三年多的行动研究，归纳出的"乡村振兴目标下社工推进农村社区治理创新的从化模式"有助于建构中国本土社会工作理论和实务模式。

(二) 实践意义

支持社会工作参与农村社区治理助力乡村振兴的政策目前还比较粗略和宏观，并且缺少相互支持的配套性政策，更缺少可以操作的地方性政策。本书是基于三个村级社工站的行动研究，并经历了三年多的实践探索，形成了较扎实的地方性知识和实践模式，为政府的政策优化、完善和地方性政策制定提供依据。

理论上社工可以在农村社区治理创新中发挥专业优势，很多机构也承接了政府购买服务项目，正在积极探索相关路径和策略，急需中国本土的实践模式作为参考，本书正好可以提供这方面的经验知识，有助于社会工作机构和服务项目的专业化发展。

第二章　研究设计

一、研究对象

作为全国乡村治理体系建设试点示范区，广州市从化区积极参与探索试点创新的新路径；作为重要的参与部门，从化区民政局希望借助专业社会工作力量，推动社区治理创新，助力乡村振兴。2019 年 11 月，广州市从化区民政局主动寻求高校合作，最终与华南农业大学公共管理学院达成合作协议，共同筹建江埔街道凤二村、鳌头镇帝田村两个乡村社工站，2020 年 3 月 22 日至 2021 年 3 月 21 日试点运营一年。在第一年试点基础上进一步优化项目，于 2021 年 3 月在吕田镇三村村新建第三个乡村社工站。从化区民政局与华南农业大学公共管理学院、从化区社会组织联合会签订三方合作协议，共同探索社会工作推进乡村社区治理创新，助力乡村振兴的新路径，并形成可推广、可复制的从化模式，本专著就是基于这三个村级社工站的行动研究。

二、理论基础

在社会工作行动过程中我们主要采用了增能理论、优势视角、社区能力建设理论、EPS（Empowerment 充权、Participation 参与、Strengths perspective 强项视角）介入模式、协同治理理论等，有时单一使用某个理论，有时整合使用几个理论。理论给我们的行动以方向和指引，但我们也不会照抄照搬理论，我们以解决问题为根本，充分发挥行动者的智慧，创造性地使用理论，甚至创造出新的理论元素和知识，补充原有理论的不足。

（一）增能理论

1849 年《牛津大词典》中对 empowerment 的释义是，the action of empowering；the state of being empowered，即"使得某某有权力和能力的行动；

或被赋予权力和能力的状态"（舒仁凯，2018）。国内学者对 empowerment 的翻译有很多种，比如赋权、增权、赋能、增能、充权、充能、培力等，其中增能的使用相对更广泛，本书也采用这种翻译。

增能作为一个理论概念被引入学术分析和思想表达要从 20 世纪 70 年代算起，其学术目的是对社会弱势群体的关怀，希望通过增能于弱势群体使其有能力应对社会压迫和不公平问题。巴西著名教育家弗莱雷（1973）较早地在教育改革研究中提出增能理论。他认为增能是一种教育性活动，是"通过教育来解放受压迫人民的方案"，经由对话与合作，使案主参与一定的实践，体验并采取行动去对自身行动所产生的现实效果负责，而这种应对困境的经历又会进一步影响以后的行动。

第一次用增能理论进行专题学术研究的是芭芭拉·所罗门（Barbara Solomon），她在 1976 年出版的《黑人增能：受压迫社区中的社会工作》（*Black Empowerment：Social Work in Oppressed Communities*）中对黑人的政治能力状况及其发展问题进行了深入研究，这是增能理论进入社会工作专业的重要标志。

有学者将 20 世纪 90 年代称为"增能时代"，关于增能理论的多学科应用研究开始大量涌现，形成一种新的学术热潮。在这一热潮中，有将增能理论运用到社区治理中的，如拉波特（1987）研究认为：增能是个体、组织、社区对关乎自身利益的事件进行控制的过程，其为了能够影响自身所处环境，而成为积极的公共事务参与者。还有将增能理论运用到企业管理中的，如康格（1988）等研究发现，增能能够有效地提升员工的企业归属感和参与感，在发现团队中员工无权能的境况之后，建立工会、提高员工在企业的信息获取权和决策参与权，使员工的想法得以充分表达，从而推动企业文化的发展。信息技术革命帮助打破等级固化，开始鼓励员工更多地自我思考和自我行为，员工增能更加兴起霍格（1993）。还有将增能理论运用到女权运动研究中的，如霍兰（1991）等研究认为，女性通过知识学习、技能培训，成为自己生活的主导者，从而实现平权和自身的解放。

进入 21 世纪，以齐默尔曼（Zimmerman）为代表的学者，在前期研究的基础上对增能理论进行进一步总结和凝练，使理论进入了概念化的阶段。齐默尔曼（2000）认为增能有心理增能、组织增能和社区增能3个层次。心理增能是指个体层面的增能；组织增能强调完善本组织的组织结构，积极寻找外部资源，并与其他组织进行合作以提高本组织的效能，同时包括能够提高成员技能和帮助他们影响社会变革的组织过程；社区增能则是指个体有组织地行动起来，以提高集体生活水平以及社区社会组织中的公共联系，从而提高生活品质的过程。

国内学者陈树强（2003）对国外增能社会工作理论与实践进行了系统梳理，并掀起了国内学者对增能社会工作的研究热潮。国内也有一些学者采用增能理论对农村贫困及发展问题提供解释和对策。苏巧平（2006）从增能视角分析了农村贫困人口的失能现象以及原因，提出了解决农村贫困问题的增能方法和路径，即发展贫困农村的技术教育和培训项目、引导农民走向新的联合、介入生产性扶贫资金的使用、建立社区基金支持贫困农村发展、在贫困农村宣传和普及基本法律法规知识、以研究成果影响社会政策。聂玉梅、顾东辉（2011）讨论了增权理论在农村社会工作中的应用。他们认为，可以从以下几个方面开展增能行动：农村社会工作人员开展自我增能；推动农村社区教育，从知识与技能方面为农民增能；开展村民调查，根据需要从个体层面进行增能；利用项目带动进行小组增能，引导农民走向新的联合；改善农民的参与和表达意识，优化农民的社会资源结构。陈家家研究发现，以村规民约为代表的农村社会的契约形式强化了已有的传统男权观念，公然侵害了农村妇女的合法权益，使农村妇女的潜能和优势被压抑。由此，陈家家（2012）简单设计了一套增能社会工作介入方案，强调通过社工协助整合资源，丰富农村妇女的知识并提高其能力，从而激发她们的潜能。

还有一些学者通过本土的实践研究提出具有本土特点的增能维度及策略。卓彩琴（2015）通过对H机构14年针对麻风康复群体的增能行动研究，总结出个体、社区、社会3个维度的增能策略。岳天明（2017）等则希望通过个体层面、社区层面和社会层面实现受暴女性的个体主动增能和外力助推增能。伍玉振（2021）在城市社区治理领域应用了居民赋权增能—社会组织赋权增能—社区赋权增能的三维增能框架。吴岚波（2021）通过行政赋权—社会赋权—社区赋权的赋权框架来优化社区系统输入，从而实现社区减负。王世强（2022）将增能理论与生态系统理论相结合，构建了社会工作介入社会救助的个体—关系—团体三维行动路径。

（二）优势视角

优势视角是 20 世纪 80 年代在社会工作界兴起的一种新型理论视角和实践模式，由美国著名学者丹尼斯·萨利比（2004）提出。该理论视角是一种关注人的内在力量和优势资源的视角，它相信人是可以改变的，强调每个人都有尊严和价值，每个人都有自己解决问题的力量与资源，并且具有在困难环境中生存下来的抗逆力，即便是处在困境中备受压迫和折磨的个体，也具有他们自己从来都不曾知道的与生俱来的潜在优势。这种超越了传统问题视角的理论范式，要求从一个完全不同的角度来看待案主及其所处的环境与现状，不再专注于问题，而是把目光投向现实和潜在的可能性，探索和利用案主的优势和资源，将注意力聚焦于"案主如何生活，如何看待他们的世界以及从他们的经验里找出意义"。优势模式对人有两项基本假设：（1）有能力生活的人必然有能力使用与发展自己的潜能，并且可以取得资源；（2）人类行为大多数取决于个人所拥有的资源。

自 2005 年以来，国内研究者围绕优势视角，在社会工作理论和实务领域都开展了很多有益的研究。何雪松（2007）在介绍西方优势视角的发展脉络、核心概念和实践框架后指出，优势视角的理论体系还不够完善，只是一种"视角"，而不是一个完整的理论架构，它的实质性内容还有待进一步填充。郭伟和、徐明心（2013）研究指出：西方主流的社会工作模型将优势视角的概念局限于抗逆力，而对于发展中国家来说，抵抗和反叛才是弱势群体采用的重要策略。在此基础上，他们用实践理论为优势视角建构了新的框架。童敏（2013）针对优势视角忽视人的生活总是面临某种问题这一事实，介绍了问题解决视角，这一新视角除吸收优势视角中的优势概念，还把关注焦点放在问题解决的过程上，打破了优势视角和问题视角的对立。这些是目前国内比较有质量的研究，拓宽了优势视角的视野，充实了其理论内核，并为西方理论的本土化提供了新思路。

（三）社区能力建设理论

社区能力建设理论起源于英国社会学家安东尼·吉登斯提出的"第三条道路"社会经济路线，其与社区发展有较多的关联。而"社区能力建设"一词自20世纪90年代后期以来被发达国家和发展中国家广泛使用，理解社区能力建设需要从社区能力和能力建设的定义出发（方劲，2020）。

社区能力是国内外广泛使用的概念，但目前学术界对它尚无统一的定义。有的学者把社区能力视为一种方式或一种过程；也有的把它看成一种资源，一种组织和个体拥有的资源、技术和关系网络等资源的导向视角；还有的则把它看作面对问题与需求时采取的集体行动的过程视角。拉邦特（2001）等提出，社区能力被看作一种能力，它可以定义、评估、分析和解决社区成员关注的问题。美国阿斯彭研究所（Aspen Institute，1996）提出社区的能力是社区的承诺、资源和技能的整合效应，可以用于建立优势、解决社区问题、抓住社区机会。而古德曼等（1998）认为，社区能力是一些能够影响社区从事鉴别、动员和解决社会和公共问题的社区特质，能力建设是对于这些可以让渡的知识、技能、制度和资源的培养和使用，从而影响涉及公共目标和具体目的的社区与个体之间的社会交换。最权威的是查斯金（2001）的社区能力的"互动说"。查斯金认为社区能力是存在于某个特定社区之内，能够被用于解决集体问题以及改善或维系社区福祉的人力资本、组织资源及社会资本的互动，它可以通过非正式的社会过程和有组织的行动的方式来运作。方劲（2020）总结了众多学者的观点，他认为，学者们的观点有两个共同点：一是社区能力是关于社区本身的集体能力和知识；二是这种能力是用来定义社区内的问题的。

国内外不同学者也尝试对社区能力的维度进行研究，其因不同学者的认知而产生差异，维度众多，有六维度、八维度、十维度（刘江，2016），但相同的观点是：社区能力是一个多维度的概念。塞文（1998）等认为，社区能力由资源能力、组织能力、方案规划能力、网络能力、政治能力五个方面组成；查斯金（2001）总结出社区能力有四个基本特征：社区意

识、社区成员之间的承诺、解决问题的能力、资源获取。我国学者刘江
（2016）在社区场域理论的指导下，构建出了适合本土发展的社区能力基
准结构，他认为社区能力是一个构想，同时也是一个无法直接观测的潜在
变量，包括3个方面（社区基本要素、社区互动能力、社区动力）以及6
个维度（社区参与、社区感、横向与纵向互动、领导力、问题评估能力、
资源动员能力）。

有学者认为，社区能力可以通过能力建设来获得。世界工程组织联合
会（2010）以综合的方式将能力建设定义为：建立人力、机构和基础设施
能力，通过指导、培训、教育、体育项目、注入金融和其他资源，帮助社
会发展安全、稳定和可持续的经济、政府和其他机构，最重要的是激励人
们的动机和灵感来改善他们的生活。能力建设是可以达到目的的一种战略
手段，可以创建可持续、和平和有弹性的社区，能力建设的过程有一些独
特的特点：①它是关于特定环境的发展（个人、组织、机构）战略用于创
造一个有利的环境；②它依赖等级，但却不能轻易地从一个等级推断到另
一个等级；③它不是自己发生的，而是建立在当地的所有权和自力更生的
基础上的；④它促进了伙伴关系和长期的、基础的、广泛的社区参与（阿
马迪，2020）。

由社区能力的定义和社区能力的多维度构成可知，社区能力建设也具
有多维性，需要从多个角度进行诠释。社区建设的困境使学者的研究从外
源式的发展转向内源式、从资源转向能力，农村社区建设从外源式推动转
向内源式的发展其实是社区能力构建的一种视角（刘宝，2013）。英国慈
善委员会（2000）将社区能力建设定义为：发展社区成员的能力与技术，
能使成员更好地识别和满足需求，并实现社会参与。古德曼（1998）等将
社区能力建设视为一个增加社区能够利用的资产的过程。国外有些学者认
为社区能力建设是一个自下而上的过程，如迈克尔·查普曼（Michael
Chapman）和卡林·柯克（Karryn Kirk）指出，社区能力建设应当改变过
往以专家权威及外部干预为主的做法，转而依靠社区中的一些自组织、义
工团队等来展开相关的活动，致力于使居民感受到对于社区的"拥有"，
从而提高社区发展的自我维持性等。我国学者张瑞凯（2012）认为社区能

力建设是为了培养社区的实践主体，借此，社区居民之间可以借着互动讨论社区议题以凝聚社区共识，进而采取行动策略来解决社区问题，以提高社区生活质量、建立社区网络关系、促进社区动员行动，以获取资源来使社区取得更好的发展。袁小平、熊茜（2011）总结学者的观点，提出对社区能力建设的两种理解：一是在社区内进行的能力建设，二是以社区为对象进行的能力建设。前者将社区当成一个地域范围，后者则将社区当成一个主体。

根据上面的定义，可以看出目前学术界对社区能力建设还没有统一的定义，方劲（2019）根据国内外学者的研究，总结出社区能力建设的界定至少在以下几方面达成了一致：第一，资源链接的重要价值，从个人的技能到组织的力量，再到金融资本的获得；第二，关系网络的核心作用，有时强调情感，有时强调工具性；第三，社区领袖的关键意义，注重对社区骨干和社区志愿力量的培育；第四，参与机制的整合力量，注重社区成员在集体行动和问题解决过程中的有效参与。

（四）EPS 介入模式

香港特区学者甘炳光（2016）根据多年的社会工作实务经验提出了EPS 模式，"E""P""S"分别代表充权（empowerment）、参与（participation）、强项视角（strengths perspective）三大重要概念。EPS 模型如图2-1 所示。

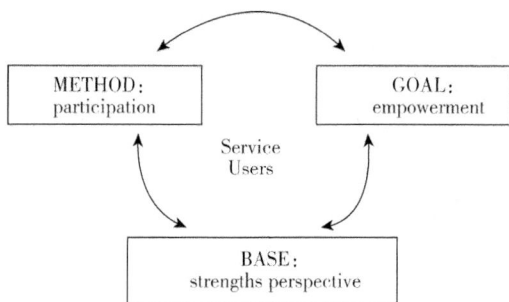

图 2-1 EPS 模型
资料来源：甘炳光，2016。

充权是社工服务的目标。"empowerment"在中文语境下有多种翻译，大陆学者比较常见的译法是"增能""增权""赋权""赋能",我国台湾地区学者经常将其译为"培力"。甘炳光(2016)认为上述译法都不能体现它在社会工作实践中的意涵,只有"充权"的译法最为恰当。充权的目标是令服务对象消除个人对自己的负面评价、提升自我价值,以及充实自我能力,充权的层面包括个人充权、人际充权和制度充权。

参与是社工服务的策略和方法。EPS模式认为,只有通过动员服务对象参与,才能达到社工"与服务对象同行""与服务对象共舞"的服务效果,因此,在EPS模式指导下,社工应注重提供更多的机会推动服务对象参与,提升服务对象的参与自主性。

强项视角是社工服务的基本信念。在中文语境下也有学者将"strengths perspective"译为"优势视角",但是甘炳光博士(2016)认为,只有"强项"二字才最能表达"strengths"的意思。强项视角指引社工不要只关注服务对象的问题和需要,还要看到其强项和能力,在工作中要坚信服务对象是有能力的。

本书基于社工站的实际情况和当地社工对于EPS模式的理解,采用"增能"、"参与"和"优势视角"的译文。

EPS模式指出,传统的增能理论视角下,服务对象往往被视为"无权者",社工很容易对他们产生刻板印象,认为他们是没有能力的或没有价值的,社工的态度会影响服务对象的内在自我评价,服务对象也很容易认为自己是没有能力和优势的。EPS模式提出,实现增能的最佳方法是促进服务对象的主动参与,积极的参与可以提高和调动服务对象的能力、潜力、优势和资源,让服务对象主动面对和解决自己的问题,同时起到社区教育的作用,即让服务对象认识到自己不仅是受助者,也可以成为助人者(甘炳光,2016)。因此,社工应该采用促进服务对象参与的理念并在参与的过程中协助服务对象增强自身能力,通过增能形成服务对象新的优势资源。社工需要注意为服务对象提供更多的参与机会和渠道,鼓励服务对象依据自己的实际情况进行参与,任何参与都是值得被鼓励的,哪怕只是简单的尝试,以激发服务对象参与的主动性。在服务对象参与的过程中,社工需要根据其个人情况和经验,有针对性地帮助服务对象形成独特的参与方式并提高其参与水平。

优势视角、参与和增能的关系如下：第一，当增能的目标在服务对象参与的过程中得以彰显的时候，社工就能够更专注地与服务对象共同行动；第二，当优势视角的信念在增能的过程中得以彰显的时候，社工和服务对象都能够更有信心和动力共同参与服务，进而会有更多的参与机会，可以提升服务对象的能力；第三，当社工肯定服务对象优势的时候，就能够与服务对象建立平等的合作伙伴关系，而服务对象反过来也能发展更多的优势，提高参与意愿。

（五）协同治理理论

协同治理理论是在协同理论和治理理论基础上融合发展而来的理念和思想。协同理论认为，系统是由大量子系统组成的，在一定条件下，子系统之间能够做到相互作用和彼此协作，系统会遵守共同的规律，进而发挥系统内子系统间的协同作用（赫尔曼·哈肯，1989）。在社会整体环境中，尽管各个系统属性不同、作用各异，但彼此之间存在相互作用、相互影响、相互合作的关系，我们着重研究各种系统从无序变为有序的相似性，例如不同单位、部门之间的协调配合，公司企业间的相互竞争和制约等社会现象（赫尔曼·哈肯，2005）。社会协同理论是指社会中的政府、组织、公民等相互之间的协作理论，这是新社会管理理论的一种创新（朱力等，2013）。在社会中，任何机构、组织或是个人在承担各自责任的同时，还应该重视相互之间的协同合作，建立起正确的协同观，以达到良性协调配合、社会和谐稳定的目的（何水，2008）。

治理理论是在以政府为单一主体、以科层制为组织形式的传统管理模式遭遇困境的背景下兴起的，治理理论强调多元合作和民主协商，以公共利益的最大化为目标。"治理"一词，依据全球治理委员会（1995）的定义，是指"各种公共的或私人的机构管理其共同事务的诸多方式的总和。它是使相互冲突的或不同的利益得以调和并且采取联合行动的持续的过程。它既包括有权迫使人们服从的正式制度和规则，也包括各种人们同意或以为符合其利益的非正式的制度安排。它有四个特征：治理既不是一整套规则，也不是一种活动，而是一个过程；治理过程的基础不是控制，而是协调；治理既涉及公共部门，也涉及私人部门；治理不是一种正式的制度，而是持续的互动"。这个定义强调的是各类公共的或私人的个人和机构在管理共同事务时采取的互动、协调、持续的行动过程。

斯托克（1999）列举了治理理论的五个要点，分别是治理主体之间的权力相互依赖；有公众广泛参与的自主自治的合作网络建立；治理水平在于政府能否借助先进的技术实现有效管理，而非传统意义上的命令式管理；治理主体间更加强调合作从而使得责任界限变得模糊；涵盖政府在内的治理主体多元化。皮埃尔（2000）观察到治理理论存在国家中心论和社会中心论两种取向，国家中心论强调国家的主导作用，关心的核心问题是国家如何设立目标为社会和经济掌舵，社会中心论则强调网络的协调和自我治理。学者俞可平（2009）认为，治理是指在特定行政区域内，由政府、社会组织、民间组织组成多元化的管理主体，利用公共权力维持社会秩序，实现公共利益并最终达到善治的过程。罗西瑙（2001）在《没有政府的治理》中提出，治理在某种程度上就是秩序加上某种意向性，是管理机制在各种经济活动中的具体体现，这些机制即使没有正式授权，还是能够发挥重要作用。海登（2003）等对治理的含义进行了扩充和丰富，认为治理赋予了参与主体改革现有治理方式的权力，使其改变治理结构并激发他人参与的积极性，进而提高社会生产力。由此可见，治理结构是一个不断动态变化的过程，随着社会条件、社会需求的变化，治理模式或者治理方式也会发生变化。

协同治理理论还不是一个成熟的理论，但已经形成了一些有效的指导实践的理念和思想。佩里奥（2002）主张协同治理是一种在横向和纵向之间相互协调的思想与行动逻辑，从减少政策间的冲突、加强政策成效、提高稀缺资源的利用率、增强主体之间的协作、提供一体化服务着手最终达成预期目标的政治治理模式。俞可平（2019）认为，协同治理本质上就是政府与公民对社会公共事务的协作管理，就是官民共治。蔡岚（2013）提出协同治理的 3 个特点：首先，问题的解决依靠多主体的协商；其次，治理过程以共识为导向；最后，强调主体间的平等关系。杨清华（2011）强调寻求治理过程中以不同主体间的协同问题为重点，在明确政府处于协同治理中核心主体的基础之上，探究政府与其他组织的协同合作关系。

很多学者都针对协同治理提出了不同的治理框架，其中最具代表性的是安塞尔（2007）等建立的 SFIC 框架。它将协同治理划分为初始条件、制度设计、领导和协同过程共 4 个变量，创造性地将协同过程作为一个不断向前推进的循环，以参与者的对话为起点，通过对信任的建设，达成共识，实现中期结果，在此基础上进行对话，展开新一轮的循环。协同治理具备有利于实现资源整合、分散政府治理风险、提高政府治理工作透明度以及提升国家治理能力的时代价值；同时，协同治理也回应了市场经济发展、社会治理环境变化以及多重治理失灵的现实需求；正是协同治理的这些优势使得协同治理成为我国社会治理发展的必然（汪来杰等，2019）。

三、行动研究的设计与实施

（一）行动研究设计

迄今为止，人们就行动研究的定义并未达成共识。根据行动研究开创者之一的勒温（1947）所言，行动研究的最重要特征是：行动与研究结合，关注行动过程中什么样的动力（dynamic）和条件带来什么样的结果。行动研究是致力寻求改变的一种方法（夏林清，1993）。行动研究的目标非常清晰，即要通过研究的过程，探索介入和改变的方法，从而改变现有的社会制度和系统，实现打破社会压迫、消除社会不平等、促成公平正义的社会理想；要实现这些理想，行动研究的过程更是强调向民众学习、做增权/赋权/培力（empowerment）的工作；在知识生产的层面更是要产出批判性知识（费雷勒，2001）。古学斌（2017）认为行动研究方法是社会工作的最重要研究方法，因为从它的本体论和认识论的基本主张、研究的目标到研究的手法都与社会工作的内在性质非常贴近。

行动研究的步骤是一种循环的过程，甚至是一种不断循环往复的过程。金米（S. Kemmis）和塔格（R. McTaggart）发展了一个简单的循环模型来展示行动研究的步骤，包括计划、行动、观察和反思四个阶段。萨斯曼（1983）进一步展开行动研究的步骤，他把行动研究的周期分成五个阶段。

本书在借鉴上述专家的研究经验的基础上，结合项目实践特点，将行动研究以一年为周期，每个周期分为四个步骤：问题或者需求分析、服务计划、服务执行与成效、总结与反思。第二年在第一年的基础上进行修正和完善，不断螺旋循环发展，具体行动研究螺旋循环示意图如图 2-2 所示。在行动研究过程中我们会同时使用文献研究、问卷调查、口述史、深度访谈、焦点小组、参与式观察等具体方法。

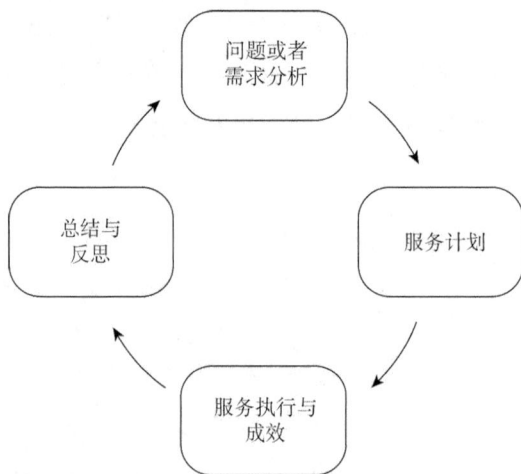

图 2-2　具体行动研究螺旋循环示意图

（二）行动研究实施

1. 缘起

2019 年中央农办等六部委确定广州市从化区为乡村治理体系建设试点示范区，广州市从化区政府出台了相关执行政策，广州市从化区民政局也是重要的参与部门之一。从化区民政局希望借助社会工作专业优势，推动乡村社区治理创新，为乡村治理体系建设作出贡献，于是从化区民政局主动联系华南农业大学公共管理学院，希望开展合作共建项目。经过多次调查走访、座谈协商等，最终确定在鳌头镇帝田村、江埔街道凤二村共建两个村级社工站，社工以社工站为平台推动社区治理创新。从化区民政局协调相关镇、街、村的场地，建立村级社工站，并提供 99 万元/年的社工站运营项目经费（该资金来自广州市民政局的试点项目经费）。华南农业大学公共管理学院组建社工专家团队负责相应的督导及研究工作，项目运营第一年由广东省惠诚社会工作服务与评估中心来承接。经过第一年的探索，从化区民政局认为从化区社会组织联合会作为枢纽型社会组织，更容易调动从化区的社会慈善资源，于是从第二年开始由从化区社会组织联合会负责运营该项目，华南农业大学公共管理学院负责督导和研究。

2. 行动研究团队

行动研究团队由 5 位华南农业大学社工老师（2 位为主）、1 位其他社会工作机构的实务督导、1 位从化区民政局社区治理科科长、1 位运营机构负责人、5~9 位社工（第一年 6 位社工，第二年 9 位社工，第三年 5 位社工）以及 3~6 位在读硕士研究生，第一年的团队负责人为李老师，第二年至今为卓老师。

3. 行动研究的四个步骤

项目周期以一年为单位，每年 3 月到次年 3 月，每个周期都按照以下四个步骤进行行动研究。

问题（需求）分析：行动研究团队在每个项目周期开始的一个月，开展社区问题（需求）分析，对村"两委"、村民以及相关单位分别采用问卷调查、深度访谈、社区漫步、参与式观察等方式收集资料，同时收集每年的相关政策文件、政府工作报告、工作总结等资料，再以上述资料为基础分析社区问题或者需求。

服务计划：行动研究团队综合考虑社区问题、村民需求、村"两委"意见、上级街道（乡镇）以及从化区民政局的指导建议、社工能力、现有社区资源等因素后制订出本年度服务计划，行动研究团队经过大概三次讨论后再正式确定。

服务执行与成效：行动研究团队根据上述服务计划制订具体的执行方案，包括时间进度表，社工按此执行服务行动。行动研究团队每月组织一次督导会，督导会通常有两种形式：一是根据社工的需要，由高校老师提供有针对性的 50 分钟左右的理论知识培训，比如优势视角、赋权增能理论、社会能力建设理论、资产为本社区发展理论、协同治理理论等，社工根据培训内容讨论如何将理论运用到实践中；二是每两个月进行一次服务执行的阶段性总结和反思，由社工汇报服务执行情况，说明执行中存在什么问题，由华南农业大学的老师、民政局工作人员、机构负责人等提供专业建议、政策解读、社会慈善资源等支持。除此，每月由高校老师给社工及实习生提供学习资料，每月督导会的最后一个环节为社工分享自己的学习心得体会，以此不断提高社工的理论素养和实践能力。服务执行过程中也要不断地总结服务中的成效和反思服务中的不足。

总结与反思：前两年，由于项目经费来源于政府购买服务，需要每年组织两次第三方评估，半年后的评估为中期评估，一年后的评估为末期评估，行动研究团队充分利用这两次评估机会，认真总结服务模式，也反思服务设计和执行中的问题。首先会撰写自评报告并组织内部评估，主要围绕服务执行情况和成效来进行，总结有哪些优点和不足。其次在收到第三方评估结果反馈后，行动研究团队会就评估中写到的优点和不足进行研讨，行动研究团队会根据实际情况客观看待评估结果，针对评估方的合理意见进行改进，针对不合理意见也敢于反馈或坚持自己的主张。从第三年开始，政府停止购买服务，运营机构申请了慈善基金延续该服务，慈善基金不要求第三方评估，而是由机构提供项目执行总结报告，由慈善会项目管理员进行评估验收，行动研究团队会邀请其他专家一起组织评估、研讨以及反思，不断提升服务品质，并在实践中不断生成经验知识和理论概念。

4. 行动研究的三个阶段

行动研究基本按照一年一个周期来进行，从 2020 年 3 月开始至今大概经历了三个阶段：

（1）第一阶段（2020.3—2021.3）：社工推进多元主体参与社区服务。

（2）第二阶段（2021.3—2022.3）：社工推进村庄多元共治。

（3）第三阶段（2022.3—2023.8）：社工推进村庄"五社联动"社区共治。

具体内容详见第三、四、五章。

5. 行动研究结果的呈现

行动研究结果从行动研究过程、行动研究成果两方面进行呈现。行动研究过程包含：导论、研究设计、行动研究第一阶段、行动研究第二阶段、行动研究第三阶段，行动研究的三个阶段按照问题（需求）分析、服务计划、服务执行与成效、总结与反思四个步骤来呈现。行动研究成果，根据行动过程中产生的较明显的经验知识，通过经验知识与相关理论对话建构出可推广、可复制的行动策略、实践模式和典型案例进行呈现，包括：EPS 模式下社工推进村庄"五社联动"社区共治的策略研究、能力视角下社工推进村庄德孝文化建设的策略研究、美丽乡村建设中协同治理的实践模式研究、乡村振兴下社工推进乡村社区治理创新的实践模式以及社工推进社区共治典型案例。

第三章　行动研究第一阶段：
社工推进多元主体参与社区服务

2020年3月22日至2021年3月21日为行动研究第一阶段，在凤二村和帝田村设立村级社工站，由广东省惠诚社会工作服务与评估中心开展社工站的具体营运工作。

凤二村社工服务站基本情况：凤二村社工服务站于2020年3月20日由广东省惠诚社会工作服务与评估中心承接，先后派遣3名专业社工、1名社工助理和6名社会工作实习生进驻凤二村。由于社工站选址未定、建设未完成，2020年8月之前凤二社工在村委会的支持下，暂时借助村委会提供的场地，如会议室和办公室，开展专业服务。直至2020年8月社工站建设完成后，社工才正式搬迁到新站点，新站点是由凤二村村委会和凤二村榄树经济社提供的场所，与凤二村"幸福食堂"共享活动空间，室内场所面积约180平方米，主要活动场所有个案工作室、社工办公室（党建工作室）、多功能活动室（"幸福食堂"就餐区、小组活动区、社区活动区、儿童之家、乡村学堂、舞台等）。2020年8月21日，凤二村"幸福食堂"正式揭牌对外运营，"一套人马、两块牌子"模式由此拉开序幕。除运营"幸福食堂"，社工还需要运营社工服务站，为3000余位村民提供志愿服务、社区社会组织培育等服务，搭建村民议事基地和城乡融合基地等乡村振兴推进平台，营造共建共治共享的乡村治理格局。

帝田村社工服务站基本情况：2020年1月，广州市从化区民政局与华南农业大学公共管理学院在鳌头镇帝田村共同签署合作共建协议，并为首个共建项目——广州市从化区鳌头镇帝田村社会工作服务站揭牌，由此拉开了乡村社工站试点项目的序幕。帝田村社工服务站坐落于帝田村综合楼（邻近帝田村文化广场和帝田村图书馆），与帝田村"幸福食堂"共享活动空间，室内场地面积约120平方米，主要活动场所包括个案工作室、小组

26

活动室、社工办公区、档案区、多功能活动区（社区活动区、儿童之家、乡村学堂）、"幸福食堂"餐厅等。2020 年 3 月 20 日，由广东省惠诚社会工作服务与评估中心承接，即日起先后派遣 3 名专业社工和 4 名社会工作专业研究生进驻帝田村，为"三留守"群体开展专业社工服务。2020 年 9 月 16 日，在从化区民政局的具体指导下，帝田村"幸福食堂"正式揭牌，由此帝田社工开启"一套人马、两块牌子"的模式，同时运营社工站和"幸福食堂"。

一、问题（需求）分析

（一）历史文化丰富久远，但提炼与推广有待加强

凤二村属于客家文化乡村，拥有客家山歌、舞狮等历史悠久的客家文化；而传承至今，由于受到外来文化的冲击，以及文化传承载体较少或缺少记录与保存，当下年青一代较少接触客家山歌、舞狮等传统客家文化，造成不同程度的文化衰落。自 2019 年 6 月以来，凤二村大力整治村容村貌，推行客家文化的重塑，兴建起了村史馆、金凤凰广场等客家文化的载体。但本土客家文化提炼人才欠缺，文化传承和推广意识薄弱，成为客家文化传承的主要障碍。

帝田村虽然是传统僻静的山村，但拥有丰富的宗祠和德孝传统文化，村庄每年自发举办敬老活动，德孝文化根深蒂固。但同样由于本土文化提炼人才欠缺，提炼能力有待提高，村史汇编方面较为薄弱，记载的相关文字较少，成为帝田村德孝文化继续发光发热的阻碍。

（二）农村留守困难群体"用餐难"，多样化需求难满足

凤二村和帝田村农村人口超 5000 人，其中留守儿童和留守老人、残障人士约 2000 人，约占总人口的 40%。社工经走访调研发现，村庄中大部分老人了女均在外谋生，自己则留守家中，平时为了自己的一顿饭消耗绝大部分的时间和精力。更有甚者，为了节衣缩食，在饮食方面不注重营养均衡，饮食菜品单一，造成营养不良。社工还了解到凤二村里曾有"老人饭堂"配餐服务，但因运营不善，自然村落分布也较为分散，老人配餐服务众口难调，也就没延续下去。帝田村也曾有老人配餐服务，后因种种因

素中止，虽村中仍高挂"老人饭堂"招牌，但已形同虚设。

与此同时，社工与村民接触中发现，虽然已有镇上站点的社工不定期下乡开展社工服务和志愿活动，但由于距离太远、交通不便，服务周期长且频率较低，常会出现一个月来不了一次的情况，因此难以满足留守老人、留守妇女、留守儿童的多元化需求。

（三）村落较封闭，难以形成多元主体参与治理格局

凤二村是从化区江埔街道辖区内的行政村，下辖13个自然村，受传统文化的影响，自然村均是较为传统、封闭的村落。村民虽然对本自然村的身份认同感较强，但对于凤二村的身份认同感不高，在推动乡村振兴战略实施中难以形成强有力的执行力。此外，在经济互帮互助方面，部分村民借助村庄自然资源开发农场或养殖场、贸易公司、经济互助合作社等，以"公司+村+合作社"的组织运营模式来整体打造凤凰山歌主体文化旅游特色村，但基于自身的利益考虑，难以形成有效可持续的多元主体共同参与的局面。帝田村仅有少部分企业公司进驻开展农业生产和经济建设，对于乡村振兴的支持力量较为薄弱。目前单一的地方权力主体仅为村"两委"，难以满足村民群众对多样化服务和参与公共事务的需求，要形成多元主体协同治理格局更是"难上加难"。

二、项目计划

根据上述问题及需求分析，第一年重点聚焦于困弱群体服务，本年度项目目标确定为：第一，调动社区内外资源促进多元主体参与社区服务；第二，为困弱群体提供精准帮扶服务；第三，为"三留守"群体提供支持性、发展性服务；第四，营造乡村特色文化。具体服务计划如表3-1所示，凤二村和帝田村基本一致，内容略有不同，表格上有注明。

表 3-1　项目计划（2020.3.22—2021.3.21）

目标	服务名称	服务内容
1. 调动社区内外资源促进多元主体参与社区服务	党建服务	坚持党建引领，为乡村"三留守"人员开展党建服务，宣传党的先进政策，传播爱国爱党红色理念，弘扬爱国主义精神。凤二村开展"红色影院"社区活动，组织村内党员参与社区服务
	成立社区社会组织	成立社区社会组织，创建社区社会组织培育基地。招募各类型村民参与成立花木兰志愿服务队、青年志愿者协会和小哪吒志愿服务队。根据乡村经济发展情况，凤二村联合村级经济合作社组建金凤凰协会，帝田村推动建立合作经济组织。根据人口结构分布特点，凤二村招募妇女组建花木兰艺术团，帝田村招募老人成立夕阳红志愿服务队
	公益慈善服务	联动村委、村民、社会企业和乡贤共建社区基金。鼓励捐款，积极与社会企业合作，开展义卖服务。依托"幸福食堂"建立乡村美丽超市，用以物换物、慈善积分制促进村民互助
2. 为困弱群体提供精准帮扶服务	民政兜底人群服务	为民政兜底人群提供入户探访、资源链接、信息咨询及个案服务，及时发现兜底人群"急难困"问题，依托"爱心到家""如愿行动"平台，链接物质资源，为兜底人群提供物质支持
	构建乡村"幸福食堂"就餐助餐服务新模式	打造"幸福食堂"，为有助餐需求的老人及村民提供就餐助餐服务，以"幸福食堂"为核心，发动美丽超市、邻里、乡贤及妇女力量，开展党建服务、社工服务、健康管理、乡村学堂及村庄节庆服务，建立完善"幸福食堂"经费保障机制、安全保障机制、协同共建机制、褒扬激励机制
3. 为"三留守"群体提供支持性、发展性服务	老人服务	依托"幸福食堂"，为本村老年人建立健康档案，并定期为本村老年人尤其是特困老人开展健康管理服务。开设老人乡村学堂，链接城市优质讲师资源，为老年人提供健康保健、社交技能、诈骗预防、智能手机使用等知识讲座。帝田村组织留守老人开展兴趣活动，并发动老年群体成立村史研究协会，传播当地德孝人物先进事迹
	儿童服务	开设乡村儿童学堂，以儿童兴趣培养、心理健康、安全教育等为主题，链接高校、爱心企业及社会各界资源开展关爱留守儿童服务，包括儿童乡村学堂、四点半课堂、学习小组等服务

目标	服务名称	服务内容
	妇女服务	开设乡村妇女学堂，引导妇女发展兴趣爱好。凤二村重点培育留守妇女志愿者骨干，促使乡村广场舞组织的整合化。帝田村招募留守妇女成立"妇女之家"和广场舞队伍
4. 营造乡村特色文化	乡村特色文化营造	动员乡贤，讲好乡村故事。以乡贤为榜样，发挥乡贤的示范带头作用，鼓励乡贤为乡村发展作奉献，讲好乡贤故事，弘扬德孝乡贤文化。结合村庄传统节庆，组织全体村民开展文艺表演、游园会等丰富多彩的文化活动

注：根据项目社工的文书进行了简化和整理。

三、项目执行与成效

（一）调动社区内外资源促进多元主体参与社区服务

1. 党建引领乡村治理，发挥多元主体中的"核心"作用

在凤二村、帝田村党总支和广东省惠诚社会工作服务与评估中心党支部的共同领导下，驻村社工以乡村社工站（党建工作站）为枢纽，充分发挥党员社工真正下沉乡村的优势，为乡村服务发展提供专业力量支持。

第一，疫情防控期间，党员社工主动请缨，送上"及时雨"服务。为了加强村庄疫情防控，项目一启动，党员社工就主动请缨，带领驻村社工及志愿者参与疫情防控工作。在疫情防控期间，党员社工与站岗的每一位"党员+退伍军人+社工"严格遵循村（居）的出入管理制度站岗执勤，确保不遗漏一车一人。针对进出村庄人员、车辆，在村口蹲点进行值岗、测温和人员排查等，累计开展防疫时数超过 150 小时。疫情防控期间党员社工不畏感染风险，挨家挨户走访村民，引导村民重视新冠疫情，做到戴口罩、不串门、不聚餐、不扎堆，做好个人安全保护。针对疫情防控期间物资紧缺和减少外出情况，社工教村民使用手机预约购买口罩等防疫物资，主动了解村民健康情况，提供电话咨询服务；在 6 月初突降大暴雨时，社工站党员社工组织 8 名村民党员志愿者开展了困难家庭探访活动，重点排查因暴雨产生的居家安全隐患，累计服务困难群众超 1600 人次。

第二，用党建力量激活城乡融合发展"能量棒"，助推乡村振兴。凤二村、帝田村社工服务站坚持党建引领，激活城乡融合发展动力，用好党建资源。党员社工组织城市、农村党员志愿者开展探访村庄高龄老人活动，深入村庄与老人"打成一片"，关心老人的身体健康和生活状况。党员社工还积极联合村党总支、"两新"党组织开展支部共建活动，组织村里党员开展两期外出参观和学习活动，参与党员达80多人次。与华南农业大学公共管理学院、动物科学学院、科学研究院共建党建基地，充分发挥高校党建力量，助力乡村振兴，开展助农助销增收帮扶，如帮助帝田村村民推销了番薯200斤，帮助凤二村村民推销了凤凰鸡52只、砂糖橘300斤等。凤二村、帝田村社工服务站将继续依托党建工作站，主动联合凤二村、帝田村党总支，高校党支部、"两新"党支部，以党组织为堡垒，用党建力量激活城乡融合发展"能量棒"，提升人民群众的幸福感与获得感，助推乡村振兴与发展。

第三，红色文化进乡村，打造家门口的"精神粮仓"。凤二村、帝田村社工服务站以党建工作站为依托，联合党员志愿者，深入群众，满足人民群众的文化需求，在凤二村凤宴广场、帝田村文化广场播放红色影片。从精选红色影片，到传播红色影视，再到宣传时政热点、红色传承、典型事迹、传统民俗等信息，旨在把更多红色资源送进乡村，打造党史学习教育新阵地，让村民群众做到知史爱党、知史爱国，进一步推动新时代文明实践在凤二村、帝田村开花结果。2020年6月24日至2021年2月28日凤二村、帝田村社工服务站陆续播放了《建党伟业》《红海行动》《建国大业》《建军大业》等爱国主义教育题材影片，用"红色"情结触动观影的每一位村民的心灵，把村民群众带到那个艰难而又催人振奋的岁月，感受波澜壮阔的革命历程，缅怀远去的革命先辈，珍惜今天来之不易的幸福生活，进一步增强了村民群众的爱国主义情怀和集体主义观念，为乡村振兴提供源源不断的精神动力。

2. 培育村民自治群体及组织，提高村庄自治能力

在村委的大力支持下，凤二村、帝田村社工服务站根据村民内在需求，在发动村民参与社区事务过程中，总结并逐渐建立了村民议事基地、

志愿服务基地、社会组织培育基地、城乡融合实践基地"四基地"。

"四基地"作为乡村的内生服务载体，整合帝田村和凤二村的各种资源、动员多元主体共同参与乡村社会服务。在实际服务中培育出多支服务队伍。其中在帝田村，社工站培育和组建了花木兰志愿服务队、小哪吒志愿服务队、夕阳红志愿服务队3支志愿队伍。在凤二村，社工站打造从化区首家社区社会组织培育孵化基地，培育出花木兰志愿服务队、小哪吒志愿者队、青年志愿者协会、花木兰艺术团和金凤凰协会5个社区社会组织。截至2021年2月28日，挖掘领袖骨干达25名，志愿者百余人，累计志愿服务总时数达2868.5小时。

社工站链接民政、社会组织、企业等资源，为不同的社区社会组织提供相关培训，提升组织成员的综合素质与能力。并在此基础上，推动村民实现自我治理、自我管理、自我服务、自我提高。

目前，项目培育的志愿服务队能够积极参与社区的志愿服务和社区公共事务。如花木兰志愿服务队每月定期上门探访社区老人，帮助老人打扫卫生、购买生活用品和陪伴老人聊天，煮解暑汤饮给老人喝，协助开展社区活动等；小哪吒志愿服务队积极参与和宣传社区活动，探访老人，为老人表演才艺等；夕阳红志愿服务队协助社工了解帝田村历史，协助社工撰写帝田村村史等。凤二村花木兰艺术团协助挖掘传承唱客家山歌的传统文化，吸引了60多名留守妇女加入，并成功举办了2020年广州市客家山歌邀请赛、2020年中秋节全民联欢晚会、2021年元旦文艺会演等大型文艺活动，打响凤二客家山歌品牌，促进传统文化传承和发展，进一步提升客家文化村的知名度。金凤凰协会开展电商培训助农课程，广泛动员和组织村民参与培训课堂，帮助村民变身卖货"网红"，力求拓宽农副产品销路和增收致富的渠道，实现凤二村传统农业与新型互联网经济的紧密融合，开拓城乡沟通互动的新渠道。

3. 实施"引进来、走出去"策略，发挥内外联动作用，探索增收帮扶新模式

改善服务对象生计、促进困难家庭增收帮扶是凤二村、帝田村社工驻村前的一个梦想和愿望。驻村后，凤二村、帝田村社工充分调研村庄资源

情况，决定将"引进来"和"走出去"策略相结合，首先是"走出去"，积极动员当地村民拿出自家种植、养殖以及编制的特色产品作为 2020 年 6 月 12 日至 22 日广州 ZJ 广场举办的"Young 城 Yeah 市——Night In 正佳·趣造夜精彩"活动摊位产品，累计在摊位咨询和购买农副产品的爱心人士约 800 人次，售出农产品金额累计超过 4000 元。同时组织搭建了有 60 余名成员的从化"城乡融合"公益助农交流群和打造从化乡村公益助农微店平台，长期持续地为凤二村、帝田村当地特色农产品搭建线上销售平台，不断探索新时代下乡村服务"地摊增收＋乡村定制"的城乡融合发展新模式。

其次是"引进来"，凤二村、帝田村社工服务站与广州互联网协会签订协议，为农村留守妇女开展"农村电商助力乡村产业发展"培训，以帮助村民掌握直播带货的系统知识和实操技能，让村民有能力实现农产品自销售、自运营、自品牌的体系化发展。随后凤二村、帝田村社工服务站联动了新浪广东·桔子公益，携手广州正佳文旅集团有限公司旗下正佳极地海洋世界、正佳自然科学博物馆、正佳雨林生态植物园开展了公益活动"点亮童梦行动"。凤二村、帝田村社工服务站链接广州互联网协会、MCN 机构、广州市华软学院等民办高校培训资源，有针对性地开设了"田野"电商培训助农课程，开办了乡村直播带货培训营，不仅让村民学习短视频制作技巧，还协助困难村民直播销售农产品。

4. 搭建慈善公益平台，营造浓厚乡村互助慈善氛围

第一，社区基金完善乡村慈善体系。帝田村、凤二村社工建立由村委会主导、监督的，社工站负责支持执行的、多元社会主体共同参与的社区基金，发动社会企业、乡贤积极捐款，或通过企业开展公益服务换取收入，将所有收入纳入社区基金，用于营造帝田村、凤二村全民慈善氛围，弘扬慈善文化，发展帝田村以"德孝文化"为根基、凤二村以"客家文化"为根基的社区慈善事业，资助社区微创投项目，解决老年人迫切需要解决的养老问题，以及其他农村问题。目前，在帝田村爱心人士、团体和企业的大力支持下，帝田村、凤二村的社区基金募捐金额达 35255 元，用于在重大节日慰问 80 岁以上老人和其他困难群众。

第二，美丽超市凝聚乡村振兴人才、力量。帝田村、凤二村社工站着

力打造美丽超市慈善资源共享平台。该平台以服务换服务、服务换产品为抓手，整合乡村公益资源，凝聚公益慈善力量，促进志愿服务常态化和良性循环，从而营造以村民为主要受益对象的爱心共建互助氛围。村民参与探访孤寡老人、为孤寡老人洗衣服买菜、帮扶困难家庭等志愿服务活动，每次可以积累一定志愿时数，志愿时数可兑换成公益积分。积分可以兑换的物品多种多样，包括卫生纸、洗发水、杯子等日用品，还可以换取社工站开发的儿童辅导、居家环境卫生打扫、义诊义剪等服务。志愿者在参与志愿服务活动后，由社工依据凤二村、帝田村美丽超市积分制度进行认定并登记，根据提供服务的时间、内容、质量等为志愿者量化积分，每月月底上报至公益时间银行平台备案登记并在线上村民群、线下宣传栏公示。

第三，邻里花园聚民力，齐民心。自 2020 年 7 月 10 日以来，凤二村社工以邻里花园共建项目为契机，在共建、共治、共享的社会治理思想指导下，通过召开邻里花园共建议事会、讨论设计花园草图，联动小哪吒志愿服务队、青年志愿者协会和花木兰志愿者服务队等村民志愿者组织参与社区建设，历时一个多月打造出了社区的邻里花园，并通过邻里花园，引导村民群众参与乡村公共事务的管理，推动乡村和谐共治。

(二) 为困弱群体提供精准帮扶服务

1. 关爱困弱群体，开展如愿行动完成村民微心愿

凤二村、帝田村社工服务站通过建立低保、五保、残疾人档案，定期对困弱群体进行探访。目前，已为农村残障、五保、低保、低收入、困境儿童、事实困境家庭等建立了困弱群体档案，累计电话、入户探访慰问超2000 人次，其中登记探访记录超过 500 人次。为帮助困难村民实现微心愿，凤二村、帝田村社工服务站在从化区民政局的指导下，联合从化区慈善会和志愿者协会开展如愿行动，通过链接资源，采用信息化手段完成困难村民的微心愿，让困难村民得到及时有效的帮助。截至 2021 年 2 月底，如愿行动为凤二村、帝田村困难家庭认领了 37 个微心愿，点亮了 35 个微心愿，成功链接了 35 件物品，有学习机、自行车、轮椅、风扇、温暖包等。针对困境儿童，建立困境儿童档案，定期进行跟踪探访，并利用从化区民政局的如愿行动平台为 15 名困境儿童链接微心愿。

2. 驻村社工为困境老人提供个性化和专业化的服务

为了满足困境老人的个性化需要，社工站组织志愿者定期入户探访，与老人促膝长谈；定期帮助有需要的老人采购生活物资；对于经济困境老人缺少必备的生活用品的情况，在村庄节庆之际链接花生油、米、面等爱心资源提供物质帮助，让困境老人感受到党、政府、社会的关怀、关注、关心。截至 2021 年 2 月底，凤二村、帝田村社工服务站链接了志愿者 218 人次上门为包括老人在内的困弱群体提供服务，累计服务达 604 人次。

3. 开启"幸福食堂+"模式，全面提升困弱群体生活品质

自凤二村、帝田村"幸福食堂"正式揭牌运营以来，驻村社工协助 200 余位老人及重度残障人士登记助餐配餐服务，享用助餐配餐服务 90 人，其中享用送餐服务 15 人，实实在在地满足了老人及重度残障人士的用餐需求，截至 2021 年 2 月 28 日，凤二村、帝田村"幸福食堂"助餐配餐累计服务达 17493 人次。同时不断丰富"幸福食堂"内涵，形成"幸福食堂+"模式，一是建立"幸福食堂+美丽超市""幸福食堂+社区基金"两个平台，实现政府补贴、村民共建、慈善助力的发展模式。二是搭配"幸福食堂+邻里互助""幸福食堂+德孝乡贤""幸福食堂+巾帼建功"三支力量，激发乡村内生动力，实现多元主体共同助力"幸福食堂"运营。三是建立经费保障、安全保障、协同共建、褒扬激励四大机制，以机制促发展，实现"幸福食堂"可持续运营。四是开展"幸福食堂+党建服务""幸福食堂+社工服务""幸福食堂+健康管理""幸福食堂+乡村学堂""幸福食堂+村庄节庆"五项服务，坚持在党建引领下，以"幸福食堂"为阵地，结合凤二村、帝田村老人的现实需求，定期开展让农村老人喜爱的活动，如制作香囊、观看客家山歌视频、"老人生日会"、义剪、观看老电影、歌唱老歌曲等，满足老人情感支持需求、健康检测需求、娱乐需求等；如开展母亲节活动、春节敬老活动、定期链接南方医科大学第五附属医院医生给老人进行义诊、开展健康讲座等。不断延伸出多样化的养老服务，提炼一揽子解决农村居家养老问题的工作模式，形成"幸福食堂+"模式，满足老人多层面的需求，促进乡村不同群体之间的互动融合，实现村民从满足温饱到精神富足的目标。

（三）为"三留守"群体提供支持性、发展性服务

除了关注困弱群体，社工还关注"三留守"群体的支持性、发展性需要，社工以乡村学堂为阵地，挖掘村庄内外的服务资源，开设了多元化、多层次的留守老人、儿童、妇女学堂服务，如链接了正佳集团的导游为儿童开展生动的海洋生物课，并为儿童赠送了学习礼包；链接了从化区关工委的资源为儿童开展生动有趣的生态教育课；组织村里的长辈、乡贤带领儿童挖掘村庄传统文化，如帝田村祠堂文化、德孝文化，凤二村客家文化等；驻村社工组织留守儿童开展了广播员培训小组、魔方小组、艺术团小组、摄影小组等；开展了留守儿童参与社区公共事务的志愿服务，如派送报纸、宣传垃圾分类等，累计服务了 1658 人次。2020 年 3 月至 2021 年 3 月，凤二村、帝田村社工服务站针对留守儿童共开展了 10 期乡村学堂，共服务了 2374 人次。针对农村留守老人，开展了健身操课堂、香囊制作课堂、歌唱课堂、智能手机学习等，丰富了老人的晚年生活，提升了老人的健康意识。跨越了数字鸿沟，老人齐聚一堂相互交流，获得了朋辈之间的情感支持。针对留守妇女，驻村社工组织开展了广场舞课堂、茶话会等，让留守妇女在业余时间得到放松，并在互动交流中实现精神减压。

（四）营造乡村特色文化

1. 讲乡贤故事，发扬优秀精神，弘扬乡村文化

乡贤文化是乡村的根，更是乡村的魂。凤二村、帝田村社工通过实地走访村落，充分挖掘对乡村有贡献，受村民爱戴的贤人和能人。通过以文颂贤的方式，利用"广州从化乡村社工""凤二青年"微信公众号等新媒体平台，以及社工服务站的宣传栏、月报等载体，举办年度人物表彰大会，立优秀榜样，赞德孝人物，讲乡贤故事，让乡贤文化润泽乡间邻里，营造欢乐祥和、健康文明的社会氛围。目前，凤二村、帝田村社工累计采访了 14 名乡贤，宣传乡贤故事，传播德孝、热爱家乡、奉献精神等正能量，用乡中能人和贤人的人生故事影响村民，形成相互学习的文明氛围。

2. 本土村歌绕梁音，赞美丽乡村好生活

村歌，从乡村来，带着阡陌间的泥土芬芳。村歌是一曲乡村赞歌，或展现乡村美景，或寄语未来生活。村歌也是一张名片、一个故事、一部村

史。2020年6月，一首古韵悠悠、情意悠悠的歌曲——《帝田之恋》在帝田村的微信群和朋友圈走红。这首村歌由华南农业大学李锦顺老师作词、陆珊老师谱曲、音乐系学生王琪倾情演唱，是一首与歌颂农村的流行歌曲相区别的、真正意义上的村歌。村歌一经推出，便受到村民的热烈欢迎，村民热情演唱村歌，并且在六一儿童节会演上首次合唱村歌，以期能使听者感受到帝田村的美丽。继《帝田之恋》后，李锦顺老师又在青山环绕、古树巍巍中谱写出了《凤二村歌》，歌词中充分体现了凤二村的人文文化，传颂着凤二村的淳朴民风，同时又展现出"谁说女子不如男"的自强精神。2021年1月29日下午，凤二村社工站邀请华南农业大学十佳歌手冠军苏晓琳到儿童之家教"小哪吒们"学唱《凤二村歌》。次日，活力四射的"小哪吒们"准时来到了儿童之家，在凤二社工的引导以及华南农业大学艺术学院音乐系苏晓琳的指导下，与广东广播电视台小记者们合唱了《凤二村歌》，这些土生土长的"小哪吒"在社工与老师的教导下，唱出了对本村文化深深的认同与热爱。

3. 村庄节庆促融合，营造和美乡风

凤二村、帝田村社工站借助传统重大节日和村庄节庆，在端午节、六一儿童节、中秋节、国庆节、重阳节、元旦、春节等来临之际，组织花木兰艺术团、田心围姐妹团队、小哪吒志愿服务队为农村群众开展文艺会演、游园会等形式多样的乡村文化活动，如2020年6月1日举办的"城乡融合，共建和美乡风"帝田村圆梦行动暨六一儿童节会演、2020年9月30日凤二村全民活动暨"迎中秋·庆国庆"乡村联欢会、2020年12月26日举办的共建和美乡村——凤二村2020年乡村服务表彰会暨2021年元旦文艺会演、2021年1月1日举办的帝田德孝文化节暨元旦会演等，促进了农村群众的社会参与和融入，提高了农村群众对家乡的归属感和荣誉感，营造了和美乡风。

四、总结与反思

（一）总结：初步形成"1234"从化乡村社会服务模式

经过一年的探索期，在两个村初步形成了多元参与的乡村社区福利服务体系，本项目总结为"1234"从化乡村社会服务模式，即"一站两堂三平台四基地"。"一站"即乡村社工站，以乡村社工站（党建工作站）为枢纽，充分发挥"社工下乡"的专业优势，为乡村振兴提供专业力量支持。"两堂"即"幸福食堂"和乡村学堂，"幸福食堂"是凤二村社工站的自建食堂，采取政府补贴、村民共建和慈善助力的模式，让乡村困难群众不再忧愁"午晚两餐"。"三平台"即爱心地图、如愿行动和社区基金，凤二村社工充分利用从化民政的爱心地图和如愿行动平台，以"互联网+慈善+社工+志愿服务+N"的资源链接模式，精准定位乡村每一位困难群众的家庭住址、服务需求等情况。"四基地"即村民议事基地、志愿服务基地、社会组织培育基地、城乡融合实践基地，凤二村社工聚焦村民内生力量，积极开展和推广"乜都倾"[①] 村民议事协商模式，动员村民参与乡村志愿服务活动，孵化乡村自治组织助力乡村振兴，坚持"走出去"和"引进来"引领城乡融合发展，全方位、多层次、宽领域地创建乡村自治的活力品牌项目，为新时代乡村治理和专业服务提供实践模式，打通专业服务下沉到乡村的"最后一站"，也对多主体提供的碎片化福利服务进行整合、优化。

（二）反思

两个村庄的社会工作服务计划一样，但服务成效存在较大差异，凤二村比帝田村效果更明显，是什么原因导致了这样的差异？行动研究团队与社工们展开了讨论，初步认为凤二村的地理位置更好，外部资源更容易获得；江埔街、凤二村"两委"更重视社工站的建设，提供宽阔的场地，希望借助社工（站）的力量，打造美丽乡村。2020 年，凤二村在多方努力下获评"广州市美丽乡村"；凤二村项目社工更积极主动地与村"两委"沟通交流，形成了比较一致的工作思路，及时地与其他参与主体互动，形成了协同共进的局面。

"一站两堂三平台四基地"1234 服务模式的内在机制是什么，能够推广吗？仔细思考，发现 1234 服务模式是一个比较容易被人记住、朗朗上口

---

① "乜都倾"是粤语方言，译为什么都可以聊。

的对从化乡村社会服务模式的简洁介绍，但无法解释其中的内在机制，也不容易推广应用，不是每个地方都可以或者只能建"一站两堂三平台四基地"，有的地方可能只能建两平台，有的地方可能可以建四平台。带着这样的疑问和思考，我们开启了下一阶段的探索性实践。

第四章 行动研究第二阶段：
社工推进村庄多元共治

第二阶段为 2021 年 3 月至 2022 年 3 月。根据第一个阶段的评估与反思，为了进一步验证"1234 服务模式"的可复制、可推广性，也为了更好地探索不同类型村庄的一般化模式，第二阶段在前两个村的基础上，增加了一个跟凤二、帝田不同类型，相对比较偏僻和贫穷的村庄——三村村，在统一的服务思路设计下，鼓励项目社工根据村庄的特点选择不同的服务内容和策略，然后做比较研究。三个村的基本情况如下：

凤二村基本情况：凤二村是广州市从化区江埔街道辖内的行政村，村域面积约 11 平方千米，下辖 13 个自然村，22 个村民小组，共 791 户，户籍总人口 3815 人，其中 60 周岁以上老人 470 人，低保低收入户 45 户，五保户 5 户，困境儿童 35 名，残疾人 125 名。村党总支部设支委 5 人，现有党员 95 人。在经济情况方面，主要农作物有水稻、番薯，主要经济作物有荔枝、龙眼、黄皮、砂糖橘、柿子、桉树等，主要养殖鸡、鸭。主要特产有米橙、糖环、角子等。在人文历史方面，是典型的客家村落，拥有李堂、谢氏祠堂、刘氏祠堂等明清时期古建筑；村中有祠堂 9 座，大王庙 1 座，还有延续多年的舞春牛等传统民俗游艺活动。

帝田村基本情况：帝田村是广州市从化区鳌头镇的行政村，村域面积约 4.3 平方千米，下辖 17 个村民小组，现总人口 2190 人，60 周岁以上老人 366 人，80 周岁以上老人 51 人；12 岁以下的儿童 465 人，孤儿 5 名；留守妇女 500 人左右；低保户 19 户，低收入户 3 户，困境儿童 16 人，残疾人 63 名。在经济情况方面，发展村级集体经济，引入养殖（包括猪、鱼、鸭）项目，且经过多年生产发展探索，逐步形成水田种植水稻、花生，鱼塘养殖四大家鱼的塘基养殖发展模式。在人文历史方面，现存门楼 5 座，古祠堂 6 座（1 座龙船脊、四架轩式的徐君松公祠，始建于清代），古井 5 口，古庙 1 座，古树 2 棵，风景山石 1 块（企石壁）。村内有综合楼、图书馆、五保安居园、文化广场。

三村村基本情况：三村村位于从化区吕田镇北部 353 省道附近，只有一条过境公路，过境公路东至地派镇、西至吕田镇，距离吕田镇中心区域约 11 千米，辖区面积约为 17.3 平方千米，林地面积 1900 多亩，下辖 11 个经济社（分一社、分二社、分三社、塘面社、楼子社、红星社、老围社、红庄社、大坡社、杨梅塘社、墩脚下社）及 1 个大坝自然村，农户有 400 户左右，户籍人口 1972 人，因外出谋生需要，大量青壮劳动力外流至吕田镇周边较发达地区及从化经济中心一带，长期在村居住人口 700 人以上。其中农村五保户、低保户、低收入户共计 35 户。全村有正式党员 46 人，60 周岁以上老人 140 人以上，因 2007 年三村村小学撤销，从此村中的小朋友上学就要离开村子，目前村中留守儿童人数在 30 人以上，一般周末才会待在村中。

一、问题（需求）分析

在第一阶段的基础上，项目社工采用问卷调查、访谈调查、观察法、档案资料分析等多元化的方法对三个村的问题（需求）做了更深入细致的分析，下面按三个村分别呈现。

（一）凤二村的问题（需求）

1. 困境群体"洗衣难""用餐难"

凤二村目前有 470 位 60 周岁以上老人，40 户低收入、5 户低保、35 名困境儿童、125 名残疾人。驻村社工通过日常上门探访，对困境人员的实际情况进行摸底分析，该群体一方面没有资金支持购买，另一方面为了省电省水以少交水电费，家中都缺乏洗衣机等大型家用电器，清洗衣物都是依靠双手，冬天要在冷水的刺激下手洗如棉服、外套等厚重的衣物，像被子、毛毯之类的几乎无法洗涤，有些困难群体家中甚至一条棉被两三年都未清洗过一次。

此外，凤二村中大部分老人子女均在外谋生，自己留守家中，平时为了自己的一顿饭消耗绝大部分的时间和精力。更有甚者，为了节衣缩食，在饮食方面不注重营养均衡，饮食菜品单一，造成营养不良。

2. 客家文化历史源远流长，但缺乏弘扬与推广

凤二村村民是清一色的客家人，村内至今仍保留着丰富多彩的客家文化，这里有各姓氏祠堂等明清时期的古建筑，传承着客家山歌、舞猫头狮、掷彩门、舞春牛等客家传统风俗习惯。但随着老一辈渐渐老去，新一辈渐渐长大，新时代外来文化也冲击着这个有着浓郁客家文化氛围的村落，年轻人已经越来越不愿意主动去接触如客家山歌、制作粉包等传统风俗。凤二村近些年开始注重整治村容村貌，推行客家文化的发展，兴建了村史馆、金凤凰广场等客家文化的载体，但缺乏弘扬和推广客家文化的方式和手段，无法加强社区中新兴一代对客家文化的理解和传承。

3. 村民自治意识薄弱，缺乏参与公共事务的能力

凤二村中的村民缺乏民主观念，村民对于自治的概念并不明确也不了解，参与事务的积极性和主动性不高。一是青壮年迫于读书和生计的压力无法过多关注社区自治；二是妇女由于家庭及事业的关系，对社区自治知之甚少；三是弱势群体及困难群体自治能力不足也无法参与公共事务决策，这对凤二村推行农村社区民主商议决策，深耕从化议事试验田造成了一定阻碍。

(二) 帝田村的问题（需求）

1. 社区社会组织运作缺乏规范

帝田村内虽已建立花木兰、小哪吒等多支志愿服务队伍，但尚未成熟且参与社区公共事务的机会较少。需要通过培育更多组织骨干、订立社区组织运营规范等方式来带动更多村民志愿者自主参与社区公共事务。

2. 村民对参与公共服务的需求大，而社区村民参与度不高

通过访谈发现，志愿者资源固然丰富，但是光靠热情的维系很难使组织有序地运作下去。培育社区组织和领袖，提升社区组织的运行效能和服务技能、提高村民参与乡村治理的能动性和主体性等是社工站开展工作的重要目标。

3. "三留守"群体需要持续支持

帝田村"三留守"群体较多，需要做好乡村"三留守"（妇女、儿童、老人）群体的持续基础性服务。除此，还要关注他们的生计问题，社工在走访时发现他们在农作生产中有困难，需适时提供必要的协助或解决办法。

4. 资源利用效率有待提高

结合城市与乡村的优势，充分开发帝田村的资源，如开展城乡融合活动，带动村子的农作物外销；开展社区营造服务，如德孝文化建设，促进帝田村文化振兴，从而推动乡村振兴。

（三）三村村的问题（需求）

1. 宣传社工服务，提升村民对社工服务的知晓度

在社工进驻三村村以前以及社工进驻三村村前期，大部分村民对于社工的知晓度较低，对于社工的工作不了解。因此，社工在日常开展服务的过程中要注重宣传社工服务，细致、耐心地向村民介绍社工，介绍社工服务，提升村民对社工的知晓度，让村民知道社工驻村，是希望能够解决村民部分生活上的难题，是关心他们的，让社工成为村民社会支持关系网络中的一环。

2. 开展乡村学堂服务，丰富村民的精神文化生活

通过对村民闲暇时的兴趣爱好以及希望从乡村学堂中学到的内容的调查我们可以发现，村民闲暇时的娱乐活动更多的还是与生产劳动有关，故在开展乡村学堂的时候可依据提高村民生产劳动的科学化，协助村民节省生产时间，让村民有更多的时间参与精神文化生活的原则，在条件许可的情况下，开展烘焙、舞蹈、农业耕种技术、果脯制作等村民关注度高的培训与教学活动，丰富村民的精神文化生活。

3. 聚焦农村"三留守"人群，提升对"三留守"人群的关注度

通过对困难村民家庭居住情况、困难村民的主要情感诉求对象、困难村民最关注的问题、困难村民遇到困难时可以寻求帮助的情况的调查我们可以发现，由于更多的青壮劳动力外流，三村村存在一定数量的空巢家庭与独居老人，也存在一定数量的留守妇女与留守儿童，他们最关注的问题主要集中在经济与健康方面，同时我们也能够看到他们存在一定的情感诉求，因此在开展服务的过程中，可通过"微心愿"的链接与实现、相关福利政策的宣传协助、义诊类服务、开展日常探访与专业个案，从经济、健康、情感等维度回应困难村民的需求。

4. 宣传志愿者服务，培育发展志愿者、志愿组织

通过红色文化访谈，在调查村民是否愿意成为志愿者、注册志愿服务平台时我们可以发现，村民对于志愿者本身缺乏认识，对于志愿者的服务内容也不清楚。但是这不影响村民在社工的宣传发动下成为志愿者，另外有更多的村民要忙于生计故而不愿意参与志愿服务，所以在日常开展志愿者服务的时间安排上也可以从方便村民参与的角度考虑，进行相关服务的安排，志愿者是协助乡村发展的一支重要力量，如果能够将村民发动起来，使其自发组成志愿者互帮互助，那么乡村的许多问题都可以得到一定程度上的解决。

二、服务计划

（一）凤二村服务计划（见表4-1）

表4-1　凤二村服务计划（2021.3.22—2022.3.21）

总目标	分目标	服务内容
推动多元主体共同参与村庄社区治理，激活社区发展内生动力，扩大服务覆盖面，继续建设美丽乡村	建立凤二村乡村党建工作站，提升村民爱党情怀	链接民政、街道、高校等资源，联合村里的党员、热心村民，开展"我为村民办实事""红色影院""客家红歌""红色知识竞赛"等大型红色系列服务
	完善"三平台"服务体系，持续活化社区慈善资源解决社区问题、满足村民需求	社区基金：凤二村社区基金募捐社区活动（1期）
		如愿行动：持续性开展系列关爱帮扶活动，提升困难群众和特殊群体的幸福感
		爱心到家：链接爱心企业，每月推出"爱心清单"，为服务对象提供低价生活必需品；联动社区社会组织、社区志愿者提供送货上门服务

续表

总目标	分目标	服务内容
推动多元主体共同参与村庄社区治理，激活社区发展内生动力，扩大服务覆盖面，继续建设美丽乡村	通过"四基地"建设，调动多元主体共同参与村庄治理	村民自治示范基地（探索"乜都倾"议事会）：客家文化传承、社区基金村民议事会（1期）
		社会组织培育示范基地：增能花木兰志愿服务队、花木兰艺术团、金凤凰协会、青年志愿者协会、小哪吒志愿服务队五支社会组织
		志愿者服务示范基地：凤二村2021年客家文化服务表彰会（1期）
		乡村文化传承示范基地：开展客家文化主题活动，发掘、推广客家文化
	稳步推进"幸福+"系列服务，为凤二村困难群体、"三留守"群体提供多元化服务，共同发掘、提炼、传承客家文化	"幸福食堂"（全年）
		幸福衣坊（全年）
		幸福学堂——凤二村老人智能手机学习小组（6节）
		幸福学堂——凤二村儿童兴趣学习小组（6节）
		幸福学堂——凤二村儿童保护小组（6节）
		幸福学堂——"整"出美妙人生——凤二村儿童生活自理能力提升小组（6节）
		幸福童享——童心筑梦、快乐出游——凤二村儿童出游社区系列活动（1期）
		幸福童享——为留守困境儿童提供个案管理服务（全年）
		幸福义诊、幸福义剪、幸福墟日——凤二村幸福墟日（2期），社会组织培育基地——志愿者学习提升小组（6节，嵌入活动当中）

注：根据项目社工的文书进行了简化和整理。

（二）帝田村服务计划（见表4-2）

表4-2　帝田村服务计划（2021.3.22—2022.3.21）

总目标	分目标	服务内容
调动村庄社区内外资源，推动村民积极参与，建设各方力量共建共治共享的乡村治理新格局	党建引领，发挥党员服务群众作用，以及社工服务的专业性，推动"幸福+"恒常化，提升困难群众幸福感	幸福学堂：童趣童绘、抗逆力心理健康服务、寒暑假趣味活动、党史学习专题讲座"没有共产党就没有新中国"、读红书颂英雄故事、以爱国爱党为题材的书画比赛、参观解放广州最后一站遗址（从化云台山）、老人智能手机学习、老人生日会、老人健身恒常活动
		幸福墟日：六一儿童节游园会、七一建党活动、中秋国庆活动、春节敬老活动
		"幸福食堂"：周一至周五为老人提供午餐、晚餐配餐助餐服务
		"幸福衣坊"：幸福衣坊场地改造建设，宣传幸福衣坊洗衣服务，招募洗衣服务志愿者，组织志愿者为有需要的困难群体提供洗衣服务
		幸福关爱：定期探访困难群众、开展个案辅导
	建设"两平台"，即社区基金和如愿行动，持续活化社区慈善资源，解决社区问题、满足村民需求	社区基金筹款：香囊义卖；通过帝田德孝文化建设项目，动员帝田村乡贤、企业捐赠资金支持帝田村社区基金；通过帝田德孝文化建设项目申请社会赞助经费（99公益日、广益联募等）
		社区基金使用：于重大节日（春节、中秋）慰问90岁以上老人；对于考上二本以上大学的学生给予相应的奖励
		如愿行动：联动党员、志愿者探访挖掘困境群体，协助其在如愿行动平台上实现微心愿
	建设"四基地"即村民自治基地、志愿者服务基地、社会组织培育基地、乡村文化传承基地，活化社区资源，调动多元主体共同参与帝田村社区治理	村民议事基地：社区基金管委会成员会议、幸福墟日筹划组织会议、志愿服务计划会议、帝田村德孝文化营造规划探讨会议以及其他社区公共问题商讨会议
		志愿服务基地、社会组织培育基地：成立德孝文化传承服务队，并筹建帝田村史馆；成立党员服务队；老人生日会策划；组织各支队伍深度参与幸福墟日的策划与开展；组织志愿者、党员探访困境老人；每季度各支社会组织/队伍团建
		乡村文化传承基地：德孝乡贤榜样评选；墙绘活动；德孝村史馆建设；德孝乡风生活体验游

注：根据项目社工的文书进行了简化和整理。

（三）三村村服务计划（新增，第一年，见表4-3）

表4-3　三村村服务计划（2021.3.22—2022.3.21）

总目标	分目标	服务内容
调动社区内外资源，推动三村村村民自主参与乡村治理，解决社区问题、满足困弱群体需要，促进三村村红色文化资源开发，努力形成各方力量共建共治共享的乡村治理新格局	在党建引领下，发挥社工专业作用，精准服务兜底人群	个别服务：定期走访兜底人群，提供关怀性服务；对于特别困难群体，社工提供专业个案辅导服务
		幸福学堂：重点为困难群体提供农业技能培训、养生知识培训、育儿知识培训、趣味工作坊等
	培育本土志愿力量，建立社区基金，助力解决困难群体生活问题，推动乡村发展	成立并建设志愿服务基地、社会组织培育基地：根据村庄发展需要进行
		成立并建设社区基金：由三村村委会发起成立，社工站协助运营；利用"99公益日"等，开展募捐主题活动；发动乡贤、爱心企业捐赠及出售红色文化产品；使用途径：助学、大病救助、90岁及以上困境老人慰问、打造红色特色产品；每季度通过微信、公众号、公告张贴等向村民、社会公开资金使用情况；使用邮箱、微信向爱心企业、乡贤等捐赠人公开资金使用情况
	以参与式红色文化展馆为依托，打造乡村红色文化品牌，助力乡村振兴	打造参与式红色文化展馆：确定参与式红色文化展馆设计方案，推动工程建设；开展"我为三村村红色文化发展添砖加瓦"开放式主题活动
		打造三村村红色文创产品或红色农产品品牌：三村村党员带头，各企业与社会组织合作，村民参与，挖掘本地文化资源与农产品优势；通过现代媒体（微信、微博、抖音）等形式，推广本地红色文创产品与农产品，实现村民增收，助力乡村振兴

注：根据项目社工的文书进行了简化和整理。

三、项目执行与成效

（一）在党建引领下，打造"枢纽增能型"乡村社工站，撬动村庄内外资源，助力乡村振兴

从化区乡村社工站坚持党建引领，聚合村党总支、乡村社工、党员志愿者力量，引领乡村发展。一是党员带动传递红色新动能。在村"两委"指导下，党员社工、志愿者打造红色文化进乡村服务项目，从精选红色影

片，到传播红色影视，把红色资源送进乡村，打造党史学习教育新阵地，为乡村发展注入红色新动能，让村民群众做到知史爱党、知史爱国。截至2022年3月21日，在凤二村打造村级社会组织党群服务中心，为社区社会组织提供红色阵地；结合建党100周年，播放《我和我的祖国》《地道战》等红色爱国题材电影4场次，组织乡村儿童参观广州市爱国主义教育基地——云台山最后一战遗址，开展凤二村儿童党史知识竞赛活动，针对三村村红色文化开展红色讲解员小组活动两场，用"红色"情结触动观影村民的心灵，增强村民的爱国主义情怀和集体主义观念，为乡村振兴提供精神动力。二是专业服务推动乡村自治。派驻专业社工驻点从化乡村，充分发挥驻地社工真正下沉乡村的优势，为乡村服务发展提供专业力量支持。通过专业化服务做好乡村各类群体的情感支持、社区融入、资源链接等工作，实现乡村的"善治"；充分发挥社会工作的"在场"作用，挖掘和培育乡村带头人，激活乡村内生动力。截至2022年3月21日，聚焦乡村留守儿童和妇女、老年人、困境儿童及残疾人等民政兜底服务对象开展入户探访/服务建档674人次、个案服务12次，打通为民服务"最后一米"。

（二）依托三大资源平台，调动村庄内外资源，帮扶困难群体

1. 有效利用从化区的"如愿行动"资源平台，帮扶困难群体实现微心愿

联合村委会、志愿者等一起走访困难家庭，了解和关心其日常生活方面遇到的实际困难，针对他们的需求，开展持续性系列关爱帮扶活动，为他们点亮微心愿。截至2022年3月21日，从化乡村社工通过如愿行动平台，精准帮助凤二村、帝田村和三村村139名困难群众链接资源实现微心愿，其中136名困难群众的微心愿已被点亮，3名困难群众的微心愿已完成筹款，待由社工和志愿者配送至困难群众家里。

2. 有效利用从化区"爱心到家"资源平台，帮扶困难群体享受购物优惠

链接爱心企业，为困难群众独家定制特惠电商超市平台，每月推出"爱心清单"，通过"企业补贴+项目补贴"的双补贴方式，为服务对象提

供低价生活必需品和食品，并培育社区志愿者为其提供送货上门服务。凤二村社工站从 2021 年 8 月开始，主动对接"爱心到家"平台，累计帮助 74 户困难群众通过商品优惠购买生活必需品和食品，"企业+项目"双补贴金额达 4366.92 元。

3. 有效利用"社区基金"资源平台，及时满足困难群体需求

动员街道、社区、企业、村民、乡贤、社会组织等群体，利用本土资源筹集社区建设与发展资金，搭建社区慈善资源共享与合作平台，促进社区内部各方合作；链接外部多元慈善资源，引进专业服务项目，推动社区基金与社区需求无缝对接，补充支持乡村基础服务，支持社区长远战略发展。同时联合街道、村委、热心村民等，成立基金管理委员会和监督委员会，做好基金的筹集、运用及监督工作，引导社区形成自助互助服务的体系，让公益、社区服务真正地普惠村民，可持续性满足村民需求。凤二村、帝田村分别通过动员街道、企业、热心人士、村民等筹集资金，另外策划开展公益亲子游、德孝香囊义卖、幸福墟日活动 4 场次，销售农副产品和香囊收益全部或按利润百分比回馈社区基金。截至 2022 年 3 月 21 日，凤二村、帝田村和三村村的社区慈善基金募捐金额达 68364.1 元，现结余 32609.46 元；主要用于节假日慰问困难老人、"幸福食堂"慈善补贴等乡村服务，实现乡村社区资金共建、慈善共助、幸福共享。

（三）建设四大示范基地，社工通过赋权增能促进村民参与乡村治理

1. 建设"村民议事"基地：探索"乜都倾"议事会模式

发动村民、村委、志愿者等多元主体，以议事会的方式，聚集村民商议村内帮扶困境家庭、建设邻里花园等大小事务，带动村民参与共建公共空间、共谋社区发展，不断激发乡村自治活力，发挥村民"建设者、管理者、受益者"作用，引导多元主体共同参与乡村治理。截至 2022 年 3 月 21 日，从化乡村社工通过开展乡村志愿者服务茶话会、凤二村邻里花园共建活动、美丽乡村建设议事会等活动促进村民共同参与村内公共服务，参与人员包括政府领导干部、村委干部、高校老师、村（社区）社会组织代表、党员社工、村民代表等多元主体。

2. 建设"社会组织培育"基地：培育15支志愿服务队

依托乡村社工站，分别在凤二村、帝田村、三村村打造了"社区社会组织培育基地"，为乡村社会组织提供孵化培育、能力建设、信息交流、风采展示、资源共享等支持性服务。截至2022年3月21日，培育出花木兰志愿服务队、小哪吒志愿服务队、青年志愿者协会、花木兰艺术团和金凤凰协会、夕阳红志愿服务队、红领巾助老志愿服务队等15支本土社区社会组织，带动其广泛参与乡村各项服务，激活乡村内生动力。

3. 建设"志愿服务"示范基地：发动志愿服务行动

重点发展本村村民成为在地志愿者，充分发挥"土专家""田秀才"等乡村人才作用，同时吸纳来自不同阶层、不同行业的外地志愿者进入乡村志愿者服务队伍，让广大乡村志愿者参与志愿服务的决策、实施、管理全过程，定期开展对困境家庭、重度残障人士等特殊群体的探访、送餐等关爱服务，推动"兜底型"救助向"发展型"救助转变，实现村民之间的守望相助。目前，已挖掘领袖骨干达20名，培育志愿者212名，积极参与"幸福食堂"助餐配餐、"幸福衣坊"洗衣送衣以及各类社区活动，志愿者服务时数3781.65小时；积极联动从化区志愿者协会、城建学院（现为广州软件学院）、广东华软软件学院、广州市灯塔计划青少年发展促进会等志愿服务组织参与乡村的各项服务。

4. 建设"乡村文化传承"基地：挖掘、推广乡村文化

一是凤二村客家文化，社工通过开展村庄节庆、公益游、知识竞赛等多种形式挖掘当地客家文化和创新文化传承载体，建立村民的文化自信，吸引城市人进来，推广客家文化；二是帝田村德孝文化，社工通过策划开展"月行一孝"、德孝香囊义卖、德孝乡风绘画展等特色活动，积极链接企业资源（广州市聚赛龙工程塑料股份有限公司捐赠5000元）开展德孝积分活动，重拾村民的德与孝，营造德孝村庄文化氛围；三是三村村红色文化，社工通过开展红色讲解员小组活动，挖掘和提炼红色村红色娃的红色故事，弘扬三村村红色文化精神；联动村"两委"、本土企业、村民等多元主体，打造红色农副产品吕田镇三村村番薯干，为农村留守妇女、老人带来12300元的经济效益、为乡村带来20500元的经济效益。

（四）开展"幸福+"系列服务，发挥互助精神，帮扶困弱群体，提升村民生活品质，传承乡村文化，倡导乡风文明

1. "幸福食堂"服务

采取政府补贴、村民共建和慈善基金助力的投入模式，以"幸福食堂"为核心，以配餐助餐为抓手，形成"幸福食堂+"助餐配餐服务模式，大力激发村里留守妇女、志愿乡贤、爱心企业资源和发挥多元主体优势，为有就餐需求的乡村老年人、儿童或重度残障等人士提供助餐配餐服务。截至2022年3月21日，"幸福食堂"累计帮助困难群众配餐助餐35168人次。

2. "幸福衣坊"服务

面向农村困境老人、重度残障人士等特殊群体开展公益洗衣服务，凤二村社工培育志愿者，让其提供上门收取衣物、查验洗涤物品、操作洗涤烘干设备、分送清洗物件、台账登记等"一条龙"服务，为农村独居孤寡老人、留守困境儿童和残障人士解决烦琐、枯燥的洗衣难题，让他们不必为衣物、被褥的洗涤而烦恼，有更多时间享受精神文化生活。截至2022年3月21日，凤二村"幸福衣坊"累计为困难群众提供公益洗衣服务1496人次。

3. "幸福童享"服务

社工协同社会组织、慈善组织为农村留守困境儿童逐一建档、开展个性化关爱服务和个案管理，定期上门探访，了解留守困境儿童基本需求和微心愿，为留守困境儿童点亮微心愿。同时通过组织外出活动及交流等方式，为其提供情绪支持，以增长困境儿童的见闻、增强其自理能力及帮助其处理人际关系等，让其享受更多的帮扶服务和更加公平的发展成果。截至2022年3月21日，链接从化区儿童福利中心、从化区关工委、广州市红十字会、广州市灯塔计划青少年发展促进会等资源，开展六·一活动、暑期夏令营、中秋国庆慰问等活动15场次，丰富留守困境儿童的乡村生活。

4. "幸福义诊"服务

链接南方医科大学附属第五医院、社区医院等合作共建资源，邀请志愿医生、医务志愿者定期下乡开展义诊活动，并通过教导、培训等方式，培育热心村民成为本土健康生活指导员，定点定期免费为群众测血压、血糖，传授常见病、慢性病、季节性多发病的预防控制方法，普及医学常识和健康知识等。截至 2022 年 3 月 21 日，三个社工站累计开展义诊活动 7 场次，累计服务超 350 人次。

5. "幸福义剪"服务

通过与村内外理发机构合作，邀请理发师志愿者定期下乡开展义剪活动，并为高龄老人、重度残障人士提供上门义剪服务。同时动员花木兰志愿者参与理发培训，成为本土义剪志愿者，形成自助互助的良好乡村氛围。截至 2022 年 3 月 21 日，三个社工站累计开展义剪活动 6 场次，幸福义剪累计服务 200 多人次。

6. "幸福学堂"服务

驻村社工充分挖掘村庄内外的服务资源，开设多元化、多层次的留守老人、儿童、妇女学堂服务。组织留守困境儿童开展红色讲解员小组、观看红色电影、开展科学实验课堂等；组织留守老人开展歌唱课堂、智能手机学习等；组织留守妇女开展急救知识学习课堂、志愿服务能力提升课堂等，丰富村民精神文化生活，促进村民在互动交流中实现能力增长。截至 2022 年 3 月 21 日，"幸福学堂"服务惠及儿童、妇女、老人等 3392 人次。

四、总结与反思

（一）总结：初步形成多元共治的社区治理体系

经过第二阶段的实践探索，社工的服务思路逐渐清晰和明确，重点发挥枢纽和增能两大功能，推动社区多元共治，促进社区发展。社工以社工站为依托发挥枢纽功能，通过党建引领服务，建设三大资源平台，发掘、汇聚和利用社区内外资源，为乡村发展注入所需要的各类资源，并将这些资源整合，精准输送到有需要的人的手上，打通"最后一公里"，避免资源的碎片化和使用不当。同时，社工以社工站为依托，将社工站打造成村民的重要公共空间，通过赋权增能策略建设四大基地，促进居民参与社区建设，催生村庄社区内生动力，激活社区能力，促进社区发展。

三个村都初步呈现出多元共治的社区治理格局，凤二村和帝田村表现得更明显。社区治理主体包括村"两委"、社工（站）、社区社会组织、社区志愿者、社区企业、社区基金等，其中村"两委"重点发挥党的引领作用，将国家的大政方针、发展政策及时传递到各主体，起到核心凝聚作用；村委具体负责整个村的发展规划和统筹推进，社工以社工站为依托发挥枢纽和增能功能，协助村委开展工作；社区社会组织发挥组织的优势与特点、社区志愿者发挥志愿精神、社区企业发挥自身资源优势和社会责任感积极参与社区建设；社区基金发挥资金使用的灵活性优势推动社区公共行动。

（二）反思

凤二村、帝田村项目发展日趋成熟，对社工的统筹协调能力提出了更高要求，社工的队伍人才偏少，综合素质亟待提高，目前项目社工压力较大，需要机构给予更多的支持和帮助。

三村村位置偏远，外部资源较难进入，内部资源开发动力不足，幸福饭堂还没有，再加上是第一年，成效还不够明显，实践证明"1234服务模式"无法被广泛推广，需要建构出新的服务模式。

第五章　行动研究第三阶段：
社工推进村庄"五社联动"社区共治

第三阶段为 2022 年 3 月至 2023 年 8 月。由于广州市的试点项目资助终止了，项目运营需要自筹经费，营运机构通过从化区慈善会筹集到 60 万元项目经费支持，社工还需要在服务过程中不断地筹集公益慈善资源来弥补服务经费的不足，本周期的项目经费全部来源于公益慈善资金。三村村由于地理位置偏僻，社会慈善资源难以到达，外部志愿者也较少进入，社工招募难，机构曾经尝试从帝田村抽两位社工进入三村村社工站，发现工作开展非常困难，两位社工坚持两个月后选择了离职，三村村社工站一直没有招募到合适的社工，服务也就暂停了。因此，第三阶段的服务只在凤二村和帝田村开展。

2021 年 4 月，中共中央、国务院印发《关于加强基层治理体系和治理能力现代化建设的意见》，明确指出要"发展公益慈善事业。完善社会力量参与基层治理激励政策，创新社区与社会组织、社会工作者、社区志愿者、社会慈善资源的联动机制"，"五社联动"逐渐在全国各地推开。经过前面两年的行动研究，服务思路基本清晰了，第三年继续按照第二年的服务思路开展高质量服务，重点探索"五社联动"社区共治服务行动。

一、问题（需求）分析

（一）尚未形成"五社联动"社区共治格局

经过前面两年的实践探索，两个村都形成了社区"两委"、社工、社区社会组织、社区志愿者和社会慈善资源五大要素，但是这五大要素之间的联动机制尚未形成，目前主要是基于信任关系合作开展服务工作。社会慈善资源调动还存在一定的局限性，资源类型和数量都很有限，其他四大主体性要素参与社区治理的角色和边界不是很清晰，社区社会组织、志愿者的自主服务意识和能力还有待发展，社区治理规划不足。

（二）困弱群体需要常态化服务

凤二村和帝田村的困弱群体仍然占有一定比例，且这类群体短期内还不能摆脱困境，需要常态化的社区服务。凤二村户籍总人口 3815 人，其中 60 周岁以上老人 470 人，低保低收入户 40 户，五保户 5 户，困境儿童 35 人，残疾人 125 人。帝田村总人口 2190 人，特困户 17 户，低保低收入户 21 户，困境儿童 16 人，残疾人 64 人，80 周岁以上老人 51 人。社工经访谈了解到，大部分困弱群体表示自己有持续的经济支持需求和情绪支持需求，需要亲人、邻居、社区等周边人的持续关爱。

（三）社区社会组织、志愿者的培育仍需加强

培育本土的社区社会组织、志愿者有利于促进多元主体协同参与村庄建设。随着乡村振兴战略的推进，多元主体协同参与对乡村振兴具有重要意义。在社工的访谈调查中，村"两委"表示在社区治理中推进多元主体协同参与存在一定的困难性。对于外部的支持力量，村"两委"表示需要先动员内部力量，为村庄建设打好基础，才能有机会吸引更多的外部资源支持。链接外部资源固然重要，但本土的社区社会组织、志愿者培育亦不能忽视。社工在对村民访谈中了解到村民对村庄的发展是关心的，大部分村民也愿意参与村庄的建设发展，但缺乏参与的平台与机会。在过去两年的社工服务中，社工已经在每个村培育了 5 支社区社会组织，但是成员的社区参与意识和能力还有待提升，其规模也有待扩大。

二、服务计划

根据上述问题以及需求分析，社工制定了不同层次的服务目标，推进和创新了服务项目，将社区社会组织和社区志愿者的力量充分调动起来，动员更多的村民参与社区治理，同时加大社区公益慈善资源对社区社会组织培育和困难群体服务的支持力度。凤二村和帝田村的村庄文化各有特点，因此两个村的社工分别制订了不同的社区文化营造服务计划，见表 5-1、表 5-2。

表 5-1　凤二村年度服务计划（2022.3—2023.8）

服务目标	服务项目	服务内容
夯实困弱群体兜底保障性服务，并为其提供情感支持，提升生活品质	"幸福食堂"	为有就餐需求的老人、儿童及重度残障等人士提供助餐配餐服务
	"幸福衣坊"	为有需要的独居孤寡老人、留守困境儿童和残障人士提供收衣、洗衣、送衣等服务
	"幸福童享"	为留守困境儿童提供专项生活保障及定期探访服务
	"幸福墟日"	以"乜都倾"议事协商模式，挖掘内生动力，鼓励社区社会组织齐出动，培育村内外医生、理发师等成为社区志愿者，定期举行"趁墟"，为困难村民提供义诊、义剪、入户探访等服务
	爱心到家	为困难群众独家定制特惠电商超市平台，每月推出"爱心清单"，通过"企业补贴+项目补贴"的双补贴方式，为服务对象提供低价生活必需品和食品并提供志愿配送服务
	如愿行动	联合村"两委"和社区志愿者等一起走访困难家庭，了解和关心其日常生活状况，针对他们的需求，点亮心愿树
发掘、提炼凤二客家文化，并形成导赏图、导赏小册子等，传承乡村文化	"幸福学堂"	通过口述史、特色手工制作等方式发掘、提炼客家文化精髓，结合村庄节庆活动，开展客家山歌和舞蹈比赛
	乡村文体传承基地	开展创作村规民约之歌、唱客家山歌、村庄节庆、公益游、知识竞赛等多种形式的活动挖掘当地客家文化和创新文化传承载体，开展公益集市、幸福墟日、客家文化节等节庆活动吸引人流，推广客家文化
	社会组织、志愿者培育基地	结合外出学习、培训等方式增强志愿者的价值感、获得感及归属感，培育更多在地志愿者，并鼓励其加入社区社会组织，推动组织发展
链接外部资源，通过直播带货、公益助农等渠道，增加村民经济收入，推动生计发展	金凤凰计划	以"金凤凰协会"为主，通过搭建网络销售平台，扶持和帮助村民走出家门、增收致富
	社区基金	链接社区内外部多元慈善资源，补充支持乡村基础服务，支持社区长远发展战略

表5-2　帝田村年度服务计划（2022.3—2023.8）

服务目标	服务项目	服务内容
夯实困弱群体兜底保障性服务，并为其提供情感支持，提升生活品质	如愿行动	每月为2~3户困弱群体链接如愿行动平台的资源支持
	爱心到家	了解困弱群众需求，为其链接爱心物资，满足其基本生活需求
	社区基金	邻里互帮互助宣传活动，了解困弱群体的生活近况及需求，及时跟进解决，给予情感支持
挖掘社区能人和培育社区社会组织，提高村民参与乡村治理的能动性和主体性，激活乡村发展内生动力	社会组织和志愿者培育基地建设	对于原有的花木兰志愿服务队、花木兰艺术团服务队、小哪吒志愿服务队、夕阳红志愿服务队、党员志愿服务队定期开展团队维系与团队能力建设活动，同时团队会因各种客观原因出现一定的流动性，定期开展招新工作，为团队输入新血液。对于团队的骨干、积极分子，可着力培养其社区参与、社区策划能力。如某些活动可让其负责组织、策划、执行等，社工可给予相应的协助
联合多方资源，协助帝田村村民挖掘、学习、传承、发展本土优良德孝文化	"幸福学堂"	利用"幸福学堂"平台资源，在周末、寒暑假等为儿童、亲子提供服务
	"幸福食堂"	为有需求的老人提供送餐及配餐服务，同时发挥"幸福食堂"的平台功能，深入了解老人需求，为其提供资源链接等服务
	德孝文化建设	每季度开展一次"月行一孝"主题家庭活动，组织社区志愿者和村民共同开展老人生日会活动
调动多元主体共同营造德孝文化浓厚的社区氛围	村民议事会	以村民议事会为抓手，联动多元主体共同开展社区环境保护、邻里花园建设和邻里文化节等活动，创造有利于村民互动交流的环境空间

三、服务执行与成效

（一）发挥村党委的引领作用，推进社区经济发展

社工站同时挂牌成立了乡村党建工作站，与村党委紧密联系，在村党委的引领下开展社区共治。党员社工不仅积极联合村"两委"、"两新"党

组织开展支部共建活动，还发挥党建工作站的平台作用，与当地高校和研究院共建党建基地，村党总支、社工、社区志愿者、社区社会组织和社区公益慈善资源联动开展助农助销、增收帮扶等服务。凤二村社工站与华南农业大学"玫瑰"公益创业团队、社工系教师、村"两委"、村企业共同打造凤二村"凤凰鸡"品牌，社工引入高校资源作为社区公益慈善资源支持，由高校赋能，社工联动村"两委"共同开展"凤凰鸡社区经济发展项目"专题议事会。在高校、村"两委"、社区社会组织以及社区公益慈善资源的支持下，凤凰鸡社区经济发展项目形成了体系化、标准化的运作模式。帝田村的社区经济发展项目还在规划中，重点打造无花果作为"一村一品"，开发文旅资源，设计文旅路线等，目前还没有产生明显成效。

（二）发挥社工的枢纽增能作用，汇聚社区公益慈善资源

1. 如愿行动与爱心到家平台

社工通过如愿行动平台，精准帮助凤二村和帝田村共 182 名困难群众"点亮"微心愿。社工利用从化区"爱心到家"资源平台累计帮助 209 户困难群众通过商品优惠购买生活必需品和食品，本阶段社工链接的爱心企业资源丰富，"企业+项目"双补贴金额达 14093.33 元。

2. 社区基金项目

社区基金作为凤二村和帝田村共有的重点项目，在该年度也有了一些新的突破，社工有效利用社区基金资源平台进行募捐，截至 2023 年 8 月，凤二村的社区基金募捐金额达到 33711.4 元。帝田村社区基金成立于 2020 年 6 月 1 日，成立至今共募集资金 44594 元，已使用了 30101.3 元，剩余 14492.7 元。

3. 公益助农项目

凤二村和帝田村的社工联动华南农业大学"三下乡"实践团队开展了特色农产品销售帮扶、文旅线路开发设计等项目，助力打造凤二村、帝田村的"一村一品，一村一业"品牌和文旅路线。社工联动"三下乡"实践团队策划了多场公益助农直播活动，充分发挥高校大学生"发掘在地产业资源，激活本土内生动力"的青年力量，助力宣传推广优质农产品。2023年 8 月至 9 月期间，凤二村开展龙眼公益售卖线上直播 3 场次，为凤二村村民增售龙眼 180 斤，增收 1860 元。帝田村开展无花果公益售卖线上直播 4 场次，助农销售农产品共计 3788 元。

困弱群体服务质量大幅度提升，困弱群体服务除了物质资源链接，还要注重提升困弱群体的自主能力。例如，凤二村社工在做困弱群体服务时，通过对专业优势的发挥，带动服务对象转变为社区志愿者。凤二村服务对象莲姨本人性格开朗、热情且乐于助人，育有两儿一女，子女除了小儿子都已成家，丈夫在小儿子出生不久后就去世了。小儿子在一两岁时因发烧导致小儿麻痹症，重度残疾，手脚不灵活，只有一只脚可受控制，平时只能坐在轮椅上。一直以来，小儿子都由莲姨独自抚养。莲姨家门前有块空地，社工入驻凤二村后，其经常借用这片空地开展社区活动。在长期接触中，莲姨了解了社会工作理念、做法并开始参与志愿服务活动。莲姨在社工的影响和志愿精神的感召下，开始成为志愿者，协助社工招募服务对象和开展社区活动等。慢慢地，莲姨成为花木兰志愿服务队的一员，作为核心骨干力量之一，自发关心本村老人的身体状况和生活需求，自主帮助老人打扫卫生、购买生活用品等。同时，莲姨还很关注社工服务的开展情况，作为桥梁链接社工和服务对象，如当老人有洗衣需求时，她会主动将老人的衣物和厚重的被子拿到社工站，清洗后拿回老人家中并帮助他们晾晒。莲姨的小儿子在耳濡目染下对社会工作也有了一定的了解，很支持妈妈的志愿服务，同时也开始帮助妈妈做一些日常小事，如用电动轮椅来"幸福食堂"帮妈妈打饭。村里的老人给予莲姨高度评价，对她的印象都很好。莲姨本人一直很感谢社工为她和她的家庭提供的服务和链接的资源。她认为，自己的家庭情况比较困难，社工能够帮助她，那她自己有能力，也会尽力地去帮助他人。目前凤二村内有 4 个这样的"莲姨"，她们的志愿服务精神和身份转变是社工"助人自助"理念最好的体现。

（三）依托四大基地，培育社区社会组织和社区志愿者

1. 建设村民自治基地，激活社区社会组织和志愿者参与社区治理的意识

凤二村社工站挂牌成立村民自治基地后，社工充分动员村"两委"、社区社会组织和志愿者参加社区议事会，探索"乜都倾"议事会模式。邻

里花园的建设与翻新、社区基金选举管委会和监委会等事项都通过"七都倾"议事会得到了圆满解决，在议事过程中逐渐激活了社区社会组织和志愿者参与社区治理的意识。截至2023年8月，社工开展协商议事会30多场次，参与的村委干部、村社区社会组织代表、党员社工、村民代表等超2300人次，累计解决了27个议题。

2. 建设社会组织培育基地，赋能社区社会组织参与社区治理

凤二村和帝田村共培育了10支社区社会组织。2022年，凤二村社工站挂牌成立首个村级社会组织党群服务中心，为社区社会组织培育提供规范化指引。社工动员社区社会组织参加社区治理议事会，完善社区社会组织的培育制度，推动社区社会组织成员参与社区治理的议事，并定期组织成员外出学习，增强其参加社区治理的能力。例如，为更好地倾听乡村儿童的声音，充分发挥儿童参与乡村治理的"当家人"和"小模范"作用，凤二村、帝田村社工组建"小哪吒志愿服务队"，并于2022年8月正式成立"小哪吒"儿童议事会，他们通过亲子志愿服务、节日送暖、入户关怀困境老人、儿童议事等方式参与社区公共服务，用儿童眼光看社区、议发展，共同参与讨论乡村社区发展。

3. 建设志愿服务示范基地，提升社区志愿者参与社区治理的能力

凤二村社工挖掘领袖骨干达72名，培育志愿者百余名，发动志愿者参与的社区活动有百余场，累计参与志愿服务总时数达4245小时。帝田村社工组织社区志愿者开展"凝聚力量，关注社区发展"志愿者团建活动、小哪吒志愿者年度总结活动、"凝聚'她'力量，关爱乡村困境群体"志愿活动等，累计服务69人次。

4. 建设乡村文化传承基地，开展村庄文化主题日活动

凤二村社工挖掘、推广客家文化累计开展服务活动20多场次，服务惠及3700多人次。帝田村社工开展了"月行一孝"感恩活动、"巧手做青团，'艾'香传邻里"活动、"施之以爱，报之以恩"母亲节活动和"父爱如'衫'，无可'T'代"父亲节活动，社工开展的德孝主题活动惠及村庄全体村民，营造了浓厚的德孝文化氛围。

（四）"五社联动"推进"幸福+"系列服务，增强村民幸福感

1. "幸福食堂"服务

"幸福食堂"采取政府补贴、村"两委"协助、社工运营、社区公益慈善资源助力、社区志愿者和社区社会组织助餐配餐的运作体系，为农村困难老年人、重度残障人士、留守困境儿童等群体提供助餐配餐服务。社工和花木兰志愿者定期进行老年人需求调研，根据老年人的身体情况、口味需求等情况做好膳食的营养搭配，制定菜式丰富、营养全面的"每周营养食谱"，撑起老年人的健康保护伞，不仅让服务对象吃得饱，也让他们吃得好，吃得开心，真真实实地提高他们的幸福感。截至 2023 年 8 月，凤二村"幸福食堂"累计帮助困难群众配餐助餐 59884 人次，帝田村食堂累计帮助困难群众配餐助餐 26344 人次。

2. "幸福衣坊"服务

凤二村社工链接从化区慈善会"幸福衣坊"项目的资源支持，联合村"两委"和社区志愿者共同推行幸福衣坊。村"两委"和社区志愿者协助社工做好幸福衣坊的选址工作，租借了村民闲置的村屋；社区慈善会及从化区社会组织联合会协助社工购买洗衣机、洗衣液、晾衣架等物资；社工与社区志愿者进行入户宣传，挖掘潜在服务对象。2021 年 1 月 23 日，"幸福衣坊"揭牌成立，花木兰志愿服务队主动承担起上门收取衣物、查验洗涤物品、操作洗涤烘干设备、分送清洗物件、台账登记等一系列工作。"幸福衣坊"成立以来，一直采取社区慈善资源支持、社工站运营管理、村"两委"协助、社区志愿者和社区社会组织具体运作的服务模式，为农村留守困难老人、儿童和残障人士解决烦琐、枯燥的洗衣难问题。截至 2023 年 8 月，"幸福衣坊"累计为困难群众提供公益洗衣服务 2646 人次。

3. "幸福童享"服务

社工联动村"两委"、社区社会组织和社区志愿者，有效利用社区公益慈善资源，为困境及留守儿童开展个案管理、小组活动和社区活动，帮助困境及留守儿童点亮微心愿。截至 2023 年 8 月，开展服务活动 20 多场次，为 2000 多人次的困境及留守儿童提供服务。

4. "幸福义诊""幸福艺剪"服务

"幸福义诊"是由社工链接医院义诊资源，联动村"两委"、社区志愿者和社区社会组织，邀请医院义诊团队为本村老年人免费提供测量血压、把脉、健康咨询、诊断等服务。"幸福义剪"是由社工联动村里的社区义剪志愿者或社会义剪志愿者，为老人、残障人士、儿童以及行动不便的村民免费提供理发服务。项目第三阶段，社工积极链接义诊、义剪资源，协同村"两委"、社区社会组织和社区志愿者组织"幸福义诊""幸福义剪"服务，累计服务超 2000 人次。

5. "幸福学堂"服务

"幸福学堂"面向儿童、妇女和老人提供成长性和支持性服务，社工组织开展了"童声议事，同创空间"凤二村儿童议事会、客家山歌文化传承小组、"浓情端午，传承客家文化"端午节主题活动、"父爱如'衫'，无可'T'代"亲子扎染手工制作活动等，在儿童社区议事、妇女志愿者培育、客家文化和德孝文化氛围营造等方面取得了不错的成效。截至 2023 年 8 月，社工累计开展相关活动 70 场次，服务惠及儿童、妇女、老人等超 3800 人次。

四、总结与反思

（一）总结：初步形成村庄"五社联动"社区共治格局

项目第一、二阶段，由于社工站的建设和发展，村庄已经初步具备"五社"要素，但是"五社"之间还没有产生联动效应。项目第三阶段，社工依托村级社工站平台，发挥穿针引线的作用，激活了"五社联动"意识，不断提升"五社联动"能力，已经推动凤二村和帝田村初步形成"五社联动"社区共治格局。社工通过开发服务项目、搭建社区公益慈善资源平台，为村"两委"、社区志愿者和社区社会组织提供了更多的合作参与机会。

社工联动村"两委"开展服务，增强参与社区共治的合力。项目第三阶段，社工积极发掘村"两委"的优势，寻求与村"两委"合作，借助村"两委"的优势开展社会工作服务。凤二村和帝田村的社工通过和村"两委"开展社区经济发展项目、德孝文化氛围营造项目和公益助农项目，增强了社工与村"两委"参与社区共治的合力。同时，社工在服务过程中充分发挥专业优势，获得了村"两委"和村民的认可，确认了自身参与社区治理的合法性。在服务项目推行的过程中，社工也在不断增强参与社区治理的能力，包括与村"两委"协作的能力、与社区志愿者合作的能力、培育社区社会组织的能力、管理社区公益慈善资源的能力。

社工推动社区社会组织和社区志愿者增强参与社区共治的权能。项目第一、二阶段，社工依靠村民的力量初步培育了社区志愿者和社区社会组织，但是该时期社区社会组织和志愿者参加社区治理的程度较低，成员的自主性不强。在项目第三阶段，运用公益创投的资金，社工加强了对社区社会组织和志愿者的培育工作，激活了社区社会组织和志愿者参与社区治理的意识，通过社区教育、小组服务和技能培训等策略，增强了其参与社区治理的权能。

社工增强了联动社区公益慈善资源的能力。第一、二阶段的项目采取政府购买服务的方式，每年度的项目购买资金为99万元。第三年度缺少政府购买服务资金，项目转化为"慈善项目"继续运作，慈善资金来源包括企业捐赠、公益创投（微创投）项目资金支持。其中，"和善乡风"从化乡村服务项目（慈善项目）为第三阶段的服务投入约60万元。此外，凤二村社工站作为"伙伴+"社区社会组织培育计划（第九届广州市公益创投项目）的项目试点，获得公益创投资金约6.7万元的支持。凤二村社工以"'哆啦A梦·幸福童享'从化乡村困境儿童服务项目"参加"第三届广州市创善·微创投项目"，获得3万元的慈善资金支持。帝田村社工以"'一米高度看乡村儿童'议事培育项目"参加"第四届广州市创善·微创投项目"，获得5万元的慈善资金支持。

（二）反思

社工推动凤二村和帝田村初步形成"五社联动"社区共治格局，但是"五社联动"机制尚未明晰，"五社"职能没有明确划分，社工在其中发挥了非常重要的联合作用。村级社工站面临着人才缺乏等发展困难，帝田村的社工发生了流动，导致项目成效受到影响，"五社联动"的稳定性不足，社工流失导致有些资源也流失了。三村村社工站由于地处偏远，招募不到合适社工，项目暂停，之前所培育的社区社会组织和社区志愿者也随之失去了发展动力，偏远村庄社工人才队伍建设需要激励性的政策支持。

下篇

行动研究成果

第六章 EPS 模式下社工推进村庄
"五社联动" 社区共治的策略研究

2021 年 4 月，中共中央、国务院印发《关于加强基层治理体系和治理能力现代化建设的意见》，明确指出要 "发展公益慈善事业。完善社会力量参与基层治理激励政策"，同时要 "创新社区与社会组织、社会工作者、社区志愿者、社会慈善资源" 的 "五社联动" 机制。2022 年 2 月，民政部、国家乡村振兴局印发《关于动员引导社会组织参与乡村振兴工作的通知》，再次提出要推动 "创新社会组织与社区、社会工作者、社区志愿者、社会慈善资源联动机制"。

"五社联动" 是基层社会治理的创新。"五社联动" 是指以提升社区治理能力、建设 "共建共治共享" 的社区治理共同体为目标，坚持党建领导，由社区居（村）委会发挥指导作用，以社区为平台、以社会工作者为支撑、以社区社会组织为载体、以社区志愿者为辅助、以公益慈善资源为补充的现代社区治理行动框架（任敏等，2021）。本书所指的 "社工" 即是 "五社联动" 中的社会工作者。

虽然 "五社联动" 作为重要的社区治理创新方式被重要政策文件提及，但是由于 "五社联动" 具有实践先行的特点，目前关于 "五社联动" 的学术研究并不多。已有研究主要关注 "五社联动" 概念与内涵研究、运行机制及模式研究，或关注社区基金、社区志愿者、社区社会组织在 "五社联动" 中的功能发挥，从社会工作实务角度探讨社工如何推动 "五社联动" 的形成的研究比较少。

乡镇（街道）社工站是基层民生服务平台，也是资源整合平台，在此平台上开展 "五社联动"，能最大限度地发挥治理效能（徐道稳，2022）。在广东省的农村社区，随着乡村振兴战略的深化与 "双百工程" 的推进，以乡镇社工站为载体实施 "五社联动" 社区治理创新的实践越来越多，但是成功案例比较少。在研究过程中，笔者发现这与以下因素有关：第一，村庄原有的社会工作服务基础薄弱。在"双百工程"推行以前，粤东、粤西、粤北等农村地区没有支持社会工作发展的资源，有社工站或社会工作服务的村庄比较少。第二，社工对社区治理的参与程度低。珠三角地区的农村社会工作实践中，较为典型的案例有广州市从化区仙娘溪村的绿耕社工实践（张和清，2016）、珠海市"幸福村居"建设（向羽，2016）、广州市白云区供销社的供销社工实践（李锦顺等，2022）。这些农村社会工作实践案例具有较好的创新意义和示范作用，但是在实务层面较少关注社区治理议题。第三，社工参与社区治理的专业能力不足。"双百工程"推行之后，向羽（2020）等的研究指出，"双百"社工在乡村社会治理中虽然能够发挥情感治理、资源整合及分配、塑造社区公共性、巩固社会资本等作用，但是"双百"社工的实践主要依靠外力推动，社工对社区内生动力的培育有待加强。

本书的个案研究对象是凤二村社工站和帝田村社工站，与乡镇社工站不同，凤二村和帝田村的社工站是在"全国乡村治理体系建设试点示范工作"的推动下成立的，其定位是村级社工站，强调将社会工作服务下沉到村一级，并且按照"在乡村治理的重要领域和关键环节积极创新、大胆实践"的指导进行工作，社工能够充分发挥专业优势，积极参与社区治理创新。经过三年多的服务实践，社工推动凤二村和帝田村形成了"五社联动"社区共治的格局，相关服务案例还入选了由中国社会治理研究会指导、浙江大学社会治理研究院主办的"全国社会治理创新案例（2022）"征集活动。研究者通过参与式观察发现，凤二村和帝田村原来存在的社区治理主体单一、村民参与社区治理的主体性不足等问题都通过"五社联动"实践得到了改善，而社工的实践智慧和专业服务策略在其中发挥了很大的推动作用，值得进一步研究。

一、研究现状

（一）"五社联动"的相关研究

1. 关于"五社联动"的概念研究

"五社联动"是多主体协同共治的社区治理行动框架，目前对于"五社"要素的理解，《中共中央 国务院关于加强基层治理体系和治理能力现代化建设的意见》等政策文件给出了较为明确的说法，"五社"分别是指社区、社会工作者、社会组织、社区志愿者、社区慈善资源。

任敏（2021）等对"五社联动"给出了一个比较完整的定义："五社联动"是指以提升社区治理能力、建设"共建共治共享"的社区治理共同体为目标，坚持党建领导，由社区居（村）委会发挥指导作用，以社区为平台、以社会工作者为支撑、以社区社会组织为载体、以社区志愿者为辅助、以公益慈善资源为补充的现代社区治理行动框架。

2. 关于"五社联动"的实践研究

2020 年 5 月，湖北省民政厅启动"五社联动"心理疏导社会工作服务项目，实施该项目的目的是化解"疫后综后征"，社工的重点服务人群包括丧亲家庭、治愈患者和受疫情影响的困难群体（张燕，2020）。随后，武汉市根据社区的资源基础发展出了"五社联动"参与社区治理的三种不同模式，分别是社区社会组织作用发挥突出模式、社区志愿者服务发展突出模式和社区公益慈善资源筹措突出模式（任敏，2021）。这三种模式的共同特点是以社区和社工的深度融合为基础，"扬长"社区资源，发动社区内最具有优势的要素参与社区治理，逐步卷入其他要素，形成"五社联动"，在形成过程中让社会工作的专业思维充分发挥。

闫薇（2021）等研究发现，武汉市"五社联动"能够顺利落地实施的重要原因是当地的"五社"发育程度比较好，既有街道社会工作服务中心和社区社工服务站作为强力支撑，同时也有阿里巴巴等大型企业的公益慈善资源投入。

湖北省各地的"五社联动"实践取得了较好的成效，同时涌现出了比较多的优秀实践案例。例如，罗峰（2022）等对武汉市 X 街道的个案研究表明，通过实施"五社联动"项目，X 街道已经形成"党建引领+五社联动"的"一建五联"社区治理新模式，带来的积极影响是该社区的治理资源变丰富、治理网络被盘活、居民对于社区的认同感增强。肖燕（2023）等在湖北省肿瘤医院实施"五社联动"治理模式，将"五社联动"模式运用于医务社工保障患者住院服务的全过程，并构建了以医务社工为枢纽和核心的"五社联动"模型。此外，还有一些社工站在积极探索社区志愿服务项目，激活"五社联动"中的公益慈善资源力量。例如，武汉市汉阳区四新街的社工以社区志愿服务项目串联起社区、居民、志愿者、社区社会组织和社区商业共同参与社区治理（汪阔林，2021）；汉阳区七里一村社区通过政府购买志愿服务项目、社工承接运营的方式，探索志愿服务模式，形成社区志愿者、社区社会组织（公益服务类）、社区公益慈善资源共同参与社区治理的"五社联动"机制（杨乐等，2021）。

广东省和内蒙古自治区依托社工站推行"五社联动"社区治理模式。广东省清远市清城区凤城街道社工站以"双百计划"和"双百工程"为契机，实现了社工站点数量的扩充和服务职能的深化，该地区通过搭建"五大平台"、打造"四大品牌"，将政府资源和社企资源整合，搭建起"'五社联动'、全民参与"的社区治理体系（刘淑君等，2022）。在慈善事业促进和社会工作司的指导下，内蒙古自治区制订了《"五社联动"社会工作服务项目实施方案（2021—2025 年）》。目前，内蒙古的社工站建设呈现出三种模式：以社区为优势主导的模式、以专业社工为优势主导的模式、以社会慈善资源为优势主导的模式。即以"五社联动"中某一个或多个主体为优势主导，带动多元资源的整合、多元力量的参与，推进社工站开展服务（汪海玲，2022）。

（二）社工参与"五社联动"的相关研究

早些年的"三社联动"有关研究主要停留在"三社联动"的概念要素、理论基础、运行机制等方面，对于社工的专业角色、功能或优势的探讨比较少。张大维（2017）等对"三社联动"中社会工作（者）专业优势发挥状况进行研究，发现社会工作的专业优势体现在三个方面：一是特色服务中的专业技术优势；二是活动策划中的专业方法优势；三是组织孵化中的专业手段优势。在"五社联动"社区治理框架中,社工的专业优势更为凸显,不少学者也对社工在"五社联动"中的角色和优势进行了研究。

社工与社区工作者最大的区别在于前者具备专业优势,"五社联动"社区治理中,社会工作不仅具有立足基层、根植一线、贴近群众的职业特性,还具有心理疏导、情绪抚慰、功能修复、社会融入的专业功能(原珂等,2022)。

社工能够在"五社联动"中发挥专业优势,在优化社区治理方面起到重要作用。卓彩琴(2022)等对广东省佛山市顺德区伦教街道的社会工作服务开展了长达7年半的行动研究,研究发现,社工推动当地农村社区的治理结构由单一主体向"五社联动"逐步优化,在"五社"网络中发挥了增能和联结作用。"五社联动"彰显了专业社会工作在基层治理现代化中的重要性,引入专业社工提供社区服务,能够对社会力量予以精细化整合和有效动员,形成可供复制推广的治理技术(任文启,2022)。

社工在"五社联动"中如何更好地发挥专业优势?任敏(2021)等的研究认为,鉴于城市与农村的经济发展情况和社会资源分布情况不同,社工在城市社区主要供应专业性资源,在农村社区则成为多种资源的供应者。王慧(2018)等的研究认为,培养社会工作人才是社区治理的核心,在农村社区推行"五社联动",应由专业社工人才来引导,帮助村民转变传统观念、提升社会救助质量等。

社会工作参与"五社联动"社区治理框架的合法性与社工站的建设有密切联系。社工站是社会工作参与基层治理的载体(黄红,2021),在基层社会治理创新中,社工站发挥的是"传达站"和"枢纽站"的功能(付立华,2022)。社工站建设意味着在基层治理中,社工不仅可以通过政府购买服务参与基层治理,也可以直接参与基层治理,为基层群众提供专业服务(任文启等,2022)。也有越来越多的学者认为,社工站建设能够促进社会工作走向服务治理,发挥服务型治理的作用(顾东辉,2021;姚进忠,2021)。徐道稳(2022)的研究提出,乡镇(街道)社工站是基层民生服务平台,也是资源整合平台,在此平台上开展"五社联动",能最大限度地发挥治理效能。

已有研究表明，"五社联动"社区治理模式推行的过程中，社工人才不足和角色定位不清晰等问题明显。"五社联动"中社工具备多重角色身份，但是在实际操作中，社工面临的问题有：第一，专业性角色与实际工作内容的错位。具体表现在"五社联动"中社工的专业角色定位局限，其承担的行政事务过多，被定位为行政人员的延伸。另外，社工专注于微观的个案工作，工作内容受到限制。第二，社工的社区流动性比较大，项目的不稳定性影响了社工的职业稳定性。原因在于政府购买服务的项目制方式导致社工成为"项目社工"，无法深度嵌入社区情境，达到"五社联动"对社工与社区形成"嵌合"状态的要求（湖北省民政厅"五社联动"课题组，2021）。

（三）文献述评

政策文件与学术研究一般将"五社"定义为社区、社会工作者、社区社会组织、社区志愿者和社区公益慈善资源。社工参与"五社联动"的优势比较明显。社工能够发挥多元化的专业角色优势，推动"五社联动"的形成与发展。但是由于我国社会工作专业教育与职业发展起步比较晚，现阶段还面临着专业社工人才短缺、社工角色功能发挥受限、外部环境对社会工作的理解与支持不足等问题。

湖北省的"五社联动"实践较为成熟，在政策研究和实践研究方面都有比较丰硕的成果，广东、安徽、北京等多地也在推行"五社联动"，形成了一些实践经验。与此同时，随着乡镇（街道）社工站的建设与发展，以社工站为平台实施"五社联动"农村社区治理创新的实践越来越多，但是都没有形成能够被普遍推广的经验模式，也很少有研究者关注"五社联动"社区治理框架下社工参与农村社区治理的实务议题。

本书选择的个案研究对象是凤二村和帝田村的社工站，其社工在推动"五社联动"社区共治的实践中形成了较好的经验模式，获得了政府与社会的认可，具有典型性，值得进一步研究。

二、研究方法与研究框架

（一）研究方法

本书在行动研究的基础上采用个案研究法。个案研究对象是凤二村和帝田村社工站，两村社工站成立于2020年3月，自其成立以来，社工推动村民组建了10支内生型社区社会组织，动员多位村民成为社区志愿者参与社区治理，联动政社资源共同打造了爱心到家、如愿行动、社区基金等社区慈善资源平台，通过开展公益服务项目增强了社区公益慈善资源的内外循环能力。经过三年多的服务实践，凤二村和帝田村初步实现了"五社联动"社区共治。

本书选择凤二村与帝田村社工站为个案研究对象的原因在于：第一，社工推动凤二村和帝田村实现"五社联动"社区共治的成功经验具有典型性，获得了政府与社会认可，产生了较大的社会影响。目前，在农村社区实现"五社联动"的成功经验不多，能够发挥好社会工作专业作用推动村庄"五社联动"的实践经验更少。因而，凤二村和帝田村社工站的经验显得弥足珍贵，具有研究价值。第二，从2020年3月至2023年8月，凤二村和帝田村社工站的发展已有三年多时间，能够为本书提供丰富的经验性材料，具有研究可行性。

综上所述，本书主要采取个案研究方法，对典型个案进行深入分析。本书围绕研究问题，辅之以文献研究法、访谈法和参与式观察法，以获取更为全面翔实的资料。

文献研究法。研究者收集了凤二村与帝田村社工站自成立以来的服务文书、服务月度简报、督导记录、年度服务计划、项目中期评估报告、项目年度总结报告、新闻媒体对社工站及其服务的报道等。获取社工站的服务资料后，笔者按照社工、村"内委"、社区社会组织、社区志愿者、社区公益慈善资源等关键词将服务资料归类整理，对照访谈资料，补充访谈资料中缺失的信息，梳理社工服务实践的时间线，全面理解社工服务的逻辑。

访谈法。本书的访谈对象包括社工、驻村第一书记、村委会副书记、村委会工作人员、社区志愿者领袖以及社区社会组织成员，研究采用目的性抽样方法，选择能够为研究问题提供最大信息量的访谈对象。访谈情况如表6-1所示。

表6-1 访谈情况统计表

访谈对象	访谈人数	访谈次数	访谈形式
社工	2	5	个别访谈与集体访谈
驻村第一书记	1	1	个别访谈
村委会副书记	1	1	个别访谈
村委会工作人员	1	1	个别访谈
社区志愿者领袖	3	3	个别访谈
社区社会组织成员	16	4	集体访谈
合计	24	15	

参与式观察法。第一作者于2021年6—8月、2021年12月—2022年1月在凤二村社工站实习，实习期间以一线社工的身份深入社工项目组、村庄以及为服务对象直接开展服务的场景中，观察社工的服务实践过程，观察"五社联动"共建项目的沟通协商、资源协调及服务协作等情况。整理了14份田野观察日记，撰写了6份服务观察记录，这些观察日记和服务记录主要用于寻找研究问题、制定访谈提纲并验证访谈资料中的重要信息。

（二）研究框架

本书基于凤二村和帝田村社工站的实际情况与当地社工对于EPS模式的理解，将"E"和"S"代表的概念分别译为"增强权能"和"优势视角"。EPS模式的内在逻辑是社工以优势视角为基础，激发服务对象的优势和潜能，促进服务对象参与特定项目或活动，在参与的过程中提升能力，促使服务对象在参与中实现增强权能的目标。服务对象权能得到提升后，便形成了新的优势资源，可以更深层次地参与特定项目或活动。因此，增强权能、参与和优势视角三个概念之间是相互影响的，并且在实践中形成正向循环。

凤二村和帝田村的社会工作服务实践采用的是行动研究方法，以优势视角、增强权能理论、社会参与理论、社区能力建设理论为指引，但也不会被这些理论限制，以解决社区问题、促进社区发展为核心，在社区真实情景下发挥行动者的实践智慧，检验已有的理论和模式，也产生新的理论知识和服务方法。研究者对凤二村和帝田村的三年社会工作实践资料进行分析后，发现两村的社会工作实践与 EPS 模式是相吻合的，经验资料能够证明 EPS 的服务逻辑，但是 EPS 模式还比较粗略，在应用到社区共治过程中还需要进一步细化为社工的行动过程与具体策略，这也是本书的研究目标所在。

基于上述背景，本书提出的研究问题是：EPS 模式下社工推动村庄"五社联动"社区共治的行动过程以及服务策略是什么？

围绕研究问题，本书主要采用个案研究法，选取推动"五社联动"实践成效较好的凤二村和帝田村社工站作为个案研究对象，以文献研究法、参与式观察法和访谈法收集资料，以 EPS 模式为理论分析框架凭借研究资料进行理论对话，先对社工入场时凤二村的社区治理情况进行分析，再分析社工推动"五社"形成与"五社联动"的策略。本书的研究框架如图6-1 所示。

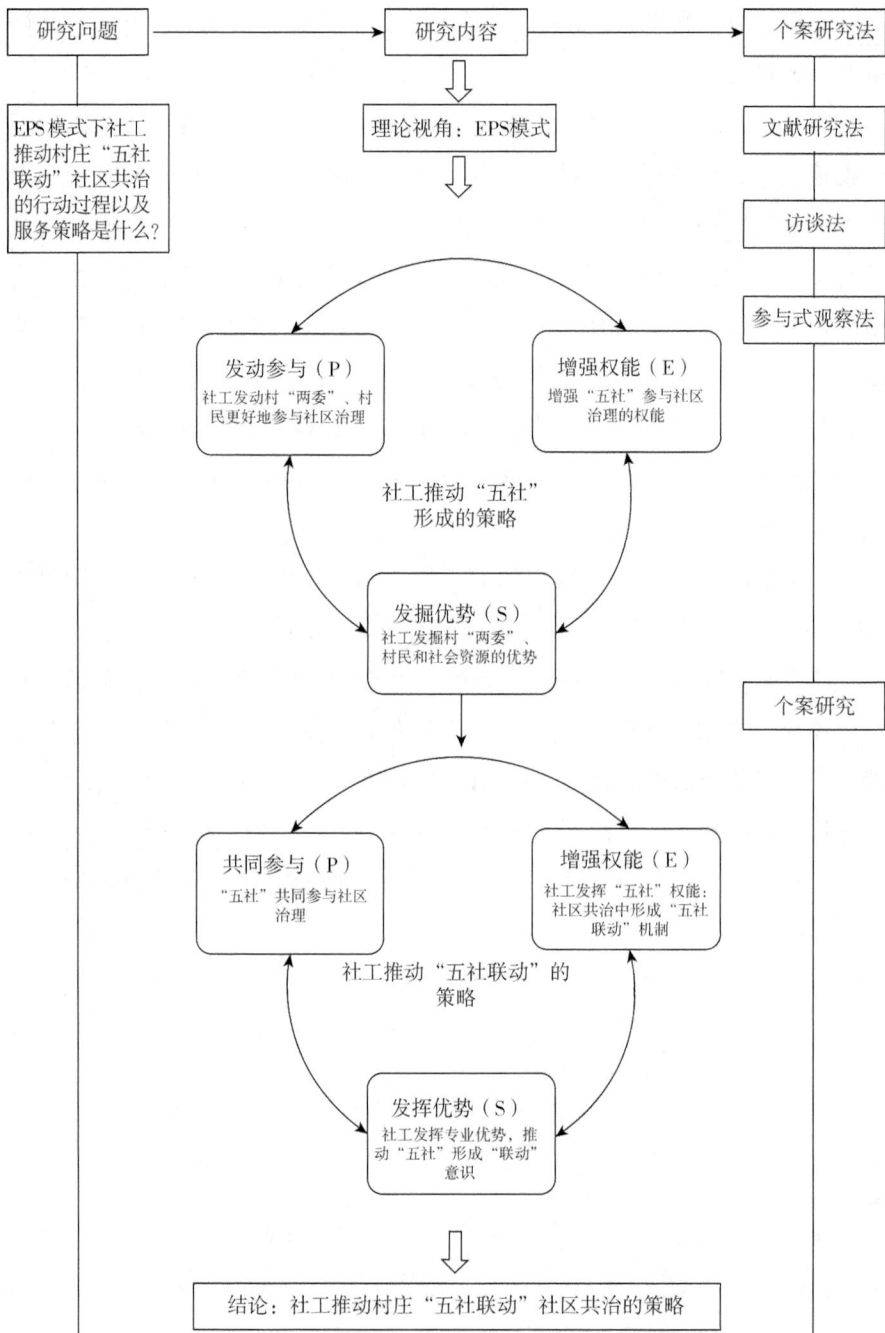

图6-1　本书的研究框架

三、社工推动村庄"五社"形成的策略分析

2019 年 12 月 18 日，广州市从化区获批为全国乡村治理体系建设试点单位，为做好试点创新工作，从化区民政局于 2020 年 3 月开始在凤二村和帝田村建设村级社工站，进行乡村社会服务项目试点工作，每个社工站配备专职社工 3 名，实习社工 2 名，由专业督导团队提供。

社工经前期调研发现，两个村的村"两委"在社区治理创新意识方面还存在不足，导致社区治理方式较为单一，没能很好地调动社区内生动力。因此，转变村"两委"的社区治理观念，协同村"两委"进行社区治理创新工作成为社工嵌入村庄初期的主要服务目标。对此，社工制订的第一年服务计划①包括：将试点村的社工站作为一个枢纽平台，积极开展乡村治理模式创新；积极开展社区组织培育，孵化服务性、公益性、互助性社区社会组织；通过社工站发挥引导作用，将村民聚集起来形成同质性群体，提高村民自助及互助的意识及能力；发展多方联动的社会治理新模式，为乡村发展带来好的点子、技术、人才、市场和资金，提升农村社区治理能力，使参与各方都有获得感。

村民参与不足是凤二村和帝田村社区治理主体单一的重要原因之一。既要通过村"两委"与社工的协作共同改善村民参与不足的现象，也要通过增强村民参与社区治理的主体性的方式解决本质问题。对此，社工制订的第一年服务计划②有：培育及发展村民志愿组织，培育村民的志愿服务精神，人力宣传志愿服务和慈善义化，打造特色慈善项目；将村社工站打造成村民参与、社会力量支持乡村发展的服务平台，激发乡村治理的活力及内生动力。

村"两委"和社工是"五社联动"中的关键行动主体，社工嵌入村庄以后，首先与村"两委"建立良好的合作关系，获得自身参与社区治理的

---

① 资料来源：凤二村社工站《2020—2021 年度社会工作专项服务项目评估工作末期自评报告》。

② 同①。

合法性。其次以培育内生型社区志愿者和社区社会组织为主要服务思路，基于优势视角，相信村民的内在能力，通过调动村民参与志愿服务和公共事务的积极性，逐步将村民发展为社区志愿者和社区社会组织成员。同时，社工积极发掘政府与社会的资源，与区政府、区慈善基金会合作，发挥社工站的枢纽平台作用，引入外部慈善资源，建立社区基金、爱心到家、如愿行动三大公益平台，联动村"两委"、社区志愿者和社区社会组织，建立社区慈善资源管理机制，开展社区公益慈善活动，推动社区形成公益慈善资源基础。

2020—2023 年，培育社区志愿者、社区社会组织和社区公益慈善资源一直是社工服务的重点，社工开展的有关服务内容如表 6-2 所示。

表 6-2　社工站重点服务计划（2020.3—2023.8）

服务名称	服务内容
党建服务	推动"党建+社工+慈善资源"联动，为兜底人群和"三留守"群体提供专项服务
"三平台"慈善资源服务	建设并发展"如愿行动""爱心到家""社区基金"三大慈善资源平台（以下简称"三平台"），帮助兜底人群和"三留守"群体实现微心愿。完善社区基金筹资机制、使用机制、管理机制和监督机制
"四基地"服务	发挥"村民自治示范基地""社会组织培育示范基地""志愿者服务示范基地""乡村文体传承示范基地"（以下简称"四基地"）的社区教育作用，开展对社区志愿者和社区社会组织的增能培育工作
"幸福+"系列服务	联动"五社"资源，共同开展"幸福食堂"、"幸福衣坊"、"幸福学堂"、"幸福童享"、"幸福义诊"和"幸福义剪"服务（以下简称"幸福+"系列服务），发挥互助精神，帮助兜底人群和"三留守"群体

注：笔者根据社工站 2020 年 3 月至 2023 年 8 月的服务文书自行绘制。

（一）社工发掘社区优势：初步形成社区共治的"五社"要素

1. 社工发掘村"两委"的优势资源，共同服务兜底人群

社工站成立以前，凤二村的治理主体是村"两委"和驻村第一书记。村"两委"是乡村社区治理的核心主体，第一书记是外部治理力量。社工

嵌入村庄，首要考虑的是如何获取服务空间，在社区治理中形成社工的主体地位，因此，寻求与村"两委"的合作成为社工服务的切入点。

社工进驻之初，Y 副书记将自己的办公室腾出来借给社工，社工站建设过程中，Y 副书记帮助社工协调场地资源配置和社工与村组织的关系，还捐赠了自己办公室的桌椅给社工站。社工发现，村"两委"干部本身具有包容开放的社区治理意识，对于从未听闻的"社会工作服务"并不排斥，比较欢迎和支持社工服务的开展。于是，社工便以更为积极、主动的姿态，寻求与村"两委"展开合作的机会。村党总支副书记说：

我们（指村"两委"班子）也是没有那么老古，就（思想）开放一点。开始说要做社工服务，我就问他们（指社工），要怎样服务？我们这个村子这么大，有 4000 多人，常住人口有 3800 多人，你要每家每户去服务吗？他们刚来的时候，我就说那给你们一间房。我当时负责党建工作，还有好多事要干，我顾不上他们，我说你能做就好。后来他们每天都来这里办公，还租了一间房子住，每天他们都来得很早，也很勤快。他们来之后我们都觉得对村子服务很好，在妇女工作方面也帮到我们很多。

（资料来源：访谈资料，受访者：Y 副书记，访谈时间：2022 年 7 月 21 日）

（1）与民政员合作，共同服务兜底人群。凤二村的兜底人群探访及关爱活动一般由村委会的民政员负责，民政员对兜底人群的家庭经济情况、家庭关系、亲友关系、家庭成员等情况了如指掌。大多数兜底人群对民政员的印象非常好，因为民政员经常下村探访他们，有时候还会派送生活物资。民政员给兜底人群塑造的是十分正面积极的助人形象。社工察觉到这一点后，带着救助物资，主动与民政员下村共同探访兜底人群，借此机会让服务对象了解和认识社工。社工跟随民政员下村的时候，首先由民政员向社工介绍村民的情况，再由民政员向村民介绍社工的身份和来意，通过"民政员+社工"的合作探访方式，帮助社工与村民建立信任关系。在民政员的协助下，社工获取了凤二村兜底人群的名单，并且和民政员协作，逐一探访服务对象，掌握和了解服务对象的生活情况及需求，评估服务对象是否需要个案服务或慈善救助服务。社工说：

因为当时我们是在村委会办公，刚进来还没有社工办公室，村委会副书记把她的办公室借给我们用。我们就会让村里的民政员带我们一起下村，其实这个也是提升村民对我们信任感的方式，因为是村委带我们下去的，那起码我们是经过村委的认可的，而不是说我们（社工独自）下去，突然间下去，人家还以为我们是传销，是骗人的。

（资料来源：访谈资料，受访者：Z社工，访谈时间：2022年7月20日）

除了兜底人群，社工还在村"两委"的协助下对独居、孤寡老人、无人照料的老人等特殊老人群体展开入户探访，宣传防疫知识，摸清老人家庭疫情防控情况，全面了解老人日常生活需求、健康状况、精神状态以及其子女履行赡养义务的情况，建立服务台账。

（2）借力熟人优势，开展社会工作服务。与民政员协作带来的另一个优势就是有越来越多的老人和儿童认识社工。凤二村务农的老人比较多，因为要照料田地里的作物，这些老人基本遵循早出晚归的务农规律，农闲时，会在村内固定的场所聚集。社工跟随民政员走访社区时，经常遇到这些老人，民政员也会向老人解释社工的身份，一来二去，老人对社工有了比较深刻的印象。社工也较为主动地与老人接触，两者逐渐建立信任关系。

2020年3月，社工计划以老人为服务对象，开展老人新冠病毒防护学习小组。原因如下：社工在与老人接触的过程中，发现老人信息闭塞，缺乏防控新冠疫情的知识，不爱戴口罩、不会进行正确的手部清洁；社工曾经派发口罩给老人，老人还是比较乐于接受的，但是很多老人不会正确佩戴口罩，也不懂口罩需要及时更换等常识。以此为基础，2020年3—6月，社工以老人为服务对象，开展了老人"幸福学堂"活动，活动内容如表6-3所示。

表6-3 凤二村老人"幸福学堂"活动（2020年3—6月）

时间	活动主题	服务人次
2020年3月	"指间跳动"——老人抗疫能力提升工作坊	55
2020年6月	"煮"乐无穷——老人减压能力提升工作坊	50
2020年5—6月	"健美人生·安康晚年"老人健康管理小组	65

在服务过程中，社工与村民的关系不断加深，在村民群体中树立起社工服务的良好形象与口碑。例如，驻村初期，社工借用村委会副书记的办公室办公，但是没有专门的活动空间用于开展服务，在此情况下，有老人主动将自己家里收拾干净，提供场地给社工开展活动。当笔者问"社工当时去村民家开展活动，村民同意吗"时，Z社工回答：

同意。我们走访的时候和村民关系建立得还不错。反正他家（村民家）本来就有很多老人家在那里坐着。然后我们就在这里开展一场防疫活动，就是那种怎样佩戴口罩的小技巧。

（资料来源：访谈资料，受访者：Z社工，访谈时间：2022年7月20日）

2020年3月，受新冠疫情的影响，凤二村幼儿园和小学暂时没有开学，村里的儿童经常在家，社工在社区走访时也接触到很多儿童。社工与儿童接触的过程也是寻找潜在服务对象的过程，社工发现，凤二村的儿童数量比较多，有些困境儿童或单亲家庭的儿童学习环境没那么好，有较强烈的课外教育需求。

因此，社工计划以儿童为服务对象，开展"凤二村第一期乡村学堂——儿童之家趣味系列活动"，通过各种益智棋类、打羽毛球、踢毽子等游戏，丰富儿童的课余生活，同时促进他们各项智能发展。以此为基础，2020年3—6月期间，社工共组织开展了四期儿童"幸福学堂"活动，活动内容见表6-4。

表6-4 凤二村儿童"幸福学堂"活动（2020年3—6月）

时间	活动主题	服务人次
2020年3月	凤二村第一期乡村学堂 ——儿童之家趣味系列活动	110
2020年4月	凤二村第二期乡村学堂 ——儿童之家趣味系列活动	173
2020年5月	凤二村第三期乡村学堂 ——儿童之家趣味系列活动	60
2020年6月	学有所获，快乐成长 ——第四期乡村学堂儿童工作坊	122

2. 社工发掘社区能人的优势资源，培育社区志愿者

（1）发掘社区能人，将社区能人发展为志愿者。EPS模式强调从服务对象的能力和强项出发，动员服务对象参与，在此过程中，提升服务对象的自信心、积极性和力量感。社区能人具有个人能力、优势和资源，往往在村民群体中有比较大的影响力。

驻村初期，社工意识到，动员村民参与需要借助能人效应，达到以一带多的效果。社工在村口抗疫值班时，认识了凤二村的能人玲姐，玲姐本身是位党员，思想觉悟比较高，对新事物的接纳程度高，很快便理解了什么是社工服务，并且主动做了志愿者，带领社工走访社区和认识村民。访谈时，Z社工如是说：

刚开始他们（村"两委"和村民）不知道社工是干什么的，我们就跟他们守村口值班，慢慢熟悉起来，在值班的时候认识了玲姐（社区志愿者领袖），还有村委会工作人员。然后我们在值班的过程中跟他们讲社工是干什么的，怎么去理解（社工）。开始的时候村民不太想参加活动，很不配合……因为他们从来没有接受过社工的服务，他们不知道社工是干什么的，开展活动的目的是什么。后来也是玲姐帮我们招募这些（村民）过来参加服务。

（资料来源：访谈资料，受访者：Z社工，访谈时间：2022年7月20日）

（2）借助社区能人的关系网络，发展更多社区志愿者。社工发掘社区能人玲姐，通过她联结更多的村民参与服务，促进村民从被动参与转向主动参与。玲姐是社工发展的首名社区志愿者，通过运用玲姐的熟人关系网络资源，社工认识了一些在校大学生，又发展了一批青年志愿者。访谈时，Z社工如是说：

我们机缘巧合之下也通过玲姐认识了一两个大学生，就是我们现在青年志愿者协会的会长何同学他们……当时因为疫情大学生也都在家上网课，都没到学校去，比较有时间，我们就邀请这些大学生过来以志愿者的身份帮村里的小朋友开展一些夏令营活动，或者跟社工一起去做一些其他的志愿服务。

（资料来源：访谈资料，受访者：Z社工，访谈时间：2022年7月20日）

3. 社工发掘村民的能力特质，培育社区社会组织

根据民政部《关于大力培育发展社区社会组织的意见》，社区社会组织是由社区居民发起成立，在城乡社区开展为民服务、公益慈善、邻里互助、文体娱乐和农村生产技术服务等活动的社会组织。凤二村和帝田村现分别有 5 支内生型社区社会组织。在最初的服务构想中，社工和村"两委"只想打造 2 支以妇女为主的文娱类组织和志愿服务组织，但是在推动村民参与的过程中，社工发掘了儿童、青年、老人和新乡贤的优势资源，从而有了其他 3 支社区社会组织的产生。内生型社区社会组织的优势在于与村庄有天然的契合关系，不存在语言障碍、文化障碍，开展工作更为便利。当笔者问到"为什么想到建立这 5 支社区社会组织"时，Z 社工回答：

当时是强调本土化，因为从城市里面把这些志愿者放到农村里来可能会存在语言的障碍，或是地域文化的理解（障碍），或者是融入的一个这样的情况（融入不了的情况），会有这种情况出现。

（资料来源：访谈资料，受访者：Z 社工，访谈时间：2022 年 7 月 20日）

（1）社工发掘妇女群体的优势资源，推动成立花木兰志愿服务队与艺术团。凤二村和帝田村依然有许多妇女从事农耕活动，这些妇女大多数为40 周岁及以上的中老年妇女，性格热情，喜欢跳广场舞。与兜底人群和老人相比，妇女展现了更强的生命活力，同时具有服务乡村的热情和能力。因此，社工计划以妇女为主要服务对象，组织一支"花木兰志愿服务队"。由村委会妇女主任担任队长，发动村"两委"工作人员参与，陆续有村民加入，成立初期共有 18 名队员。花木兰志愿服务队的服务定位为协助社工开展活动、参与社区志愿服务，已在当地民政局备案登记，是社工推动凤二村和帝田村形成的第一支社区社会组织。

社工推动花木兰志愿服务队开展的第一场社区活动为"春耕摄影比赛"，比赛要求参赛者拍摄能够反映村庄春耕时节特点的照片。社工借助摄影比赛的新颖形式，让妇女在参与中收获快乐，提升其参与积极性。虽然摄影比赛的参赛要求简单，参与难度较低，但是对于农村妇女而言，她们很少有机会参加社区活动，这是她们首次参加新奇有趣的社区活动，所

以她们的参与积极性很高。社工还举办了比赛的启动仪式和颁奖活动，赋予活动极强的仪式感，激发志愿者的参与热情。后续，社工引导花木兰志愿者深度参与社区志愿服务，如探访兜底人群、为兜底人群送温暖等，引导志愿者用组织化的服务行动践行邻里互助精神，同时用行动感染越来越多的村民，带动更多的农村妇女加入花木兰志愿服务队。

花木兰志愿服务队的成功让社工和村"两委"都感受到了妇女的执行力和活力。凤二村有许多妇女喜欢跳广场舞，并且以自然村为单位，妇女自发组织了几支广场舞队。于是，社工以发掘留守妇女的艺术特长优势为策略，通过联合妇女主任、社区倡导等方式，推动各自然村的广场舞支队合并，成立凤二村花木兰艺术团，艺术团的服务定位为组织和参与社区文娱活动，成立初期共有10人。这是社工推动凤二村成立的第二个社区社会组织，两个组织的功能定位有明显区别，花木兰志愿服务队主要负责提供社区志愿服务，而花木兰艺术团属于文娱类活动组织，两个组织的成员也是有重叠的。

（2）社工发掘儿童群体的优势资源，推动成立小哪吒志愿服务队。2020年5月，恰逢母亲节，社工组织了一批儿童开展老人探访服务，在探访过程中，发现儿童参与志愿服务的意愿比较高，既有兴趣也有能力做好简单的老人探访工作。由此，社工计划充分发挥儿童优势，组建"小哪吒志愿服务队"。

小哪吒志愿服务队的成员以9~12周岁的儿童为主，由社工发掘和培育，在组织培育的过程中，社工充分尊重儿童的自主性和能动性，培养儿童的志愿服务精神。儿童本身的活力和对世界的好奇就是一种优势，社工秉持优势视角的培育理念，在带动儿童参与志愿服务的过程中，注重对儿童优势资源的发掘，例如让儿童发挥沟通技能，与独居老人聊天谈心，缓解老人的孤独感。社工在访谈中提到了重要的服务理念，即儿童参与志愿服务不用过分追求或夸大成效，参与过程比结果更重要，儿童在参与过程中能够形成积极体验，提高能力感。

（3）社工发掘青年群体的优势资源，推动成立青年志愿者协会。2020年3—5月，社工在凤二村和帝田村开展了一系列乡村儿童教育活动，招募了一批大学生志愿者参与服务。社工以此为契机引导青年志愿服务从个体化向组织化方向发展，组建了一支以大学生为主要成员的青年志愿者协会。

在青年志愿者协会组建的过程中，社工与成员之间的关系建立至关重要。社工充分尊重成员的想法，鼓励和引导成员发挥创造力和想象力，放手让成员自主策划活动。在社工引导下，凤二村的青年大学生发挥创意，策划了短视频大赛、客家文创产品、乡村儿童夏令营、乡村儿童兴趣学堂等活动。这些活动调动了青年大学生参与家乡建设的积极性，每逢寒暑假，青年志愿者协会成员都主动参加社工站组织的志愿活动。

（4）社工发掘老年人群体的优势资源，推动成立帝田村夕阳红志愿服务队。帝田村社工依托"幸福食堂"和"老年人生日会"等德孝文化建设活动，发掘了一批关心村庄发展的热心老人，社工通过提供专业服务的方式将老人培育为社区志愿者，进一步推动老年人志愿者成立了一支"夕阳红志愿服务队"。夕阳红志愿服务队成立之初共有9人，主要服务内容是协助社工开展个案探访服务和营造德孝文化氛围。

（5）社工发掘乡村精英的优势资源，推动成立凤二村金凤凰协会。2020年8月，社工已经组建了4支文娱类或志愿服务类的社区社会组织，分别涵盖妇女、儿童、青年等村民群体，但是还没有经济类的社区社会组织。而生计发展其实是村"两委"及村民十分关心的社区治理议题。

社工观察到村民夏姐具有一定的经济资源和人脉资源，创业成立了一家经济合作社，掌握互联网销售技术，经常帮助村民做增收帮扶的项目，对村庄具有深厚感情。因此，社工主动接触夏姐，引导夏姐成立一支助农增收的社区社会组织。社工首先通过引导夏姐参与义卖活动，与夏姐接触，让夏姐逐步了解社工的想法。义卖活动中，夏姐动用自己合作社的资源为社工提供农产品，帮助社工将农产品运输到义卖摊位，在合作过程中，夏姐对社工的信任感慢慢被建立起来。随后，社工与夏姐共同商议成立社区社会组织的计划。最终成立了一支以推广和售卖凤凰鸡为主的"金凤凰协会"，该协会最初的服务定位是帮助留守妇女增加经济收入，协会创始成员共3人。访谈时，Z社工说：

后来我们（指社工）想，我们不是有美丽超市嘛。那在增收帮扶方面有没有说（能够）成立另外一支队伍呢？因为原来夏姐就是我们永顺经济合作社的社长，她也是一直都在做增收帮扶的项目，当时她也想成立这些实体。我们就有意识地引导她去成立金凤凰协会，并且通过永顺经济合作社帮助留守妇女增加经济收入，让金凤凰协会成为妇女增值的平台。

（资料来源：访谈资料，受访者：Z社工，访谈时间：2022年7月20日）

4. 社工发掘社会资源优势，培育社区公益慈善资源

（1）链接"如愿行动"和"爱心到家"慈善资源平台。凤二村和帝田村都属于近郊村，位于高速路口和镇中心，交通方便，物资运送便利，为引进外部慈善资源提供了良好的条件。基于村庄的地理位置优势，社工积极链接从化区民政局打造的"如愿行动"和"爱心到家"两大慈善资源平台，培育社区公益慈善资源。在没有链接两大慈善资源平台之前，凤二村和帝田村的社会支持网络薄弱，很少有公益慈善资源能用以支持两村的社会服务。

"如愿行动"是从化区民政局通过互联网技术实现的众扶互助平台，经由社工了解困难群众和特殊群体在日常生活方面遇到的实际困难，并采集相关的证据资料，上传到"如愿行动"微信平台，核实后发布，即可吸引爱心人士帮助点亮"微心愿"，发挥社会慈善力量，精准帮扶困难群体，提高困难群体的生活质量。

"爱心到家"项目是从化区民政局携手爱心企业在抗击新冠疫情时期推出的让困难群众足不出户即可解决生活所需的公益项目，该项目由从化区慈善会与从化区志愿者协会负责具体实施。一般情况下，由"爱心到家"平台每月提供"爱心清单"，清单内容包含生活用品和食品等，供孤寡老人、困境家庭、残障人士、困境儿童等困难群众选购。通过"爱心企业补贴+项目补贴"方式，清单里的产品通常比市场价格低3~50元。社工每个月会去服务对象家里派发爱心清单，供服务对象选购优惠商品，再于当月18日之前帮助服务对象下单。爱心物资直接被运送到社工站，由社工协同村"两委"共同派送到服务对象家中，服务对象也

可以直接到社工站领取。

（2）探索"地摊增收+乡村定制"的城乡融合发展新模式。2020年6月，社工站组织搭建了60余名成员参与的从化"城乡融合"公益助农交流群和从化乡村公益助农微店平台，试图长期为凤二村特色农产品提供互联网销售平台。社工还动员村民拿出自家种植、养殖以及编制的特色产品进城销售，探索"地摊增收+乡村定制"的城乡融合发展新模式，社工的想法受到村民的欢迎。

案例：实施"引进来、走出去"策略，探索增收帮扶新模式

社工带领村民参与2020年6月12日至22日广州市ZJ广场举办的"Young城Yeah市——Night In正佳·趣造夜精彩"活动，累计在摊位咨询和购买农副产品的爱心人士约800人次，售出农产品金额累计超过4000元。

（资料来源：社工站服务文书，文书名称：《2020—2021年度社会工作专项服务项目评估工作末期自评报告》，资料获取时间：2021年7月）

"地摊增收+乡村定制"的服务思路和实践都是值得肯定的，但是由于社工人力不足、外部提供资源有限等多方面原因，这一模式没有得到长期践行，社工想要搭建互联网销售平台的目标也没有在这一时期被实现。

（二）社工发动社区参与：增强社区共治的"五社权能"

"五社"具备较好的权能是促进"五社联动"机制有效运转的基础。社工通过开发服务项目，为村"两委"、社区志愿者和社区社会组织提供了更多的共同参与社区事务的机会，在参与过程中，社工发挥社区教育者的角色功能，增强其他主体参与社区共治的权能。在服务项目推行的过程中，社工也在不断增强参与社区治理的能力，包括与村"两委"协作的能力、与社区志愿者合作的能力、培育社区社会组织的能力、管理社区公益慈善资源的能力。

1. 党建引领赋能社工服务，增强社工与村"两委"的联动能力

凤二村的Y副书记高度重视党建工作，经常组织村干部外出考察，学习先进经验。社工站试点工作开始后，同时挂牌成立了"乡村党建工作站"，由党员社工积极联合村党总支、"两新"党组织开展支部共建活动。

2020年3月至2021年3月共组织凤二村党员开展两期外出参观和学习活动，参与党员达80人次。① 党员社工积极主动开展党建工作，切实运用好党建资源，将党建嵌入具体服务中，如打造党史学习教育新阵地，组织村民观看红色影片。党员社工对党建工作的重视与Y副书记的进步思想高度契合，通过支部共建，进一步加强了社工站与村"两委"的紧密联系。访谈时，Y副书记如是说：

2019年那会我们还是软弱涣散村，软弱涣散就是组织性不强。以前党员没有这方面的意识。开党员会议时我也发现他们的学习意识不强。我是2018年接手党建工作的，那时候一接手我就提出要加强学习，每天要他们去"学习强国"上面学习。经过这样子的学习，他们明白了作为党员一定要起带头作用。以党建引领我们这个美丽乡村的改造，这样村子才能改变。因为我们的人居环境、景致，都是党员带头（改造）。党员一定要带头，疫情防控时我一定要党员值班，每天都是这样子，要去值班的，在路口给我们值班。

2018年，我带党员们去参观和学习农村建设，他们支持村委的工作，每年都有学习经费，就用那个学习经费，带他们出去（学习）。

（资料来源：访谈资料，受访者：Y副书记，访谈时间：2022年7月21日）

依托党建工作站，凤二村社工站与当地高校和科学研究院共建党建基地，充分发挥高校党建力量助力乡村振兴，开展助农助销增收帮扶等服务。2020年3月至2021年3月社工共帮助村民推销凤凰鸡52只、砂糖橘300斤。②

村"两委"对社工站开展工作给予了很大帮助，如协助社工做好社区社会组织备案登记、兜底人群的服务等工作。村"两委"工作人员SY认为，社工与村"两委"是相互协助的关系，双方有为村民谋福祉、为村庄

---

① 数据来源：凤二村社工站《2020—2021年度社会工作专项服务项目评估工作末期自评报告》。

② 同①。

谋发展的共同目标，服务各有侧重。访谈时笔者问："怎么定位村委会跟社工站之间的关系？"村委会工作人员 SY 回答：

没怎么定位，就是大家都是为村子好，你们可能就注重那些弱势群体，我们就包罗万象。就比如你们的基金会注册、慰问，我们都有协助。因为大家都是为了村子更好地发展。

（资料来源：访谈资料，受访者：村委会工作人员 SY，访谈时间：2022年7月15日）

2020 年 3 月，党员社工主动请缨，带领社工团队及社区志愿者参与疫情防控工作。在疫情防控期间，党员社工与站岗的每一位"党员+退伍军人+社工"严格遵循村（居）的出入管理制度，在村口蹲点进行值岗，逐一对往来人员测温，确保不遗漏一车一人，社工及志愿者累计工作时数超过 150 个小时。[①] 党员社工挨家挨户走访村民，引导村民重视新冠疫情并做好防护工作，教村民使用手机预约购买口罩等防疫物资，主动了解村民健康情况，提供电话咨询。

在推进志愿服务方面，党员社工经常组织党员志愿者开展探访社区高龄老人活动，关心老人的身体健康和生活状况。2020 年 6 月，村庄突降暴雨，党员社工组织了 8 名党员志愿者开展困境家庭探访活动，重点排查兜底人群的居家安全隐患，累计服务兜底人群超 1600 人次。[②]

在推进社区社会组织发展方面，凤二村社工站挂牌成立从化区首个村级社会组织党群服务中心，社工依托社区社会组织党群服务中心开展社区社会组织的党建、培育、孵化、服务和发展等工作。

2. 社工发动社区志愿者参与志愿服务，增强其参与志愿服务的能力

（1）提供志愿服务的参与机会。社工的介入就是要开拓更多的途径，鼓励服务对象进行主动的、自愿的，以及由下而上的参与（甘炳光，2016）。在参与过程中，服务对象与社工建立起伙伴关系，不再是社工的

---

① 数据来源：凤二村社工站《2020—2021 年度社会工作专项服务项目评估工作末期自评报告》。

② 同①。

跟随者。

凤二村和帝田村的社区志愿者主要包括以"小哪吒志愿服务队"成员为代表的儿童志愿者，以"青年志愿者协会"成员为代表的青年志愿者，以"花木兰志愿服务队"为代表的妇女志愿者，以"夕阳红志愿服务队"为代表的老人志愿者，还有不定期来村里开展"三下乡"活动、研学活动的高校志愿者，以及社工链接公益资源邀请的志愿培训讲师。

以妇女志愿者为例，社工通过发动妇女志愿者参与志愿服务，激活妇女参与社区共治的意识，并且协助妇女在服务过程中实现自我增能，进一步增强志愿者参与社区共治的权能。一是提供参与机会，激活参与意识。例如，社工引导妇女参加公益创投项目，利用项目资金，妇女志愿者参与策划了"关爱老人社区服务计划"，联动社工、村"两委"和公益慈善资源共同开展探访慰问困难老人服务、社区老人节庆关爱活动，初步激活志愿者参与社区共治的意识。二是完善激励机制，增强参与动力。社工对有重要贡献的志愿者给予表彰、奖励，实行志愿者服务积分累计制，积分可用于兑换社工服务。三是开展社区教育，提升参与能力。社工经常组织妇女志愿者外出访学，同时针对妇女志愿者开展过多次能力培训活动，如组织妇女志愿者参与"老人认知障碍培训""老人护理知识培训"等活动。

本书以"和美乡风木兰建——乡村花木兰妇女志愿服务项目"为例，提炼出社工为志愿者提供参与机会的方式，包括：引导志愿者参与公益创投项目；引导志愿者参与社区议事会；引导志愿者在参与过程中自我增能，提升社区参与层次。该项目是社工推动"花木兰志愿服务队"参与的公益创投项目，在2020年广州市从化区乡建乡创"探索乡村力量"微公益创投大赛获得"潜力项目"奖，获得大赛资助。该项目旨在通过一系列专业性、针对性的支持服务，提升留守妇女参与社区公共事务的意识和能力，丰富留守妇女的生活，协同妇女开展关爱留守老人的志愿服务，提升老人幸福感。依托公益创投大赛的资助，妇女志愿者们召开社区议事会，商议将项目资金用于建设邻里花园、探访老人、外出访问学习，把资源用在实处、用在点子上，典型案例如下：

一是邻里花园建设项目。在社工引导下，2020年7月1日，花木兰志愿者与社区社会组织、村"两委"、村民代表召开社区议事会。以邻里花园共建为议事议题，一同去发掘问题、探讨问题和解决问题，现场征集一些关于邻里花园"美丽建设"的相关建议，获得建设花园的工具性支持和情感性支持。花木兰志愿者获得的公益创投资金有一部分被用于购买邻里花园建设所需的材料，如鲜花种子、肥料等。由于能够得到的经费支持和物质支持有限，邻里花园的建设主要依靠村民的自发行动。访谈时，Z 社工说：

我们之前跟前机构申请经费，提交了邻里花园建设需要的物品清单，但是前机构只批画轮胎的丙烯颜料，其他的都不批，让我们自己想办法。后来从化区民政局捐助了花苗，就直接把花苗拉过来，我们就跟志愿者一起把它们种下去。

（资料来源：访谈资料，受访者：Z 社工，访谈时间：2022 年 7 月 20 日）

邻里花园建设中期，社工和花木兰志愿者轮班对邻里花园开展清理工作，包括锄地翻土、搬运石头、清理杂物等，利用现有物资，先为邻里花园围上了栅栏，勾画出了邻里花园的用地范围，再参考设计图纸，借助碎石初步铺设了邻里花园的小路，为前期建设工作定下了基调。村"两委"、"花木兰志愿服务队"、"青年志愿者协会"和"小哪吒志愿服务队"捐赠了锄地工具、木板（地面建设）、水缸、水桶、砖头、碎石和花草等。志愿者一起为邻里花园的废旧轮胎重新美化上色、锄地种花种草、铺设石子路。如果遇到物资不够的情况，就靠花木兰志愿者出谋划策，想办法寻找。邻里花园建设完工后，也主要由花木兰志愿者负责管理和维护。访谈时，Z 社工说：

我觉得我们的志愿者真的已经竭尽全力了。我们缺什么他（志愿者）就拿什么过来。花园里的栅栏是棉姐、玲姐跟池哥（笔者注：三位社区志愿者领袖）他们冒着雨骑摩托车进山，砍了三车的竹子。然后池哥一根根地把它们锯下来，再钉上去的。其实这个都是我们自己（做的）。我们志愿者真的是从无到有，都是自己一步一步搞出来的。包括现在这条路上的鹅卵石，是我们跳下河一块一块捡上来的，社工加上三个志愿者，把石头运回来，再慢慢地把它铺起来。因为我们没有资金，啥都没有。当时真的是这样的，条件很艰苦的。

（资料来源：访谈资料，受访者：Z 社工，访谈时间：2022 年 7 月 20 日）

二是花木兰志愿者利用公益创投的资助，在社工的协助下，积极策划"关爱老人社区服务计划"。计划内容包括：花木兰志愿者带动家里的小孩，用"亲子志愿服务"的形式，开展探访慰问困难老人等相关服务；社工组织花木兰志愿服务队定期入户探访困境老人，志愿者为其开展居家清洁、购物、陪伴聊天等服务活动；发动花木兰志愿服务队自行策划、组织社区老人节庆关爱服务活动，提高社区互助能力；发动花木兰志愿服务队积极链接资源，为有需求的老人开展义剪等社区志愿服务活动。

三是社工推动花木兰志愿者运用公益创投的资金开展"幸福学堂妇女服务计划"。计划内容包括：组织花木兰志愿者参访乡村治理模范试点村，了解其他村庄的志愿服务情况，借他山之石增强自身服务能力；开展志愿服务队伍成长小组，挖掘妇女群体的潜能，引导妇女在自身能力建设基础上关注社区问题，提升妇女的社区参与能力和志愿服务能力。

（2）完善激励机制，增强志愿者的参与动力。为保障志愿者的合法权益，规范志愿者参与机制，鼓励更多的志愿者参与，社工参照《广州市志愿服务条例》①，制定了凤二村《志愿者服务激励机制方案》。激励机制包括：对有重要贡献的志愿者以及支持志愿服务事业的单位和个人给予表彰、奖励，并授予相关荣誉称号及证书；实行志愿者服务积分累计制，积分可用于兑换美丽超市物品、"幸福食堂"就餐卡或其他社会工作服务等。

笔者观察到，每次志愿服务结束之后，社工都会为志愿者颁发奖状、记录志愿时数、开具志愿服务证明，儿童和青少年倾向于获得奖状，青年大学生则更倾向于获得志愿时数和志愿服务证明，中老年志愿者对于奖状、志愿时数和志愿服务证明都不感兴趣，他们乐于在志愿服务中获得荣

---

① 《广州市志愿服务条例》自 2009 年 3 月 5 日实施，2023 年 8 月 5 日废止，社工制订凤二村《志愿者服务激励机制方案》时该条例仍在生效期。

誉感，于是社工会在每年年底特别为志愿者召开志愿服务表彰大会。

社工表示，这样做的原因在于社工站能够提供的激励有限。比如，社工只能为志愿者提供纸质版的志愿服务证明，不能够在"i 志愿"等互联网志愿服务平台上提供证明，很多青年志愿者向社工反映过这一问题，但是由于多种因素，社工暂时还满足不了青年志愿者的需求；中老年志愿者为志愿服务尽心尽力，除了给予荣誉感，社工还想派一些物资激励他们，但是由于社工站的经费有限，暂时无法提供太多物质支持，这也导致社工十分担心志愿者的参与积极性降低，志愿服务不能持续。

（3）通过社区教育增强志愿者的参与能力。根据社工制订的《凤二村志愿者能力建设方案》，增强志愿者能力的方式主要包括：按需进行社区志愿者基本概念、志愿服务宗旨、发展目标等有关政策规定、道德法规的知识培训；同时进行文化理念、人际交往能力、专业服务技能等方面的专业培训，提高社区志愿者的服务技能。

以花木兰志愿服务队为代表的妇女志愿者是凤二村志愿服务的中坚力量，社工针对妇女志愿者开展过多次能力培训活动，包括开展花木兰志愿者支持性、成长性小组，组织妇女志愿者参与"老人认知障碍培训"、"老人护理知识培训"、组织花木兰志愿者外出访学等。

社工认为助人自助与增能既有区别也有联系，志愿者首先要有一定的助人能力，其次才能在助人的过程中实现自我增能。当笔者问"在凤二村的服务过程中，你感受到助人自助跟增能有什么不一样？"时，Z社工答：

首先增能要他（服务对象）有这个能力，我们才能增嘛，他都没这个能力，例如我手脚都没有了，你叫我去跑 100 米，这个是我能力范围内做不到的。但是我有手有脚，你可以叫我去……垃圾桶摔倒了，我去扶起来，这个是我能力范围可以做到的而且是轻而易举的事情。但是"做不做"那不是说每个人都去做。

（资料来源：访谈资料，受访者：Z社工，访谈时间：2022 年 7 月20 日）

笔者进一步分析发现，社工以专项小组或活动的形式开展社区教育只是推动志愿者能力建设的一部分，更重要的是社工引导妇女在参与社区事务的过程中自我增能，有助人能力的志愿者能够通过参与社区事务实现增能，暂时没有表现出助人能力的妇女能够通过参与社区事务实现增能并转化为志愿者。

凤二村就有困境妇女从"受助者"向"助人者"转变的典型案例。村民莲姨是村里的低保户，莲姨的儿子谢伯有较为严重的肢体残障和精神残障，只能靠轮椅活动，母子二人共同居住。在接受了一段时间的社工服务之后，莲姨开始主动参与志愿活动，抽出农忙的时间带社工去探访困境老人，并成为花木兰志愿服务队的一员。对此，莲姨感到很骄傲，不熟悉手机使用的她，会努力翻查社工站公众号发布的内容，看到发布的内容中有自己参与志愿服务的照片时，莲姨会非常高兴。

此外，还有低保户英姨，经过社工的鼓励和信心教育，其成为花木兰志愿服务队的一员，从接受社工和志愿者帮助的受助者转变为助人者。访谈时，Z社工如是说：

> 除了莲姨，还有英姨，她们两人原来都是低保户，也是从我们的服务对象变成现在的志愿者，加入我们（花木兰志愿服务队）的。其实她们也是服务的提供者嘛，从接受者变成提供者。其实这也是一个转变。我觉得这个也是我们助人自助的一个比较典型的案例。

（资料来源：访谈资料，受访者：Z社工，访谈时间：2022年7月20日）

3. 社工发动社区社会组织参与公共事务，激活成员参与社区共治的意识

花木兰志愿服务队是社工站培育的影响力最大的社区社会组织。社工以每个月的重要节庆为时间节点，组织花木兰志愿服务队开展社区探访活动。比如，端午节时，社工动员妇女制作粽子送给社区老人；夏至时，社工动员妇女制作糖水，组织"糖水分享会"，邀请兜底人群、老人前来参加，在分享会上宣讲防暑知识、安全用电知识。妇女是社区探访活动中的关键人物，因为比起社工，村民对同村居住的志愿者更为熟悉，探访时双方更有话题。在探访活动中，妇女拥有较大的自主空间，可以向社工提出

服务建议。渐渐地，花木兰志愿者逐渐成为社工站不可或缺的好伙伴，服务队成员也在参与活动过程中提升了志愿服务能力，形成参与社区共治权能感。

对于花木兰艺术团，社工鼓励她们创新客家歌舞的表现形式，丰富客家歌舞的文化内涵，联动其他主体策划客家山歌演唱、舞蹈表演等节目，争取舞台表演的机会，营造良好的乡村文化传承氛围。在社工的引导下，花木兰艺术团与村"两委"、高校志愿者共同举办了凤二村中秋晚会、元旦会演等文艺活动，取得了不错的反响。

小哪吒志愿服务队刚成立的时候，服务内容主要是探访老人。社工不定期组织亲子公益活动，邀请小哪吒志愿者及其家长共同探访老人，或者由花木兰志愿者带领小哪吒志愿者为老人送餐、送爱心。后续，社工逐步引导小哪吒志愿者关注社区公共议题，参与更深层次的志愿服务。例如，引导小哪吒志愿者参与社区公益活动，让志愿者在社区义诊、义剪活动中，协助老人与医生、理发师沟通。又如，引导小哪吒志愿者参与"凤二村客家文化传承与发展"儿童议事会，鼓励儿童重视对村庄文化的继承和发扬。

凤二村青年志愿者协会（以下简称青协）的成员多数为在外求学的大学生，暑期是志愿者们返乡回村的高峰期。为增强志愿者之间的情感联结，提高组织的凝聚力，社工会在每年的暑期举办志愿者茶话会，通过茶话会维系青年服务乡村的动力，并且在茶话会上与志愿者商议新一年度的志愿服务计划。目前，社工联动青协组织的日常活动有儿童兴趣小组、儿童夏令营、老人学习课堂。社工不仅会为青协成员登记志愿服务时数、开具志愿服务证明，也会在每年寒假举办表彰大会，为青协成员颁布优秀志愿者奖。

2020年3月至2021年3月期间，"金凤凰协会"的发展计划主要包括两项内容。第一，社工链接广州市互联网协会、MCN机构、民办高校的培训资源，开设了"田野"电商培训助农课程，开办了乡村直播带货培训营，引导协会成员学习短视频制作技巧、协助困难村民直播销售农产品。第二，社工站与广州市互联网协会签订协议，为农村留守妇女开展"农村电商助力乡村产业发展"培训，以帮助留守妇女掌握直播带货的系统知识和实操技能，让其有能力自主销售农产品。2021 年 3 月以后，受资源限制、社工站项目重新招标、协会成员时间不充裕、社工服务精力有限等多方面因素的影响，金凤凰协会的发展计划被搁置。直到 2023 年 2 月，社工联动高校资源、社会企业资源，与金凤凰协会成员、驻村第一书记及村"两委"召开联席议事会，商议社区生计发展项目，计划通过"五社联动"重新激发金凤凰协会的活力，促进社区经济发展。

4. 增强社区公益慈善资源的内外循环能力

（1）社工发动村民参与美丽超市项目，激活社区公益慈善的内生动力。美丽超市的运营理念是通过发动村民和社区志愿者，实行"以服务换服务、以服务换产品"机制，营造邻里互帮互助的公益氛围。美丽超市的物品是面向村民和社会爱心人士募捐而来的，村民可以在美丽超市互换农副产品或公益服务。村民参与探访孤寡老人、为孤寡老人洗衣服买菜、困难家庭帮扶等志愿服务活动，每次可以积累一定志愿时数，志愿时数可兑换成公益积分。公益积分可以兑换美丽超市的物品或服务，如卫生纸、洗发水、杯子等日用品，或社工站的儿童服务、居家环境卫生打扫、义诊、义剪等服务。村民在参与志愿服务活动后，由社工依据美丽超市积分制度进行核实和记录，根据提供服务的时间、内容、质量等为志愿者量化积分，每月月底上报至志愿服务平台备案登记并在线上村民群、线下宣传栏公示。

社工原本的构想是依靠村民捐赠物品到美丽超市，通过村民之间兑换物品或服务，营造以村民为主要受益对象的互助氛围，并且发动村民自行管理美丽超市，促进志愿服务常态化和良性循环。但是美丽超市计划没有成功推行下去，村民对美丽超市的参与程度很低，积极性不高。

在访谈过程中，笔者了解到，美丽超市从 2020 年 8 月到 2021 年 3 月期间实施，计划失败的原因主要是社工没有精力去支持和培育美丽超市的成长发展。社工认为美丽超市计划是比较具有现实意义的，如果运营好了，甚至能够为村民带来经济收入，促进社区生计发展。当笔者问到"为什么想到做美丽超市？"时，Z 社工答：

　　其实当初我们跟民政局这边讨论的时候也提到过这样一个问题，但是当时就没有很实际地、具体地去谈……我们想着星期六星期天卖一些饮料或是一些零食，真正的像一个超市的形式。然后交给我们的志愿者去打理……其余的就放到我们的社区基金……但是这个实际操作起来也是蛮困难的……我们考虑了很多方面，最后就干脆把这个美丽超市放弃了。因为真的（很难做下去），如果人力充足的话，单单按一个项目来做的话，其实我觉得这个可行性也是有的……我们思前想后，还是要有一点放弃，那我们就先放弃。也不是说不做，如果条件成熟的话，那其实这个美丽超市还是可以做起来的。

　　（资料来源：访谈资料，受访者：Z 社工，访谈时间：2022 年 7 月 20 日）

　　笔者进一步分析发现，美丽超市计划未能推行的原因还包括：依靠美丽超市建立起来的社区慈善资源未能跟其他资源形成良好的联动机制，增加了社工资源管理的困难。笔者问："美丽超市以物换餐的资金制度与食堂原本的资金系统是分开的，当时是怎么联动使用的呢？"Z 社工答：

　　也是联动不起来啊。因为你要有两盘账，肯定不可能跟食堂里面的那个费用挂钩的。这个是另外的一个，一个资金收入或是怎么样的。而且，村民的很多物品也是不能变现的。它也有一个时效性，你一把菜如果没换的话，第二天它就坏了。所以这个存在实际操作上的问题，而且我们只有两三个社工在这边，真的没有这么多精力去经营。

　　（资料来源：访谈资料，受访者：Z 社工，访谈时间：2022 年 7 月 20 日）

　　（2）社工发动各方参与社区基金项目，拓宽社区公益慈善资源的外部支持网络。在从化区委组织部、从化区民政局、江浦街道办事处指导下，社工推动凤二村和帝田村建设"社区基金"。社区基金主要用于援助兜底人群和支持"幸福食堂"建设，来源主要依靠爱心企业、乡贤、村民及社会爱心人士捐赠。为维持社区基金的运转，社工通过多种方式和渠道筹集资金。以凤二村公益助农项目为例，该项目由社工站统筹策划，整合社区内外资源，动员村民"出力、出物、出地"，将村民的果园农地变作天然卖场，链接乡村外部资源，寻找"爱心买家"，搭建城乡互助资源融通平台。社工以亲子游、乡村研学等形式开展公益助农项目，联动村民、城市家庭、高校、志愿者共同参与，帮助有农产品滞销问题的高龄老人、困境家庭缓解生计困难。在项目运作上，社区志愿者协助农户对农产品进行采摘、清洁、包装和运输，调动村民集体参与社区公益。在收益分配上，征得农户同意后，将抽取农产品售卖所得收益的5%作为社区基金。自项目开展以来，社工通过城乡互助网络，帮助农户销售大量滞销的龙眼、红薯、黄皮果和荔枝等农产品，同时发展高校志愿者参与社区公益活动，补充并壮大了社区志愿者群体的力量。

社区基金的建设过程中遇到很大的挑战。2020年3月，凤二村社工站的年度计划里面就有建设和发展社区基金的目标，但是直到2021年8月，社区基金才正式启动。笔者在访谈中了解到，这是因为社区基金需要3万元启动资金，筹资时遇到困难。笔者问："社区基金在2020年的时候（第一期项目周期）就已经在服务计划列表里面，但正式启动是在2021年8月（第二期项目周期），为什么这么长一段时间都没有正式启动运营？"Z社工答：

因为募捐的金额还没到3万元，所以就没有启动，只能说在募集阶段。后来通过领导跟街道那边沟通这个问题，得到街道的支持，我们才集齐3万元的启动资金，然后放到里面去了。

（资料来源：访谈资料，受访者：Z社工，访谈时间：2022年7月20日）

启动资金的筹集困难让社工对社区基金的发展感到担忧，目前，为维持社区基金的运转，尽管社工通过多种方式和渠道筹集资金，但是结果都不太理想。

3万元的启动资金很快就派上了用场，2021年8月至12月，村"两委"与社工花费1000元购买物资，慰问困境妇女；花费2500元，资助了5名困境儿童，剩余26500元。社区基金的使用机制并不清晰，村"两委"觉得派发物资或者金钱能起到更为直接的效果，社工觉得这样做不一定能满足服务对象的需求，也不一定合理。村"两委"希望能够将社区基金用于资助困境家庭的学生上学，社工希望能够将社区基金用于支持社区社会组织的发展。笔者问："2022年1月至7月有半年时间了，还没有和村'两委'协商好吗？"Z社工答：

对……因为年度计划那些都没有完全确定，我们又不敢贸然去用。特别是社区基金这个（项目），我们希望把它用到实处。其实我们这边的想法，也跟书记那边稍微提了一下。我们在社区社会组织培育这方面，还是比较需要这些基金去支撑5支团队的培育，包括日常的培训或是增能服务。

（资料来源：访谈资料，受访者：Z社工，访谈时间：2022年7月20日）

虽然村"两委"与社工就此有些意见分歧，但彼此都能换位思考，并且以村民利益最大化为共同的努力目标。于是，社工与村"两委"暂时商议，剩余资金先计划用于村庄或村民发生重大风险或危机的时候。笔者问："那么社区基金现在面临着资金运用困难和筹资困难两个问题，可以这样理解吗？"Z社工答：

资金运用不困难。我们跟村委（沟通过），村委表示希望这些钱全部用在凤二村的服务中，但是他担心（钱）没有用到实处……他（村委）认为要把这些钱用在急需的地方，要用到实处，他（村委）这样想，我也能理解他（村委）。我很支持他（村委）的这种做法。

（资料来源：访谈资料，受访者：Z社工，访谈时间：2022年7月20日）

四、社工推动村庄"五社联动"的策略分析

（一）社工发挥专业优势：形成社区共治的"五社联动"意识

1. 社工发挥社区教育角色功能，激活"五社联动"意识

村"两委"在乡村治理中是权威性角色，相比之下，社工培育的社区志愿者和社区社会组织的话语权比较弱。特别是其中一些留守妇女或者儿童，比较难以主动跟村"两委"交流。基于此，社工充分发挥社区教育功能，激活"五社联动"意识。在个体层面，首先对社区志愿者和社区社会

组织开展社区教育，通过能力培训增强他们的参与能力，再通过提供各式各样的参与机会，让志愿者和组织成员施展才能，增强他们的自信心和权能感。其次对村"两委"开展社区教育，让村"两委"重新认识村民，提升其对村民社区志愿者身份、社区社会组织成员身份的认同。在人际关系层面，社工协同村"两委"、社区志愿者、社区社会组织共同开展探访服务或社区活动，在活动参与中增进互动关系。在社区层面，社工协同村"两委"、社区志愿者、社区社会组织共同健全社区基金制度，提升对社区公益慈善资源的筹集能力和使用能力。

2. 社工发挥社区倡导角色功能，强化"五社联动"意识

社工通过完善"五社联动"协商议事机制，让各方主体有交流和沟通的渠道，初步激活"五社联动"意识。凤二村社工站挂牌成立了"村民自治示范基地""社会组织培育示范基地""志愿者服务示范基地""乡村文体传承示范基地"（简称"四基地"）。"五社联动"的治理对象是社区议题，社工依托"四基地"，搭建协商议事平台，倡导"五社"共同关注社区公共问题，强化"五社联动"意识。Z社工说：

"四基地"的运作要看村民的觉悟能力和社工在里面起到的作用。如果我们（社工）不引导（"四基地"）是不会运作的，要靠社工带动一些骨干或者是热心的村民在"四基地"里面发挥作用。特别是村民议事，都是要去带动的。这个也比较考验我们跟社工村民专业关系的建立，我们（社工）在里面起到的作用，就是去带动他们（村民）、引导他们（村民）。

（资料来源：访谈资料，受访者：Z社工，访谈时间：2022年7月27日）

（1）倡导"五社"共同建立"乜都倾"村民议事协商模式。依托村民自治示范基地，社工组织村"两委"、社区志愿者、社区社会组织、村民开展"乜都倾"村民议事协商会，在议事协商中激活"五社联动"意识。例如凤二村邻里花园的建设与翻新、社区基金选举管委会和监委会，都是依靠"乜都倾"村民议事协商会开展的。笔者问："村民议事基地的使用频率高吗？"Z社工答：

像（邻里）花园有用过（协商议事），还有我们的社区基金也用过。

主要是这几个方面。

（资料来源：访谈资料，受访者：Z 社工，访谈时间：2022 年 7 月 27 日）

（2）倡导"五社"共同探讨社区社会组织的增能模式。社工鼓励社区社会组织与外部慈善资源力量接轨，实现自我增能。例如，花木兰志愿服务队参加第九届广州市公益创投项目"伙伴+"社区社会组织培育计划，联动社工、村"两委"、社区志愿者和社区公益慈善资源，共同开展"社区花园改造，木兰有话说"议事会。

除此之外，社工还会召开志愿服务茶话会，通过茶话会的形式商讨志愿服务计划，用一种较为灵活和开放的议事方式促进多方参与。Z 社工说：

还有像一些小的议事会都是放到我们的活动里面去的，比如花木兰志愿服务队的茶话会，其实这个也是有一个"议事"的流程在里面的，只是它不是专门针对某一个项目去议事，只是一个小的（议事会），其实也是坐在一起，（商量）怎么去开展这些服务啊，怎么去分工啊，其实这个都是有议事的成分在里面的。

（资料来源：访谈资料，受访者：Z 社工，访谈时间：2022 年 7 月 27 日）

对于"五社联动"协商议事机制的发展，C 书记认为，"五社联动"的关键是要有共同的行动目标，在共同的行动中达到"五社联动"社区共治的目标。访谈时，C 书记说：

你讲到"五社联动"，我觉得关键联动要有短期和长期的目标，定好目标以后我们再去执行……要通过不同的组织……还有一些不同的机构，通过这样合作就把我们的短期目标、长期目标实现……我们还是期待跟社工，还有一些机构合作共同推动目标实现。我们现在有一个共建的机制在这里。

（资料来源：访谈资料，受访者：C 书记，访谈时间：2022 年 7 月 27 日）

（二）社工发挥"五社权能"：社区共治中形成"五社联动"机制

1. 社工的专业权能发挥穿针引线的作用

已有研究指出，社工是"五社联动"的专业支撑，在其中扮演专业角色，为居民提供专业化服务（原珂等，2022；向德平，2022；田舒等，2022），理论上社工应当赋能个体，培育组织，开发、链接、配置、使用资源，扮演各个要素主体以及社区与其环境之间的中介者等专业角色（湖北省民政厅"五社联动"课题组，2021）。本书发现，社工在推动村庄"五社联动"社区共治的过程中扮演着多种角色，发挥了多种专业权能。

第一，社工充当社区倡导者，搭建"四基地"，提供"五社联动"协商议事平台，激活"五社联动"意识，完善"五社联动"协商议事机制。第二，社工担任社区教育者，通过社区教育和宣传达到强化"五社联动"意识的目的，开展各项社区活动提升"五社联动"能力。此外，社工还作为关系协调者，负责搭建村"两委"与社区志愿者、社区社会组织之间的沟通平台，传达各方意见；作为资源链接者，链接从化区慈善总会、从化区居家养老服务中心的公益慈善资源，增强社区公益慈善资源的发展能力；作为资源整合者，对社会资源与政策资源进行梳理，制成宣传手册，与村"两委"、社区志愿者和社区社会组织共同进行社区倡导和政策宣传，接收村民的需求反馈。

2. 村"两委"的自治功能发挥引领带头的作用

村党委在"五社联动"机制中发挥引领作用。社工站同时挂牌成立了乡村党建工作站，与村"党委"的联系紧密，在村"党委"的引领下开展社区共治。例如，党员社工不仅积极联合村党总支、"两新"党组织开展支部共建活动，还发挥党建工作站的平台作用，与当地高校和研究院共建党建基地。社工、村"党委"、社区志愿者和社区社会组织联动社区公益慈善资源开展助农助销、增收帮扶等服务，帮助村民推销当地农副产品。

凤二村驻村第一书记C书记高度认可社工的服务方式，他认为社工开展一系列的服务，不仅对提升村民生活质量具有实质性帮助，而且能从情感上影响村民，让村民享有党员、社工的服务，对村庄发展充满信心。社工具有较强的专业优势，能够通过有组织的活动策划，增强村民的参与动力，引导村民有序参与社区活动，这是传统的村组织或村民个体比较难以实现的。访谈时，C书记说：

> 村里边热心的人很多，但是去组织开展活动的不多，只能靠社工。他们（社工）做的活动有方案、有计划、有执行、有总结，就这么一系列下来感觉到这是个组织，他们推的活动是有规划、有计划、按步骤去推的。

> 他们（社工）那种奉献的精神，服务的水平比好多人都要高很多，而且他们的意识方面比好多村民都要高很多……后续还要借助我们社工站的力量，把村里一些历史还有一些文化，融合起来共同发展建设。

> （资料来源：访谈资料，受访者：C书记，访谈时间：2022年7月27日）

C书记对于社工服务的评价比较高，认为社工不仅在组织村民参与志愿服务、社区活动方面具有重要作用，而且能够培养村庄儿童和青少年的积极特质和能力，认同社工服务对村庄具有潜移默化的积极影响，认为社工已经是凤二村不可或缺的一部分。访谈时，C书记说：

> 社工的服务范围和村组织不一样，比如送餐、教育、入户宣传活动，他们（社工）在村里面发挥的作用是从内到外各方面的、潜移默化到每个村民心里边，是一个新鲜事物。这是其他村没有的，他们（其他村村民）都不懂什么叫社工站，社工起到什么作用他们也都不懂。但是凤二村的村民不一样，他们是很了解的……不仅是老年人、中年人、小朋友，它是一步步潜移默化地影响……2021年疫情不严重的时候我们有几个大型的活动，参加人员有全体村民、镇街的领导等，一整个活动下来以后，社工成为村里不可或缺的一部分。

> （资料来源：访谈资料，受访者：C书记，访谈时间：2022年7月27日）

村委会发挥自治功能优势，让社工在社区共治中获得服务空间。社工进村初期，村委会只是在兜底人群服务方面和社工合作，在社工的专业优势展现之后，村委会开始让渡越来越多的服务空间给社工，社工的专业权能得到了进一步的发挥，社工和村委会的联动能力逐步增强。例如，当村委会获得有关儿童、青少年、妇女或老人的服务资源时，会第一时间联系社工，将服务转接给社工，由社工进行专业评估，再决定是否开展服务，给社工让渡较多的服务空间。对于社区志愿者、社区社会组织和社区公益慈善资源的培育工作，村委会也放权给社工，支持和鼓励村民参加社工组织的各项志愿者培育、社区社会组织培育或公益活动。村"两委"有许多工作人员以身作则，加入社区社会组织，或成为志愿者。

3. 社区志愿者和社区社会组织发挥独特优势发挥左膀右臂的作用

凤二村的社区志愿者和社区社会组织成员都是由本地的村民转化而来的，这些村民本身具有在地优势和较高的服务热情，同时在社工专业权能的发挥下，村民对社工的专业性十分认可，积极协助社工开展各项服务，形成了参与社区共治的意识和权能，并发挥自身的在地优势和服务热情，在"五社联动"机制中充当社工的左膀右臂，推动各项社区治理项目的落实。

例如，在社工引导下，社区社会组织、社区志愿者、村"两委"，以邻里花园共建为议题召开社区议事会，商讨建设凤二村的邻里花园。行动中，村"两委"基于花园选址的问题起到带头作用，社工负责链接外部的公益慈善资源，为花园建设争取经费支持，社区社会组织和社区志愿者则纷纷出力，发挥左膀右臂的作用。

4. 社区公益慈善资源发挥支持性作用，增强"五社联动"机制运作动力

凤二村和帝田村的社区公益慈善资源来源主要是爱心到家、如愿行动和社区基金三个平台。社工首先依托爱心到家、如愿行动等平台孕育社区公益慈善资源，再通过发动村民参与社区基金项目增强社区公益慈善资源的内部造血能力。两村社区公益慈善资源的链接、管理、运用机制较为清晰。社工扮演资源链接者的角色，发挥社工站的枢纽作用，打通内外渠道。村"两委"扮演监督者的角色，与社工共同管理社区基金，社区志愿者和社区社会组织扮演执行者的角色，负责将资源在地转化，传递给村民。

例如，凤二村和帝田村的"幸福食堂"项目是面向村里的老人、重度残障人士、留守儿童和困境儿童提供配餐和送餐服务。项目经费来源是政

府补贴和社区公益慈善资源资助，社工负责链接公益慈善资源，包括跟进经费和资助情况、联系"爱心超市"购买食材等，村"两委"则负责监督经费使用情况，同时协助社工挖掘村民需求并向村民宣传"幸福食堂"。

社区志愿者和社区社会组织是维持"幸福食堂"运营的中坚力量。志愿者独当一面，负责菜单制定、食材清点、备菜、制菜、配餐、送餐等。访谈时，Z 社工说：

食堂刚刚开始运营的时候，我操心得比较多，主要是饭菜的量的问题、怎么打饭的问题。后来慢慢地大概一两个月之后，所有的工作基本上都不用我去操心了。很多事情他们自己都已经能够主动处理掉了，实在处理不了或者是拿不定主意，或者是不在他们的能力范围内或是工作范围内，他们才会来问我（该）怎样去处理。

（资料来源：访谈资料，受访者：Z 社工，访谈时间：2022 年 7 月 20 日）

社工和花木兰志愿者定期进行老人需求调研，从老人的身体情况、口味需求等出发，做好膳食的营养搭配，制定菜式丰富、营养全面的"每周营养食谱"，撑起老人的健康保护伞，让服务对象不仅吃得饱，也吃得好、吃得开心，真真实实提高他们的幸福感。

案例："五社联动"共建"幸福食堂"，让老人吃得健康、吃得开心

没来"幸福食堂"就餐以前，80 岁的金婆婆自己在家做饭，用简单的瓦煲煮柴火饭，饭煮好后，瓦煲里的热水继续用来烫几片青菜，稍稍加点油盐，便是一顿饭。"我 50 斤花生油能吃一年呢！"金婆婆颇以自己的勤劳节俭为荣。但是饮食上的节俭却让她产生了严重的营养不良，长期缺肉少食，缺乏蛋白质和钙的摄入，让她整个人非常瘦小。来食堂就餐后，金婆婆的膳食状况得到极大改善，饮食变得规律，脸色变得红润，邻居都夸她气色越来越好，金婆婆对着社工开心地说："我来食堂吃饭 2 个星期，就胖了 3 斤呢！"

（资料来源：笔者观察记录，记录时间：2022 年 5 月）

送餐途中志愿者会注意观察老人生活情况，作为社工站的"眼睛"和"耳朵"，能够及时了解老人的需求，遇到紧急情况也能马上协助老人处理，许多时候，志愿者冒着日晒雨淋也会坚持送餐。

案例："五社联动"关爱独居老人，及时化解老人生命危机

丘姨年近七十，独居简陋瓦房，子女很少探望。花木兰志愿者给丘姨送餐时，发现丘姨迟迟不出来开门，察觉到了情况异常，马上拨通社工电话，让社工与丘姨家人取得联系，并在村委会工作人员的协助下打开了丘姨住所的门。开门后发现，丘姨摔倒在地，已经开不了口了。所幸志愿者反映及时，社工与村委配合迅速，没有错过黄金救助时间，丘姨及时被家人送诊治疗，已无大碍。

（资料来源：笔者观察记录，记录时间：2022年5月）

"幸福食堂"的建设增强了"五社"服务协作能力，依托"幸福食堂"，"五社联动"共建了"老人健康管理""幸福义诊""幸福义剪""幸福衣坊"等公益志愿服务。

第一，老人健康管理。针对在"幸福食堂"用餐的老人，社工开展了老人防疫小组和健康运动、老人防跌倒、生命体验、智能手机学习等主题工作坊；开展老人健康教育，食堂饭厅配备血压计、血糖仪，方便老人及时检测自身健康状况。

第二，"幸福义诊"。"幸福义诊"是由社工链接医院义诊资源，联动村"两委"、社区志愿者和社区社会组织邀请医院义诊团队为本村老年人免费提供测量血压、把脉、健康咨询、诊断等服务。

第三，"幸福义剪"。"幸福义剪"服务是由社工、社区志愿者发起的，凤二村内有一位理发师，与社工合作开展过义剪服务，受到很多村民的欢迎，从此"幸福义剪"项目就被固定下来，由社工不定期联动村里的社区义剪志愿者或社会义剪志愿者，为老人、残障人士、儿童以及行动不便的村民免费提供理发服务。

第四，"幸福衣坊"。"幸福衣坊"是在从化区民政局的指导下，由从化区慈善会新推出的面向农村留守困难群体的公益洗衣项目，社工原本没有将"幸福衣坊"列入年度服务计划。但在社区走访过程中，社工发现很多农村留守困难老人、儿童和残障人士家里并没有洗衣机，冬天天气冷的时候洗衣服非常不方便，有些老人家里的被褥长年未洗。于是，社工链接从化区慈善会"幸福衣坊"项目的资源支持,联合村"两委"和社区志愿者共同推行幸福衣坊。

村"两委"和社区志愿者协助社工做好"幸福衣坊"的选址工作,租借了村民闲置的村屋;社区慈善会及从化区社会组织联合会协助社工购买洗衣机、洗衣液、晾衣架等物资;社工与社区志愿者进行入户宣传,挖掘潜在服务对象。

2021 年 1 月 23 日,"幸福衣坊"揭牌成立,花木兰志愿服务队主动承担起上门收取衣物、查验洗涤物品、操作洗涤烘干设备、分送清洗物件、台账登记等一系列工作。

目前,"幸福衣坊"采取社区慈善资源支持、社工站运营管理、村"两委"协助、社区志愿者和社区社会组织具体运作的服务模式,为农村留守困难老人、儿童和残障人士解决烦琐、枯燥的洗衣难问题,让他们不必为衣物、被褥的洗涤而烦恼,有更多时间享受幸福生活。

五、结论与讨论

(一)结论

1. EPS 模式能够较好地应用于社工推动村庄"五社联动"社区共治

EPS 模式强调社工以优势视角为基础,参与为策略,能够实现增强服务对象权能的目标。社工通过对村庄优势资源的发掘,与村"两委"建立合作关系,确认自身参与社区治理的合法性地位,实现自我增能,依靠村民的力量培育志愿者和社区社会组织,增强村民参与社区共治的权能感。同时,社工积极发掘政府与社会资源的支持优势,与区政府、区慈善基金会合作,引入外部慈善资源,发挥社工站的枢纽平台作用,协助管理和运营社区公益慈善资源,建立社区慈善资源管理机制,联动村"两委"、社区志愿者和社区社会组织,将慈善资源精准对接到家户,营造社区公益慈善氛围,推动形成社区公益慈善资源基础。

增强权能的最佳方法是促进服务对象的主动参与,积极的参与可以调动服务对象的能力、潜力、优势和资源,让服务对象主动面对和解决自己的问题,同时起到社区教育的作用,即让服务对象认识到自己不仅是受助者，也可以成为助人者（甘炳光，2016）。村民以社区志愿者和社区社会组织成员的角色参与社区共治，展现自我能力，塑造了一个积极的形象，改变了村"两委"对村民形成的弱势的刻板印象，在邻里花园、社区基金、公益助农、兜底人群服务和"幸福食堂"等多个项目中，村"两委"与社区志愿者、社区社会组织共同合作，不仅改变了以往社区治理中村民参与不足的问题，同时也增强了村"两委"的社区治理创新意识，通过"五社联动"机制提高了社区治理效能。

2. EPS 模式下社工推动村庄"五社联动"社区共治是一个螺旋上升的过程

社工通过三年的时间推动凤二村和帝田村实现"五社联动"社区共治，在这期间，村"两委"、社工、社区志愿者、社区社会组织和社区慈善资源都在不断增强自身参与社区共治的能力。

村"两委"转变传统的社区治理理念需要一个过程，社工只有在充分发挥专业权能的前提下才能获得村"两委"的信任，影响村"两委"创新社区治理意识。起初，凤二村的村"两委"认为社工只能进村服务兜底人群，而社工用实际行动表明了自身在社区治理方面的专业优势，从而逐渐获得村"两委"的认可。村"两委"对社工的认可程度提升之后，才让渡了越来越多的服务空间给社工，社工的专业权能因此得到更好的发挥。

村民在社工的号召下成为志愿者和社区社会组织的成员，但其参与社区共治的程度和能力的提升也是一个循序渐进的过程。原本，村民只能进行一些较为基础的志愿服务，如探访兜底人群。后续，社工根据各主体的需要，为其进行相应的能力提升服务，以同行者的身份，不断给予村民鼓励和支持，并且为其提供参与机会和平台。社区志愿者和社区社会组织在参与社区共治的过程中形成权能感，进而能够更好地积累和发挥自身的优势资源，在"五社联动"机制中产生积极作用。

社区公益慈善资源的培育需要较长的时间，社工搭建好爱心到家、如愿行动和社区基金等平台后，还需要维持其运作，逐步提高村民参与社区公益的意识，激发社区内生动力以增强公益慈善资源的内部造血能力。社区公益慈善资源得到发展之后则成为"五社联动"机制运作的动力，联结各主体，支持着各项服务的开展。"五社权能"增强后，"五社联动"机制才能得到进一步优化。

(二) 讨论

基于对社工推动村庄"五社联动"的实践过程的分析，本书认为，社工的专业优势是推动实现"五社联动"社区共治的核心因素。不过，参与社区共治对于社工来说也是一种挑战，社工开发的服务项目也有推行不成功的。例如，为培育社区公益资源的内部造血能力，社工引导村民共建美丽超市，但是美丽超市所筹集的资源不能和其他公益项目形成资源互补、优势互补的内部联动机制，也因为社工的精力和时间有限，没有将项目持续做下去。

社工推动凤二村和帝田村基本实现"五社联动"社区共治，但是"五社联动"机制目前只见雏形，还没有完全成熟的运作机制产生。在发展过程中，还存在一些问题。例如，虽然村"两委"释放了较大的服务空间给社工，但是对"五社联动"机制的参与还不够深入，与其他要素的联动程度较低。社工对村"两委"的影响是潜移默化的，社工要推动村"两委"积极参与"五社联动"机制还有待在行动中继续优化。又如，社工作为"五社联动"机制中的关键主体，扮演着多元化的角色，"五社联动"机制中对社工的综合能力要求较高，但是由于偏远村庄的社工人才缺乏、流动性大等原因，帝田村还面临着社工人才紧缺的问题，"五社联动"机制的稳定性和可持续性都受到影响，另一个试点项目三村村社工站则因为社工人才聘用和管理困难而中止了试点工作，偏远村庄社工人才的聘用机制还有待完善。

第七章　增能视角下社工推进村庄德孝文化建设的策略研究

20 世纪 90 年代以来，大规模的农村劳动力的流动与转移改写了"乡土中国"的发展轨迹，同时也宣告了"离土"时代的到来（孙庆忠，2009）。快速推进的城市化和工业化进程不断解构着传统乡村文化的秩序价值（韩鹏云，2015），乡村文化秩序危机显现，村民行为失序，如农村老人无人赡养和弃童虐童、邻里关系恶化、环境破坏和恶行攀比等。乡村文化正遭遇去政治化、去历史化、去地方化和去生活化的"四重危机"（翟坤周，2020）。德孝文化是一种传统的以德行与孝道为核心的古老文化，源自山西运城（刘洁，2017）。它作为我国重要的传统文化，是乡村文化振兴中的重要内容。农村德孝文化的建设与农村基层社会治理、乡村社区治理以及农村养老等议题息息相关。在乡村文化振兴的要求下，农村德孝文化建设得到重视。而社会工作作为一门关注"人"的学科，在乡村文化振兴的指导下，进入农村开展专业服务，既可以为农村德孝文化建设注入一股新鲜且有力的血液，也可以为乡村文化振兴提供一种新的思路。

一、研究基础

（一）德孝文化的相关研究

"德孝"二字中，虽"德"字在前，"孝"字在后，但德孝文化以"孝文化"为核心，"德"是"孝"的延伸，因此，特针对"德孝文化"和"孝文化"进行检索。发现在相关研究中，以对内涵的探析，及其与"社会治理"和"社会主义核心价值观"等的关系阐述为主，对德孝文化建设的策略探究也有一定涉及。

刘洁（2017）认为，德孝文化的基本内涵是五教理念与明德思想。其中，五教理念主要是指父义、母慈、兄友、弟恭、子孝，明德思想是指要尚德、敬德。周锋（2020）则认为，德孝文化的内涵是"四孝"与"四德"，这是目前认可度相对较高的解读。其中"四孝"指人人都要以孝道的要求来爱护自身、父母、国家和生态，"四德"指由党中央提出的新时代道德建设的四个基本要求，即个人品德、家庭美德、职业道德和社会公德。胡立刚（2019）等从个人、家庭、社会三个层面解读德孝文化，即个人层面以孝立德，家庭层面敦伦尽分，强调家庭责任；社会层面由己及他，强调社会责任。也有学者侧重探讨孝文化的内涵，认为从精神层面分析，孝文化是关于"孝"的观念体系，即"孝德"；从制度层面分析，孝文化是关于"孝"的伦理准则，即"孝道"；从物质层面分析，孝文化还包括关于"孝"的物质和活动载体，即"孝行"（李芳等，2015）。

　　遵循普遍性和特殊性的规律，一般的地方性文化建设实践，会根据实际情况和地方特色，对德孝文化进行自己的解读。在少数民族地区，会将民族文化融入德孝文化中，构建独具特色的"德孝文化"，如庾虎（2018）在对桂西北瑶族的文化研究中，发现该地区所形成的德孝文化包含四个方面：一是尊祖德孝文化；二是伦理德孝文化，包括代际德孝观和尊老德孝观；三是里邻德孝观；四是自然德孝观，即对自然万物有着普遍的尊崇，不忘初心，德孝自然。

　　德孝文化，不是简单的"德"与"孝"的叠加，而是相互包含、相互联系，你中有我、我中有你。"孝"既是"德"的根本，又是"德"的具体内容，二者具有内在张力和联系（钟纯，2017）。从孝文化的角度来看，传统的孝文化除是中国传统文化的重要组成部分，也是古代君王维护其统治的工具。因此，对德孝文化中"孝"文化的传承与创新，也有助于破解乡村"老有所养"难题（孙志勇，2017）。同时，德孝文化对社会治理也具有重要价值，有助于传承中国传统文化，促进社会和谐建设和提高国民道德水平（刘洁，2017）。孝文化对当今乡村治理价值最直接的体现是在家庭成员间的和睦相处上（谭英，2016）。钱逊先生（1995）曾说，从历史的发展来看，孝作为维护宗法制度的道德规范已经失去了它存在的基础，但作为亲情的表达和维系家庭关系和谐的道德规范还有很重要的意义。孝的道德观念依然是当前农村居民处理父子关系、婆媳关系、代际关系的重要道德规范，呈现出民主、平等的时代特色（马永庆，2006）。

（二）乡村文化建设发展历程中的德孝文化建设

总体来说，建党100多年以来党领导下的乡村文化建设先后经历了四个阶段：一是侧重"革命动员、民族解放"的乡村文化建设（1921—1949）；二是强化"除旧布新、培养新人"的乡村文化建设（1949—1978）；三是突出"文化搭台、经济唱戏"的乡村文化建设（1978—2012）；四是倡导"文化自觉、文化自信"的新时代乡村文化建设（2012年至今）（何卫平等，2021）。百年来，围绕"向里用力"以"立人"的建设主线，党的乡村文化治理呈现出革命战争年代的"有限理治"、新中国成立至改革开放前的"系统理治"，以及改革开放以来逐步递进的"自治、法治、德治"相结合的实践逻辑和演进历程（张海荣，2021）。

从文化传承和创新的角度看乡村文化建设，杨良山（2021）等认为，乡村文化的振兴需要立足乡土文化，通过扶持文化主体促传承，以文化嫁接形式推创新，改变对乡村文化的认知。继承和创造结合、保护和开发并行（任映红，2022）。在乡村文化传承和创新的过程中，还要注重文化自信的培养，以文化自信引领乡村文化建设（梁若冰，2021）。同时振兴乡村文化应采取"培土"的方式，不能简单地"移栽"，乡村文化因农民而生，在乡村环境下才得以生长和发展，两者缺一不可，否则就是再多的其他因素影响也无法维持乡村文化的生命（高瑞琴等，2019）。所以，农村文化建设的主要方向有两个：一是针对身为文化主体的农民展开；二是针对文化生长和发展的乡村环境展开。

村庄德孝文化也理应如此，过往的德孝文化建设实践以针对德孝文化生长和发展的乡村环境进行建设为主。比如，针对文化空间进行德孝文化建设，即重点关注两个层面：一是村民的居住空间，二是乡村的公共空间（钟世华等，2022）。以居住空间和公共空间为载体，进行德孝文化物质环境改造，大多停留在对物态空间的改造与建设，如文化广场等，更加注重的是建筑的美和精。又如，针对德孝文化传承的传播手段进行创新发展，有学者提出在我们身边成立一些政府性的或公益性的机构来传播和进行德孝文化教育（卫子璇，2017），也有学者提出按照新媒体传播的特点，可运用一系列新的传播方式和策略，如短视频、直播和网络教程等（徐晓斌等，2022）。之所以大量的德孝文化建设以物质载体、空间和环境为方向和目标，一方面是因为物质载体面临消失的危机，相对应的文化建设环境本身也不容乐观（张丽华等，2022）；另一方面是因为相对于难以量化、见效缓慢的针对文化主体——农民开展的建设，针对乡村环境开展的建设取得成果更加迅速，更加可视化和可量化。

但随着传统德孝文化建设的实践，学者逐渐发现其存在内生性不足、民众参与有限和传播赋权不够等问题，这就致使乡村文化建设缺乏内生动力和持久力量（谢太平，2021），也就说明需要转换思路。因为随着时代的发展，从传统的"农村文化建设"到新时代的"乡村文化振兴"，既是研究维度与研究内容的变化，更是研究方法与思维模式的转变（段小虎等，2018）。乡村文化振兴从理论逻辑上看是对马克思主义乡村建设思想的继承、发展与创新；从历史逻辑上看是对中国过往乡村文化建设的检视、反思与改进；从实践逻辑上看是对中国特色社会主义乡村文化的建设、推进与抬升（周柏春，2021）。在乡村社会变迁进程中，农业生产方式、农民生活方式、乡村人口结构、乡村文化存在语境等都发生了改变。当代中国农民的文化需求呈现从生存型转向发展型，从同质化转向异质化，从公共性转向私人性的发展特点（吕宾，2022）。因此，现阶段，在乡村文化振兴要求下，村庄德孝文化建设需要改变思路，关注乡村居民的内生文化需求，激发文化内生动力，强调文化认同和社区团结以及居民参与（高飞，2013）。

（三）社会工作参与德孝文化建设

社会工作作为一门关注"人"的学科，其专业价值和伦理都决定了它在推动德孝文化建设过程中注重和强调村民的主体性和村民的参与度，较之我国传统的德孝文化建设方式，社会工作因其独特的价值观和工作手法，可以为村庄德孝文化建设的乡村文化振兴注入新鲜血液，而社会工作专业学者和实务工作者也一直致力于以村庄德孝文化建设切入乡村文化振兴，采用的方式和手段则是社区文化建设，这是近年来乡村文化振兴中一种新的实践方式。

社区文化建设是社区建设中的重要内容。社区建设兴起于日本，大热于我国台湾地区，近几年才被引入大陆作为社区治理的一种创新模式进行实践，其真正实践和应用是在汶川地震后对社区的重建，之后北京、上海、佛山、成都作为试点城市，率先开展社区建设（尹广文，2017）。从不同推动主体来看，我国目前的社区建设主要有5种模式类型：分别是以"上海嘉定社区建设"为代表的政府推动型、以北京新"清河实验"为代表的学者推动型、以"南京翠竹园互助会"为代表的社会组织推动型、以"点赞网社区建设"为代表的企业推动型以及以上海梅陇三村"绿主妇"为代表的社区自我内生型（吴海红等，2018）。据国外有关社区建设的相关研究可知，社区建设最终都是由政府自上而下向政府自上而下与社区自下而上结合发展的模式转变，最终实现社区居民的主动参与。而我国的社区建设实践也正朝着这个方向发展，社区文化建设同样如此。

社区文化建设的核心内涵是社区空间上主体关系的调适（蔡斯敏，2022），是为复兴传统的社区文化共同体，破解社区参与冷漠症而推行的一种策略（王倩，2017）。目前，关于社区文化建设的研究，主要集中在城市社区，王倩（2017）通过上海市两个社区文化建设的案例分析发现，我国的社区文化建设只有通过激发公民意识，增强文化认同感，培育内生性力量，并进行组织管理，才能达到较好的效果。戴国强（2018）等则从文化结构的视角出发，以江苏常熟部分城市社区为研究对象，提出了以政府扶持、社会参与和居民自发建设为主要方向的城市社区文化建设新策略。但对发展于城市社区的社区文化建设，目前在农村场域下的理论探索和实务研究相对较少，因此，针对社会工作推动村庄德孝文化建设的相关理论和实务研究也很少。

综上所述，过往传统的德孝文化建设，注重对文化外在物质环境的建设，而忽略了对于文化主体——农民，也就是人的建设。而社会工作是一门关注"人"的学科，社会工作介入村庄德孝文化建设和乡村文化振兴的手段和实践方法——社区文化建设和社区建设，不仅是要改造某个地理区域，更是要通过"建设"这一行动，重新构建个体和群体的社会关系网络，进而改变基层社会的文化习惯和日常生活的形态（莫筱筱等，2016），是一种"造人"的运动（郎友兴，2013），刚好可以弥补传统德孝文化建设的不足。目前，相关研究中，关于社区文化建设以及社区建设的内涵、机制、关系论证等方面的研究相对较多，有关社会工作推动社区文化建设方面的实践策略研究却很少。总体而言，理论研究多，实务研究少，且更多地集中于城市社区文化建设，针对农村社区文化建设的研究更少。因此，作为运用社会工作专业知识和技能开展专业服务的社工，对于如何推动村庄德孝文化建设还需要进行大量的探索和研究。

当前对乡村文化多从文化的表象层面进行建设，一是针对贫穷与落后的现状而采取的一系列改造建设工程；二是针对其快速消失和同质化现状而采取的一系列保护工程（彭永庆，2017）。但农村社工不能只做简单的文化保护与传承，不然就无异于文化工作者，因此，农村社会工作应该是通过保护和传承传统文化，提高当地民众的意识，使其提升文化自觉，增强文化自信（古学斌，2018）。因此，本章以广州市帝田村为例，开展个案研究，探讨社会工作参与村庄德孝文化建设的有效策略。

二、研究方法与研究框架

（一）研究方法

本章在行动研究的基础上主要采用个案研究法。个案研究主要是通过解剖"麻雀"，即对具有典型意义的个案进行研究，形成对某一类共性（现象）的较为深入、详细和全面的认识（罗伯特，1994）。个案研究强调典型性（王宁，2002），通常会采用多种不同的资料收集方法，对特定个案进行深入、细致、全面、详尽的考察和研究，从中抽象出一般性的概念或者命题，为后续的总体研究提供理论假设（风笑大，2022）。

选择广州市帝田村作为个案进行案例分析，是基于以下两点：首先，广州市帝田村社工站于2020年在广州市从化区民政局的支持下开始开展德孝文化建设服务，通过增能，促使帝田村德孝文化建设更上一层楼，积累了德孝文化建设经验。曾被市级、区级和"从化民政"报道多次，村内村民和村委会都对帝田村社工开展的德孝文化建设工作给予肯定和支持。其次，帝田村的社工服务是在区民政局的业务指导和资源支持下开展的，社工不从属于村"两委"，与村委会是合作伙伴关系，村委会也较少分派行政任务给社工，使社工能够较好地发挥专业作用，个案具有一定的典型性。因此本章选取广州市帝田村作为个案，对其两年多的德孝文化建设服务进行整理，总结出帝田村社工推进德孝文化建设的策略，以期为其他同类型村庄的德孝文化建设提供一定的借鉴。

本章个案研究主要采用半结构式访谈法、参与式观察法和文献法作为资料收集方法，收集个案分析所需的访谈资料和文书资料，并通过记录整理、分类编码和提取核心概念等方法对所获得的个案资料进行分析，以形成本章的观点。

1. 资料收集方法

为更好地针对广州市帝田村进行个案研究，本章采用半结构式访谈法、参与式观察法和文献法收集相关资料。

（1）半结构式访谈法。本章以与帝田村社工开展的德孝文化建设服务相关性的强弱为依据，采取目的抽样的方式选取访谈对象，其中村委会成员3人，社工3人，志愿者11人，村民9人，共计26人。采用"英文字母+阿拉伯数字"的编码方式对访谈对象进行编码，其中，社工（social worker）的编码是"S+阿拉伯数字"；考虑到志愿者、村干部和村民的英文首字母相同，为更好做区分，对志愿者做群体划分，妇女志愿者（woman volunteer）的编码为"W+阿拉伯数字"，青少年志愿者（teen volunteer）的编码为"T+阿拉伯数字"，老人志愿者（elderly volunteer）的编码为"E+阿拉伯数字"，村民（villager）的编码为"V+阿拉伯数字"，村干部（village codre）则采用英文第二个单词的首字母进行编码，即"C+阿拉伯数字"。访谈对象的具体情况如表7-1所示。

表 7-1　访谈对象情况

编码	性别	身份	时间
C1	女	帝田村村委会现任书记	2022 年 8 月 22 日
C2	男	帝田村村委会上任书记	2022 年 8 月 22 日
C3	女	帝田村村委会儿童主任	2022 年 8 月 22 日
S1	女	帝田村社工点代理站长	2022 年 8 月 26—29 日
S2	女	帝田村社工点行政社工	2022 年 8 月 29 日
S3	女	帝田村社工点社工助理	2022 年 8 月 29 日
W1	女	花木兰志愿服务队队长	2022 年 8 月 23 日
W2-4	女	花木兰志愿服务队队员	2022 年 8 月 25 日
T1-4	女	小哪吒志愿服务队队员	2022 年 8 月 23 日
T5-6	男	小哪吒志愿服务队队员	2022 年 8 月 23 日
E1	男	夕阳红志愿服务队队员	2022 年 8 月 29 日
E2	女	夕阳红、花木兰志愿服务队队员	2022 年 8 月 30 日
V1-5	女	帝田村村民	2022 年 8 月 21—22 日
V6-9	男	帝田村村民	2022 年 8 月 29—30 日

资料来源：整理自访谈资料。

（2）参与式观察法。本章第一作者在帝田村进行了长达 4 个月的专业社工实习，在项目开展的过程中，跟随社工开展与德孝文化建设的相关服务。在实习期间居住在帝田村，日常与帝田村村民保持交往，与社工同吃同住，较为深入地参与帝田村社工开展德孝文化建设进程。因此，采用参与式观察法，收集项目有关资料，观察对象包括参与服务的村民、志愿者、一线社工和村委会成员等，主要收集涉及主观性较强的资料，对观察所得的客观事物和主观认知通过实习周记和田野日志进行记录。

（3）文献法。本章利用文献法收集两个方面的文献资料。第一是相关论文文献。利用图书馆、知网等渠道收集与德孝文化建设、乡村文化建设、社会工作与社区文化建设等相关的论文资料，了解当前学术界相关主题的研究重点和研究进展。第二是帝田村社工与德孝文化建设有关的文书资料，包括德孝文化建设的年度计划和服务方向、具体服务活动文书，志愿者管理、服务评估、站点会议及督导会议记录等。了解帝田村开展德孝文化建设的服务情况，以便后期进行资料分析。

2. 资料分析方法

（1）资料整理、归类和编码。对所收集的访谈资料、实习周记和田野日志以及帝田村社工服务文书进行初步整理分析。将访谈所得的录音材料转化为文字材料，对未进行录音的访谈则在访谈结束后，及时回忆整理成文字材料，并根据时间序列和主题类型对资料进行归类和编码。具体编码情况如下：首先，对访谈资料按照"访谈对象+访谈时间"进行编码。其次，对帝田村德孝文化建设服务的文书资料按照文书类型+文书编号进行编码，沿用帝田村社工服务文书的文书编号，如个案服务文书为"帝田-2021-C-01"，小组服务文书为"帝田-2021-G-01"，社区活动文书为"帝田-2021-P-01"，探访文书资料则为"帝田-2021-V-01"。再次，除社工服务文书，对帝田村文书资料以"帝田-V-01"的形式按顺序编码。最后，对实习周记和田野日志资料按照实习周记或田野日志+记录时间进行编码。

（2）提取核心概念，深入分析。在对上述资料进行整理、归类和编码的基础上，借助增能理论的核心概念，通过解剖"麻雀"的方式，对个案资料进行深入分析。首先，简单地将个案资料依照增能理论的核心概念进行抽取和分类，厘清思路。其次，在简单分析的基础上，对各概念和事件中的关系和逻辑进行深入分析和解剖，并在分析的过程中不断重复资料抽取和组合工作，逐渐形成本章的观点。

（二）研究框架

帝田社工主要采用增能理论进行介入行动，根据对收集资料的初步分析，采用个人层面、人际层面和社区层面作为分析框架，对社工的服务策略进行分析，并对服务前的现状和服务后的成效进行比较分析，以验证服务策略的有效性，研究框架如图7-1所示。

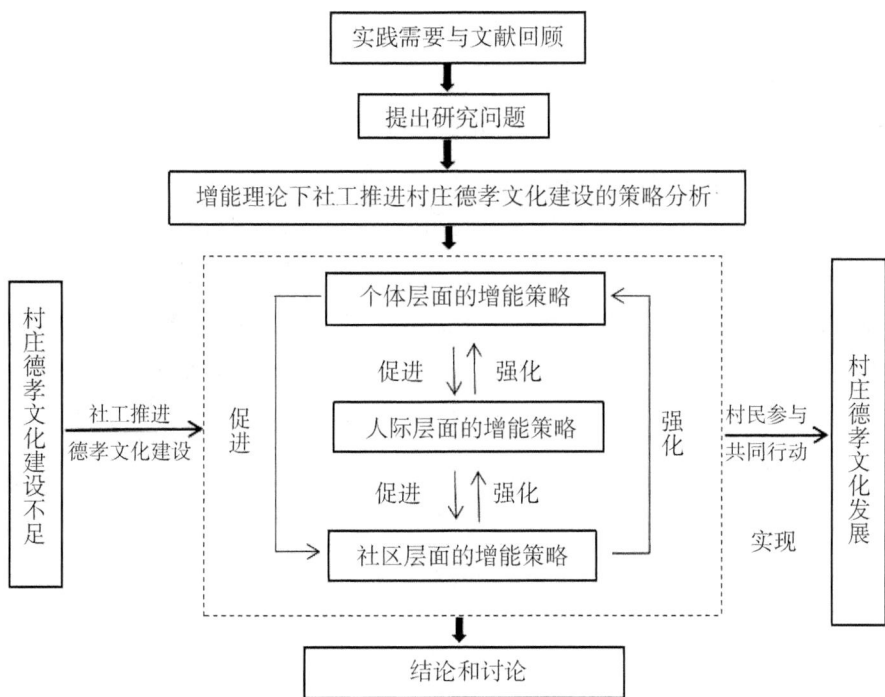

图 7-1　研究框架图

三、社工介入前帝田村德孝文化建设的不足及原因分析

社工介入前，帝田村在村党组织的领导下已经开展了德孝文化建设，以敬老爱老为主要内容，促使帝田村村民的德孝文化意识有了一定程度的提升，在村内甚至村周围形成一定的影响，为帝田村社工开展德孝文化建设奠定了良好的基础，但是也存在一些不足。

（一）德孝文化建设的内容单一

首先，所开展活动的类型少，在帝田村开展的德孝文化建设中，最主要的就是上文所提及的春节敬老团圆饭活动，其他还有一些重大节日探访，发放日常生活用品慰问老人，但这个更多的是针对村内的低保低收入老人或孤寡老人等，并未惠及村内全体老人。关于德孝文化建设的内容，村民如是说：

德孝文化这块的话，我们春节敬老团圆饭，每年都搞，重大节日也会去探访一些老人，其他的还有好家风活动，但是那个好像只搞过一次，没有年年都办。

（资料来源：访谈资料，V2，2022 年 8 月 22 日）

其次，所开展活动的数量少，就春节敬老团圆饭而言，一年仅一次，虽然这次活动可以说是隆重且较为成功的，但放到帝田村整个德孝文化建设中来看，就显得过于单薄了。除此之外，还存在一些未恒常化的活动，如 2017 年 1 月，在文化广场举行"贺新春敬老节暨好家风·幸福伴侣"表彰活动，只举办了一次，难以见效。总体而言，帝田村的德孝文化建设内容较为单一。当问及村内有什么孝敬老人家的活动时，村民如是说：

孝敬老人的话，有那个团圆饭啊，就是过年前让村里面的老人家一起吃一顿饭，乐呵乐呵，其他的好像没有了。

（资料来源：访谈资料，V3，2022 年 8 月 22 日）

我只知道那个团圆饭，其他的没听说过，可能那些村干部会知道一些。

（资料来源：访谈资料，V7，2022 年 8 月 29 日）

（二）德孝文化建设的形式单一

首先，就探访活动而言，通常都是在重大的节日，向老人送面条、油和洗洁精等生活物资，形式较为单一，且都是村干部去探访，对村民们的德孝文化素养并无太大促进作用。现任村支部书记说：

探访老人家的话，就是在重大节日，比如说重阳节这种，我们就会安排村干部去老人家里慰问，送一些生活用品之类的，有时候是放在村委会让他们自己来拿，主要就是这两种。

（资料来源：访谈资料，C1，2022 年 8 月 22 日）

村民志愿者说：

好像会有给老人家送生活用品这些的吧，都是村委他们去送，或者老人家或者家人去村委会拿，怎么会叫我们去送呢（笑着说）。

（资料来源：访谈资料，W1，2022 年 8 月 23 日）

其次，就春节敬老团圆饭活动而言，发展到现在，形式相对于探访活动确实丰富一些，但也仅是老人吃饭和文艺演出，形式还是比较单一的。

村民说：

其实要是再多搞点花样就更好了，因为每年都是吃饭和看表演，一年就这一次，多点变化或者多做点不同的活动那就更开心了。

（资料来源：访谈资料，V6，2022年8月29日）

（三）德孝文化建设缺乏规划

社工介入前，帝田村的德孝文化建设是村委会在良好的传统文化历史基础和现实文化冲击下，基于村庄需求开展的，但针对德孝文化到底要建设成什么样子，该如何建设，目前没有一个相应的章程，缺乏系统的、整体的、明确的规划。

首先，对于德孝文化的理解过于狭隘。当谈到德孝文化建设时，帝田村村委一般提及的都是敬老爱老，村委会儿童主任说：

我们村的德孝文化就是敬老爱老，其他的可能要问书记，因为这个是她提出来的，她的想法可能会更多一些。

（资料来源：访谈资料，C3，2022年8月22日）

但德孝文化除敬老爱老，还有丰富内涵，就"孝"而言，有尊老爱幼和兄友弟恭等，往大了说还有效忠国家和人民，就"德"而言，有个人品德、家庭美德、职业道德和社会公德。而帝田村目前的德孝文化建设局限于敬老爱老。

其次，帝田村针对德孝文化建设并没有明确的相关章程，帝田村内目前没有类似于"德孝文化建设计划书"这样的文件去详细提及德孝文化建设的方向和说明具体该如何建设。

但即使只做敬老爱老方向的德孝文化建设，帝田村村委会也没有详细地规划敬老爱老德孝文化建设的工作内容。导致目前帝田村仅有"春节敬老团圆饭"活动，有时虽会举办一些表彰活动，但并未恒常化。活动的开展多依赖徐老书记个人对于村内德孝问题的觉察，其发现问题或者认为某方面重要，就开展相关活动，随机性较强，以至于除了"春节敬老团圆饭"活动，德孝文化建设几乎没有其他有关内容，缺乏规划。现任村支部书记说：

当时是考虑到我们村里面的老人家很多，子女平时又都出去打工了，难得回家，就组织了这个活动，刚开始也没想到能办这么久，所以很多章程都是慢慢完善和摸索出来的，见招拆招。

（资料来源：访谈资料，C1，2022年8月22日）

（四）村民自身的德孝文化素养有待提高

虽然帝田村村委开展的德孝文化建设起到了一定的增强村民德孝文化意识的作用，但内容和形式较为单一，且村民仅以捐款形式参与其中。因此，帝田村部分村民的德孝文化素养仍有待提高。且在帝田村还存在极端的德孝失序行为，如不赡养或者较少赡养老人，对老人老而不养，没有尽到基本的赡养义务；或者是抛弃子女，生而不养，导致个别村内青少年成为无父母教养的孩子，影响青少年健康成长。例如：

高阿婆，早年丧偶，独自养育5个孩子，吃了很多苦。但高阿婆表示子女不关心自己，每个子女都不给生活费，也极少回来看望她，她感到很伤心难过，常常情不自禁地流泪，称如果不是有300元的养老金，自己可能要饿死在街头。现在的每日三餐不固定，心情好就吃饭，心情不好就不吃。

（资料来源：整理自帝田村社工探访记录表，帝田-2021-V-01）

徐阿叔，目前一个人居住在帝田村，虽然有几个孩子，但目前没有一个孩子在身边照顾，甚至长达10年之久不曾回来看望他一次，其间，孩子与他也断了联系，徐阿叔表示自己十分孤独。据了解，徐阿叔年轻的时候与子女有过较大的矛盾。基于此，社工不能单方面地认为子女存在过错，但作为子女，还是要尽到基本的赡养义务。

（资料来源：整理自帝田村社工探访记录表，帝田-2021-V-02）

小徐，2021年8岁，因为其母亲与父亲结婚的时候没有到法定年龄，因此并没有在民政局登记。而且，小徐的母亲在小徐刚出生没多久就抛弃了小徐，再也没有回来。小徐父亲在其4岁时因车祸去世了，目前小徐由爷爷奶奶抚养，但爷爷奶奶的年事已高，大伯又没有工作，小徐的抚养问题令人担忧。

（资料来源：整理自帝田村社工探访记录表，帝田-2021-V-03）

（五）村民参与德孝文化建设的意识不够

受传统政治文化和小农意识影响，广大农村村民习惯了被动与服从，只关心自己生活中的事情，且更习惯参与家族宗族活动，而非社区活动，尚未形成参与和协商等现代社区民主意识（乔成邦，2017）。因此，村民参与德孝文化建设的意识不够，大部分村民在表达自己需求的时候口若悬河，但提及自己能为村庄的德孝文化建设做什么的时候，则认为建设德孝文化是村委的工作，和自己没有太大关系。村民说：

这个不应该是村委的工作吗？他们说怎么做我们跟着做就行了，哈哈哈，我们可搞不了。

（资料来源：访谈资料，V7，2022 年 8 月 30 日）

怎么搞这个东西你要去问村委啊，他们才知道，是他们负责的。

（资料来源：访谈资料，V5，2022 年 8 月 21 日）

在帝田村村委开展的德孝文化建设中，大多数村民只是捐款，策划和组织由村委来做，活动当天的脏活累活由热心肠的志愿者来做，大多数村民其实并没有身体力行地参与德孝文化建设，也没有意识到参与村庄的德孝文化建设的重要性，参与意识不够。

（六）村民参与德孝文化建设的能力不足

参与德孝文化建设和践行德孝以及做好事并不能混为一谈，参与德孝文化建设并不等同于简单地做好事，而是需要具备一定的参与能力，参与程度越深，对参与能力的要求越高。一方面，我国过往基层服务中对社会服务的提供多采取"村委"包干包揽的方式，村民习惯于接受服务，没有参与意识和经验，也就不具备参与德孝文化建设的能力。村民说：

你让我们去组织、去弄这些东西我们也不会，也没有弄过（一边笑着皱眉，一边摆手），哎哟不行不行。

（资料来源：访谈资料，V9，2022 年 8 月 30 日）

另一方面，帝田村原本开展的德孝文化建设中，大部分村民以捐赠形式参与，少部分人以志愿者身份承担后勤工作，要么出钱，要么出力，对村民参与德孝文化建设的能力要求并不高。村民说：

那要么就是捐钱呀，我就是啊，要么就是像阿芬她们那样，去帮忙，那你突然让我们去组织，不行不行的，搞不来啊。

（资料来源：访谈资料，V6，2022年8月29日）

在长达12年的活动开展过程中村民都是以这两种形式参与德孝文化建设的，因此，村民并未积累深层次参与的经验，也就没有得到相应参与能力的锻炼，导致村民参与德孝文化建设的能力不足。

四、社工推进帝田村德孝文化建设的实践策略

（一）个体层面：强化村内热心人士的德孝文化素养

根据增能理论，个体层面的增能是以意识和能力的提升为主，提升个体对自身的掌控力，即通过提升村民个体的德孝文化素养，表现为德孝文化意识和践行德孝能力的提升，促使村民获得对自身德孝的内在掌控力，愿意且能够自主地践行自身德孝文化素养。考虑到人力和物力等条件有限及可行性，帝田村社工瞄准村内热心人士，通过增能，强化其德孝文化素养。

1. 强化村内热心人士的德孝文化意识

社工介入前帝田村开展德孝文化建设，促使村内热心人士的德孝文化意识有了一定程度的提升，但采取的是正向刺激的方式，无意识中通过年复一年的敬老活动促进意识的提升。帝田村社工在此基础上，采取负面刺激的方式，聚焦村内存在的德孝问题，主要是老人困境，触发危机感，更有针对性地强化村内热心人士的德孝文化意识，并以兴趣作为切入点，促进其更具象地理解德孝文化，强化认知。

（1）聚焦德孝问题，以危机进一步触发德孝文化意识。在社会工作实务中，问题切入是打开服务的一种重要方式，意识到问题才会有需求和改变的意愿。因此，帝田村社工将焦点置于德孝问题上，让村民亲身感受其存在的德孝问题，以危机进一步激发村内热心人士的德孝文化意识。首先，探访走村，了解问题。帝田村社工借助不定期开展的探访服务，组织村内的热心人士上门探访村内的独居老人、行动不便老人甚至是瘫痪老人等，了解他们的生活环境和状况，有意识地引导村内热心人士关注老人所面临的困境。其次，启发思考，分析原因。在探访结束后，社工会组织村内热心人士做复盘，让其发表体会，启发其思考造成这些老人困境的原因是什么，作为同村

人，能做什么。最后，及时总结，社工会对热心人士的想法做总结，强化关于村内德孝问题的记忆，进一步激发德孝文化意识。例如：

> 临近端午节，社工链接了爱心粽子，组织 7 名志愿者一起送至徐阿叔和其他老人家里。在路上，社工简单介绍了探访对象的情况。徐阿叔由于行动不便，正在床上躺着。社工引导志愿者询问徐阿叔的身体状况以及生活中有没有遇到什么问题。徐阿叔表示脚时不时有些痛，上厕所和洗澡会需要弟弟的协助。志愿者回到社工点后表示生活不能自理的老人家很可怜，都没什么人关心和照顾他们，以后如果路过可以多去看看他们。

（资料来源：整理自帝田村社工服务文书，帝田-2021-P-01）

（2）兴趣切入，更具象化地理解关爱老人、和睦家庭和互帮互助的内涵。在直面德孝问题的同时，还需要让村内热心人士更加具象化地理解德孝文化的内涵，即关爱老人、和睦家庭和互帮互助的内涵，强化其对德孝文化认知。虽然热心人士愿意配合社工工作，但仍需忙于生活与工作，如妇女热心人士，既要承担家务和工作的重任，还得关心孩子教育问题，多重压力下如不是与自身利益相关或自身感兴趣的事情，也不会愿意对其投入太多时间和精力。因此，帝田村社工采用兴趣切入的服务策略，选择村内热心人士感兴趣的服务活动开展方式和内容，保证热心人士更积极地参与服务活动，促使其更具象化地理解德孝文化的内涵。

如，针对青少年热心人士，利用其爱玩爱动爱表演的特点，开展"德孝故事情景剧""德孝绘画""讲述我身边的德孝小故事"诸如此类的社工服务。针对妇女热心人士，则开展更偏向于聚会形式的茶话会，社工紧扣生活主题，将关爱老人、和睦家庭以及互帮互助的内涵以类似茶话会性质的活动展开，让她们在轻松的氛围中理解何谓关爱老人、和睦家庭以及互帮互助。例如：

> 社工开展"德孝故事情景剧"小组活动，将收集的村内真实的德孝故事以剧本形式让青少年表演出来，进行拍摄，并举办情景剧演出活动，邀请村民一起观看，将受众扩大。这种拍摄情景剧的形式很新颖，青少年都很有兴致，并且也表示自己在扮演德孝故事中的人物的时候对其中的德孝文化内涵的理解更加深刻了。

（资料来源：整理自帝田村社工服务文书，帝田-2022-G-01）

其实在我们学校也会有那种思想道德课，也会告诉我们要关爱老人这些，但总感觉离我们很远。但是这个情景剧的形式就会好很多，因为是我们村子里的事，而且故事里面的人我都认识，就更真实一些。

（资料来源：访谈资料，T1，2022年8月23日）

2. 链接资源以提升践行德孝的能力

帝田村社工通过观察发现，帝田村普遍存在对老人认知不足的现象，主要表现在对老人疾病和照顾的相关知识认知不足，以及亲子沟通存在障碍的问题。因此，为更好地提升村内热心人士践行德孝的能力，帝田村社工积极链接相关培训资源，为村内热心人士进行能力培训，并在培训的基础上，通过小组服务，促进村内热心人士更好地吸收知识，提升能力。

（1）链接专业资源，开展能力培训。基于热心人士的需要，帝田村社工主要链接老人健康和照顾以及亲子沟通相关的培训资源，邀请相关领域的专业人员为其开展培训。据服务统计，在老人健康照顾方面，开展了"老人急救知识培训""老人认知障碍知识培训"等专业培训共3场，促使热心人士掌握有关老人疾病和照顾方面的知识，了解相关疾病的一般症状和应对措施，避免在老人患有疾病时束手无策，提升热心人士关爱老人的能力；在亲子沟通方面，开展了"儿童抗逆力知识培训""正面管教培训""儿童性教育"等专业培训共4场。促进热心人士掌握亲子沟通的技巧，科学了解亲子关系，提升和睦家庭的能力。例如：

2022年1月23日，社工链接专业资源，举办了一场关于老人认知障碍（俗称老年痴呆症）的知识培训，提升对认知障碍老人的照护能力。大家在总结分享时表示："原来老人家的生活比我们想象中要艰难""我们只是体验了一会儿就感觉到不方便，他们一直都处于这种状态太难受了""以后我对这些老人家会更有耐心""学了这些技巧可以让我更好地去照顾家里的老人，也更理解他们一些，才知道原来他们自己也没办法控制自己"，等等。

（资料来源：整理自帝田村社工服务文书，帝田-2022-P-01）

2021年12月26日，社工链接正面管教学校教师龙老师为村民提供正面管教培训。村民反馈称："这种课程真的很有用，平常我们自己总是说孩子不听话、跟自己对着干，却没有想过可能是我们自己对待孩子不够细心、耐心，甚至孩子的有些行为都是家长的行为，也很少会换位思考、站在孩子的角度去想孩子到底是怎么想的""我原来一直觉得表扬和鼓励这些，会让孩子骄傲，所以都很少去表扬和鼓励我儿子，现在才知道这样原来会让孩子自卑，以后可以试着表扬表扬他"。

（资料来源：整理自帝田村社工服务文书，帝田-2021-P-02）

（2）开展小组服务，进一步吸收知识。不论是老人方面知识还是亲子沟通相关知识，对于村民来说，都相对晦涩难懂，且在很多方面可能是背离村民日常的行为方式和思维方式的，村民也表示：

像这种亲子教养方式，我们一般是通过手机抖音、微信视频等方式学习，一般是听懂了，但在与孩子互动过程中还是会出现各种问题矛盾，希望能够组织学习一下，这样互动性更强，也更容易让人理解掌握。

（资料来源：整理自帝田村社工服务文书，帝田-2021-P-03）

因此，帝田村社工组织开展小组或社区服务，将较为专业的知识以更通俗和贴切的方式传达给村内的热心人士，促进其更好地吸收和消化相关知识和技能。例如：

7月29日晚，帝田村社工组织开展了"管理好情绪、好好说话"——亲子沟通学习活动，运用较为通俗的语言向大家解释晦涩的专业词语，共同探讨在日常的沟通中存在的问题，引导大家分享平日的亲子沟通障碍，并让大家从身边事身边人出发进行反思。家长反思自己平时确实老是对孩子发火，现在想想那其实也只是件小事。

（资料来源：整理自帝田村社工服务文书，帝田-2022-P-02）

3. 挖掘自身优势，增强践行德孝的信心

热心人士对自身优势的认知和利用，有助于信心和自我效能感的提升，是提升其践行德孝能力的一种方式和策略。受传统观念的影响，人们习惯性地否定自己，尤其在农村地区，村民很少主动去发现自己的优势和闪光点，笔者通过对村内的热心人士访谈发现，在被问及他们认为自己有什么优势时，多数都表示：

没什么优势啊，就普普通通啊。

（资料来源：访谈资料，W2，2022年8月25日）

我们做的都是很平常的事，没什么大不了的，多的也不知道自己可以干什么。

（资料来源：访谈资料，W3，2022 年 8 月 25 日）

这说明即使是经常参加德孝服务做好事的热心人士，对于自身的优势认知依然不足。因此，社工采用优势视角，在服务的过程中逐渐挖掘村内热心人士的优势，提升其践行德孝的信心。

（1）档案管理，了解热心人士的优势。帝田村社工前期通过村民调查和走村探访等服务，加上村委会的信息支持，对村民基本情况有一个大致了解，如年龄、家庭住址、家庭成员等。后期通过具体服务，进一步聚焦到村内热心人士，观察热心人士的表现，了解其大致的性格、处世方式和特长等，发现和挖掘其自身优势。例如：

其实像我们在做服务的时候会观察服务对象，如在探访老人时，有的小朋友性格比较外向，就会和老人聊得很开心，有的小朋友性格比较内向，就会跟在其他人后面，或者站在旁边看着。当然，像性格这种是需要我们观察的，有些像特长，比如会跳舞这种，询问就可以，他们是会主动告诉我们的。

（资料来源：访谈资料，S1，2022 年 8 月 26 日）

帝田村社工会对收集的村内热心人士优势的相关资料进行档案管理，并及时更新信息，具体情况如表 7-2 所示。

表 7-2　村内热心人士信息

姓名	性别	年龄（岁）	个人技能特长
陈姐	女	38	主持、组织策划
锐叔	男	78	木工
勇叔	男	53	唱歌
陈阿婆	女	67	种植
阿妍	女	15	性格外向、胆大、表达能力强、主持策划
阿仪	女	16	有爱心、胆大、主持策划
贤姐	女	70	医疗，熟悉村内位置和老人

注：该表仅为部分村内热心人士的信息情况。

资料来源：整理自帝田村社工志愿者信息表。

（2）促使热心人士了解和利用自身优势。帝田村社工采用积极反馈的方法，当村内热心人士在参与服务活动中展现出某种优势或闪光点时，运用表扬技巧，使其意识到自己展现的行为或话语是一种优势，这种优势对于其践行德孝是有莫大助益的。在人多的时候进行表扬效果会更佳。并且需要反复运用积极反馈的方法，才能让热心人士真正地意识到自身优势。如帝田村社工称：

其实小朋友在表现的过程中，并不太能知道什么是好的和不好的，那我经常以表扬形式反馈的话，他就会意识到原来我这样做是好的，多了以后，即使有些是无意的，以后也会下意识做了。

（资料来源：整理自笔者实习周记，2021 年 7 月 24 日）

优势需要被运用到日常的生活中，才能持续地作为某种特征保留在村民的身上。因此，帝田村社工会在开展服务的过程中，有针对性地召集具有某些优势特质的热心人士参与服务，如：

在探访活动中，社工会根据志愿者的特点和优势，鼓励大家分工合作，卫生站站长贤姐在帝田村已经生活了 40 多年，认识的人比较多，尤其是一些老人，社工挖掘贤姐认识人多、熟悉村庄的优势，一般会安排其担任探访名单的筛查工作，筛出已故人员和长期不在家的老人（可能被子女接到街口生活了），而社工考虑到图书馆管理员陈姐较为年轻，对社工工作比较了解，且愿意承担责任，因此，在探访活动中社工经常会让其担任策划和带领工作，发挥自身优势。

（资料来源：整理自帝田村社工服务文书，帝田-2021-P-04）

在持续性的优势利用过程中，一方面，热心人士通过具体的社会工作服务的实践优势，切实地帮助了其他村民，自身获得价值感和成就感，增强了践行德孝文化的信心；另一方面，对其优势本身形成良好反馈，促进优势　实践—优势增强良性循环。

4. 开展德孝主题活动，践行德孝

德孝文化素养的提升需要在具体的德孝服务中践行。帝田村社工针对德孝文化的三重内涵：关爱老人、和睦家庭和互帮互助，开展德孝主题活动，践行学习村内热心人士的德孝行为。

（1）开展"关爱老人"的德孝主题活动，践行关爱老人的德孝行为。帝田村社工从村内老人的需求出发，以促使村内热心人士践行关爱老人的德孝行为为目的，策划开展"关爱老人"的德孝主题服务。据帝田村村民的服务需求报告分析数据可知：

针对"社区的老年人，您认为可以开展哪些服务？"的问题，上门探访聊天和义诊义剪的需求最高，分别占比52.43%和37.86%。

（资料来源：整理自2020年帝田村村民服务需求分析报告）

因此，帝田村社工发动村内热心人士，根据其各自的特点和优势，为村内老人提供服务，践行德孝。主要服务内容有两点：一是以关注老人日常生活需求为主的服务活动，如"幸福墟日——老人义诊义剪"活动，社工召集村内会剪头发，懂一定医疗知识的热心人士担任志愿者，鼓励热心人士利用自身优势服务老人，满足老人日常生活需求；又如号召经常往返村内外的热心人士开展"生活小事帮助"服务，帮老人买菜、买药。二是以陪伴为主题的德孝服务活动，如探访服务，组织村内热心人士陪老人拉家常，表达对老人的关心。社工通过服务促使村内热心人士发挥自身力量，践行"关爱老人"的德孝行为，获得满足感和价值感。热心人士都表示：

能尽我们的一分力，为老人家做些事，让他们安安心心地生活，我自己也很开心。

（资料来源：访谈资料，W1，2022年8月23日）

其实我们平常遇到村里的老人家需要帮助的话，也都会帮，但是就没有你们社工组织得那么好，因为那个是看到了才会帮嘛。

（资料来源：访谈资料，W4，2022年8月25日）

而老人也通过村内热心人士的德孝服务获得生活和陪伴需求的满足。

社工动员村内热心人士，担当志愿者，为老人理发，教老人制作香囊。老人表示在本次活动中，他们的需求得到了一定的满足。在活动现场，对每个摊位活动老人都积极参与。如在理发摊位，老人表示自己很久没有理发，外出理发不方便，已想理发很久了，难得能免费理发，老人家都纷纷排队理发。

（资料来源：整理自帝田村社工服务文书，帝田-2021-P-05）

（2）开展"和睦家庭"的德孝主题活动，践行学习和睦家庭的德孝行为。和睦家庭德孝行为的践行对象一般是家庭内部成员。根据帝田村村民的服务需求报告分析数据可知：

在针对"在最近的半年里，让您感到困扰的问题？"的回答中，家庭关系中，亲子关系困扰占10.68%，多于夫妻关系的6.8%。

（资料来源：整理自2020年帝田村村民服务需求分析报告）

考虑到亲子关系改变的动力和可行性高于夫妻关系，"和睦家庭"德孝主题活动以亲子互动为主要内容，辅以夫妻关系和婆媳关系等服务内容。帝田村社工从优势视角出发，不关注矛盾，而是关注亲子和家庭美好回忆，以对抗生活中琐碎的矛盾。基于此，帝田村社工策划开展了"月行一孝"活动、家庭秋游活动和亲子六一游园活动等亲子互动德孝服务，提升村内热心人士和睦家庭的德孝文化素养。例如：

在"月行一孝"活动中，社工动员村民对自己在家中践行德孝的小事以拍照方式进行记录，并在村民知情同意的前提下，将收集到的照片在文化广场的墙壁上展示。有村民表示，该活动非常有意义，下一次有类似的活动，一定会让全家人一起参与。

（资料来源：整理自帝田村社工服务文书，帝田-2022-P-03）

帝田村社工联合村委开展"多沟通，多陪伴，多理解"德孝家庭出游活动，共有19个家庭参与。其中有一位丈夫表示妻子无论贫困还是疾病都对自己不离不弃，因此大胆地向妻子示爱，亲吻了妻子。妻子表示丈夫从来没有这么浪漫，这次终于浪漫了一回，开心极了。还有一对婆媳也挺令人感动，婆婆喜欢爬山，媳妇特意请假陪婆婆来风云岭爬山，婆婆表示很满足，感谢媳妇的陪伴。

（资料来源：整理自帝田村社工服务文书，帝田-2022-P-04）

5月21日，社工组织开展"亲子日感恩"活动，共10对亲子参与，在互动环节中，亲子互相捶背，合作完成康乃馨折纸，互赠水果，互说赞美感谢话语。个别家长流下感动的泪水，孩子也表示从来没有被父母捶过背，在享受父母捶背的过程中，感受到了父母的关怀，感到很开心。

（资料来源：整理自帝田村社工服务文书，帝田-2021-P-06）

（3）开展"互帮互助"的德孝主题活动，践行互帮互助的德孝行为。帝田村单一徐姓的宗祠色彩浓厚，村民邻里关系相对和谐，有一定的基础。

在不触及利益的前提下，比如田啊地啊，除了谁田里放水多了等的这种事，日常的话还是挺和谐的。

（资料来源：访谈资料，C3，2022年8月22日）

平常谁需要帮忙，也会顺手帮一下。

（资料来源：访谈资料，W1，2022年8月23日）

为最终形成"共商德孝事、共同解决村内德孝问题和共同建设村庄德孝文化"的德孝文化氛围，帝田村社工将"互帮互助"德孝主题活动的对象设定为整个村庄的村民，而不仅仅是居住位置相邻的居民。考虑到从邻里入手更快更可行，因此，"互帮互助"德孝主题活动从邻里入手，辐射整个村庄的村民，切实提升村内热心人士互帮互助的德孝文化素养。其中较为深刻的是社工动员村内热心人士帮助徐阿叔时隔几年走出房间的案例：

徐阿叔，从2005年中风开始，慢慢地无法行走，至今已近10年未出过房门，困在一间不到20平方米的小房间里。社工了解到徐阿叔的情况后，动员村内热心人士，告知徐阿叔想出去看看外面世界的愿望后，热心人士纷纷表示想帮助徐阿叔实现愿望。社工链接"如愿平台"资源获得轮椅，但发现徐阿叔家门口地势较高较陡轮椅难以通过，社工和热心人士商讨后决定为徐阿叔砌一个水泥斜坡。大家分工合作，社工链接村内资源，与热心人士拉来水泥和砖，向邻居借锄头、铁锹、草帽，还向其他村民借砂石，共同为徐阿叔砌了一个水泥斜坡，推着徐阿叔走出了家门。徐阿叔感叹："10年没出过家门了，变化好大啊。看，这边楼以前还没有的，现在看起来都盖了好几年了，稻谷都长这么好了，又快收割了。"看到徐阿叔这么开心，热心人士也很受触动，认为自己的付出很值得。

（资料来源：整理自帝田村社工服务文书，帝田-2021-P-07；访谈资料，S1，2022年8月29日）

（二）人际层面：促进德孝文化素养在志愿者队伍内的扩散

通过增能实现人际关系建立和人际影响力的强化，产生人际联结是人际层面服务的主要方向和策略。在德孝文化建设中，表现为建立以德孝为纽带的人际联系，并在以德孝为主题的人际交往中扩大德孝文化素养的影响力，产生以德孝为纽带的人际联结。相较于整个村庄而言，志愿者队伍不论在建立人际联系还是在强化人际影响力上都更加容易，更具有可行性。因此，帝田村社工通过对人际关系进行增能，促使德孝文化素养在志愿者队伍内扩散。

1. 吸纳村内热心人士，组建志愿者队伍

相对于帝田村其他村民，热心人士本身的德孝文化素养一般更高，并通过个体增能实现了德孝文化素养的进一步提升，吸纳这些热心人士，并以他们为核心组建志愿者队伍，可以促使热心人士与其他志愿者建立以德孝为纽带的人际关系，而非普通的同乡同村的日常交往关系。

（1）吸纳妇女热心人士，组建花木兰志愿者服务队伍。初期，以服务活动为契机，帝田村社工与村内的妇女热心人士已经建立了良好的关系，妇女热心人士对社工的工作也有一定的了解，因此，在社工向妇女志愿者表明组建志愿者队伍的想法时，她们都愿意加入，并表示：

你们社工也是为我们村服务，我们自己又有空，觉得能帮一下村里的老人家也挺开心的。

（资料来源：访谈资料，W4，2022 年 8 月 25 日）

志愿者队伍初始成员共 8 名，与志愿者商量后正式确定为花木兰志愿服务队。目前队伍共有 19 名成员，其中骨干成员 5 名，较为活跃成员 10 名，已注册为社区社会组织。通过花木兰志愿服务队，村内的妇女热心人士与其他志愿者建立了以德孝为纽带的人际关系。

我和陈姐本来就认识，也是一起加入这个花木兰志愿者队伍的，大家经常一起参加社工开展的活动，帮助村里的老人家，感情比以前更好了，一起做好事也很开心。

（资料来源：访谈资料，W2，2022 年 8 月 25 日）

我其实刚加入"花木兰"没多久，几个月吧，我之前不认识她们，是加入"花木兰"之后才认识她们的,现在大家都在"花木兰"里面,一起帮助村里面的人,做好事,就很好。

(资料来源:访谈资料,W3,2022 年 8 月 25 日)

(2)吸纳青少年热心人士,组建小哪吒志愿服务队伍。对于正值十来岁的青少年,朋辈影响力非常大。帝田村的青少年大多在离村庄不远的小学和中学上学,同班甚至同年级间大多认识,或知道对方名字,因此,帝田村社工通过德孝服务吸纳村内的青少年热心人士,青少年热心人士再召集更多村内青少年加入小哪吒志愿服务队伍。其中一位青少年说:

是小新先加入"小哪吒"的,然后他让我们也加入,我们就一起加入了。

(资料来源:访谈资料,T5,2022 年 8 月 23 日)

社工在工作过程中总结了这样的经验:

当时拒绝我的一个小朋友,在之后的两天内,在我不知情的情况下主动帮我招募了 4 名组员。我觉得,每个群体有自己的交流方式和交流圈,只要找准了某个群体交流圈的核心人物,就能很好地将信息向整个群体传达。所以在招募组员或志愿者的时候,不妨试试先找到目标群体的核心人物,再通过核心人物将招募信息进行传达,会比社工一户一户、一个一个地招募更有效率。

(资料来源:整理自笔者实习周记,2021 年 7 月 18 日)

目前,小哪吒志愿服务队队员共 45 名,是 3 支志愿者队伍中人数最多的。但不同于花木兰志愿者的人员稳定,小哪吒志愿者更新换代非常快,因村内青少年在上高中、大学后一般很少有时间和精力再参与志愿服务,虽然如此,但帝田村社工依然保留他们志愿者的身份,保持志愿者间以德孝为纽带的人际联系,同时提升其归属感。

(3)吸纳老人热心人士,组建夕阳红志愿服务队。虽然老人群体在社会上的刻板印象中是困弱群体,但帝田村社工从优势视角出发,认为老人也是具有优势的有能群体,就德孝文化而言,存在于老人头脑中珍贵的村庄德孝记忆和人生经历,是老人特有的。且老人本身大多受到其他志愿者和村民的尊敬，具有较高德孝文化素养的老人热心人士参与德孝志愿服务，更能影响和感染其他志愿者的德孝素养，实现人际关系的增能。老人如是说：

能加入志愿者队伍我很高兴，觉得自己还能做点事情，也是闲不住。

（资料来源：访谈资料，E1，2022 年 8 月 29 日）

我得到过别人很多帮助，所以我也想尽力为别人做点事。

（资料来源：访谈资料，E2，2022 年 8 月 30 日）

帝田村社工吸纳村内的老人热心人士，组建了夕阳红志愿服务队，为愿意为村庄德孝文化建设出一份力，有继续发光发热意愿的老人提供一个平台。目前队伍成员一共 5 人，其中较为活跃的有 1~2 人。除此之外，帝田村社工还计划组建党员志愿者服务队伍，更有带头和影响作用，但受疫情影响，该志愿者队伍尚未正式组建成功，但已渗透到社工服务中。

以村内妇女、青少年和老人热心人士为核心的 3 支志愿者队伍的组建，促使各队伍内部和各队伍之间建立以德孝为纽带的人际联系，这既是人际层面增能的第一步，也为后续人际增能奠定了基础。

2. 树立榜样，获得志愿者队伍成员认可

在以德孝为纽带的人际联系建立的基础上，要促成以德孝为纽带的人际影响的形成，社工需要帮助热心人士志愿者获得其他志愿者的认可，促使热心人士志愿者成为其他志愿者的榜样。

（1）提供展示机会，获得认可。认可是影响发生的第一步。因此，为更好地在志愿者队伍内建立以德孝为纽带的人际联结，强化人际影响力，帝田村社工通过为热心志愿者提供展示自身德孝行为和理念的机会的方式，促使热心人士志愿者获得其他志愿者的认可。在各种德孝志愿服务活动的事前策划阶段和事后总结阶段，或志愿者总结大会上，帝田村社工会邀请热心人士志愿者在其他志愿者在场时发表自己对于德孝的看法，以及对于德孝志愿服务活动内容形式和服务方式的看法，如花木兰志愿服务队陈姐曾就"关爱老人"德孝志愿服务表达自己的观点：

村里面老人家很多，尤其是像我家大伯那样的几乎只能在床上躺着，这些人真的需要我们帮助，我们也做不了太多，但是经常去看看他们，陪他们聊聊天也就是尽我们一份心了。

（资料来源：整理帝田村社工服务文书，帝田-2021-P-08）

而其他志愿者在陈姐展示自己的德孝理念时，纷纷点头表示认同。

（2）宣传事迹，进一步加深认同。在获得其他志愿者认可的基础上，帝田村社工通过宣传热心人士志愿者德孝事迹的方式，进一步加深其他志愿者对热心人士志愿者的认同。具体方式有二：

一是在年度总结大会上，对于热心人士志愿者进行表彰，帝田村社工通过播放德孝志愿服务剪影的形式对热心人士志愿者在一年内的德孝志愿行为提出表扬，并颁发优秀志愿者证书。一位获奖志愿者说：

"我非常感谢这个奖项，2021 年我觉得自己过得十分充实而有收获。在这一年里，我参加了很多有关德孝的服务活动，不谦虚地说也帮助和服务了一些人，在这个过程中我感觉自己也变得豁达一些了。当然我也得到了大家很多的支持和帮助，让我能够在村里面继续改过自新，明年继续。"现场顿时掌声四起，为阿飞的发言表示赞赏和认可。

（资料来源：整理自帝田村社工服务文书，帝田-2021-P-09）

二是在村民微信群和志愿者队伍微信群上，不定时地上传热心人士志愿者的德孝志愿服务事迹，几乎每次都有村民或者其他志愿者表示对所上传内容的认可，通常是发送竖大拇指的表情，表示对热心人士志愿者的认可。

3. 开展德孝志愿服务，感染其他志愿者

随着志愿者队伍的壮大，队伍成员的德孝文化素养不一，也并不都是为践行德孝而加入的。如：

我妈妈在食堂工作，我经常到这里来等她，也就加入了。

（资料来源：访谈资料，T4，2022 年 8 月 23 日）

我来参加活动啊，你们让我加入我就加入了，反正也是闲着。

（资料来源：访谈资料，T5，2022 年 8 月 23 日）

因此，为促进德孝文化影响在志愿者队伍内的扩散，帝田村在前期以村内热心人士为核心开展德孝志愿服务，再通过具体服务感染其他志愿者的德孝行为。

（1）单一队伍志愿者参与德孝志愿服务，感染同队的志愿者。德孝行为的感染都是从同一队伍内部开始的，因此，前期帝田村社工更多组织单一队伍的志愿者开展德孝志愿服务，促使德孝行为的感染在同一队伍内的发生和扩大。具体的策略和方法是，在开展德孝志愿服务时以村内热心人士志愿者为主导，组织热心人士志愿者带领同队的其他志愿者开展具体服务，社工则在旁引导同队志愿者观察和学习热心人士志愿者在行动的过程中展现出来的德孝行为和素养，并在服务结束后，引导志愿者发表关于下次开展类似活动自己会怎么做的想法。基于服务中的观察和学习，志愿者大多表露出会向热心人士志愿者学习的想法。

之前我不敢的，是学阿妍的，她胆子大，平常接触的人也多，她就领着我一起，慢慢地我也就敢了。

（资料来源：访谈记录，T2，2022 年 8 月 23 日）

（2）多队伍志愿者参与德孝志愿服务，感染不同队伍志愿者。帝田村社工在组织同一志愿者队伍参与德孝志愿服务的基础上，采用同样的策略和方法，组织多队伍志愿者参与德孝志愿服务，感染不同队伍志愿者的德孝行为。如在帝田村社工组织花木兰和小哪吒志愿者开展的探访老人服务中，据笔者观察，小哪吒志愿者刚开始都不知道自己要怎么和老人聊天，是花木兰志愿者首先打开话题，和老人拉家常，并带领小哪吒志愿者帮老人打扫卫生。随着这种带领次数的逐渐增多，后期感染行为会自然地发生，不再需要刻意引导。一名青少年志愿者说：

我参加这些志愿服务并且坚持下来，很大程度上是受我妈妈的影响，她就是花木兰志愿服务队的队长，我加入小哪吒之后，就会经常看到我妈妈做的那些事，我觉得很骄傲，也一直在向她学习。

（资料来源：访谈记录，T2，2022 年 8 月 23 日）

4. 各显神通，促使志愿者间的相互影响

和前期以热心人士志愿者为核心开展德孝志愿服务，以达到感染其他志愿者的目的不同，后期为更好地促进德孝文化在志愿者队伍内的扩散，帝田村社工引导大家各显神通，在践行德孝的过程中相互影响，形成以德孝为纽带的人际影响。

（1）建立志愿者信息表，了解特色。每个志愿者都是独特的，都有值得其他志愿者学习的德孝闪光点。志愿者队伍成立后，帝田村社工将村内热心人士信息表更改为志愿者队伍信息表，同样做档案管理，如表7-3所示。

表7-3 帝田村志愿者情况

姓名	所属志愿者队伍	性别	年龄（岁）	个人技能特长
陈姐	花木兰	女	38	主持、组织策划
辉姐	花木兰	女	45	做菜
平姐	花木兰	女	44	跳舞
葵姐	花木兰	女	49	缝纫、跳舞、制作糕点
阿新	小哪吒	男	8	活泼、行动力强
阿妍	小哪吒	女	15	性格外向、胆大、表达能力强、主持策划
阿郎	小哪吒	男	12	做甜品、运动
贤姐	花木兰、夕阳红	女	70	医疗，熟悉村内位置和老人

注：该表仅为部分志愿者的信息表。

资料来源：整理自帝田村社工服务文书之志愿者信息表。

（2）开展不同类型的德孝践行活动，相互影响。帝田村社工主要通过开展不同类型的德孝志愿服务，来突出不同志愿者的特色，引导其相互影响。如帝田村社工组织开展老人聚会活动时，将活动内容定位为为老人做粉包（一种食物），这就是会做菜的辉姐（化名）的主场，其他志愿者帮忙打下手，会在辉姐炒粉包馅的时候观摩，表示要向辉姐看齐；而组织开展义诊服务时，在村内医务室做了几十年坐诊医生的雪姐就是当仁不让的中心，为服务更多的村民，雪姐也会教其他志愿者如何用血压计量血压。到需要志愿者主持的时候，陈姐便是其他志愿者佩服的对象，其中一名花木兰志愿者说：

我们不像她，她胆大得很，也不怯场，我们胆小得和老鼠一样，根本不敢在大家面前去主持，确实很佩服啊。

（资料来源：访谈资料，W2，2022 年 8 月 25 日）

在社工组织的各种不同类型的志愿服务中，志愿者各显神通，相互学习和影响，促使以德孝为纽带的人际联结形成。

（三）社区层面：提升社区参与能力，营造良好德孝文化氛围

在社区层面，以村民能以集体合力回应公共问题为增能目标，帝田村社工通过提升村民的社区参与能力，并为其打造参与平台和提供参与实践的机会，建立意见反馈机制，以志愿者为撬板，带动其他村民通过集体行动共同解决社区存在的德孝问题，在村内营造一种共商德孝事、共同解决德孝问题和共同建设德孝文化的良好氛围。

1. 建乡村德孝文化基地，搭建村民参与建设的平台

帝田村社工为更好地开展德孝文化建设服务，促进帝田村村民参与德孝文化建设，建立了"乡村文化传承基地"，因帝田村社工以德孝文化建设切入乡村文化振兴，也称"乡村德孝文化传承基地"。这里的"基地"是非实体的，是帝田村社工整合各方力量开展德孝文化建设服务的一个纽带，也是村民参与德孝文化建设的一个平台。

首先，通过乡村德孝文化传承基地，整合专家力量指导德孝文化建设服务方向。帝田村社工在广州市从化区社会组织联合会的领导下，在 H 大学督导团队的专业指导下，根据帝田村村民和德孝文化的具体情况，设计和规划帝田村德孝文化建设方向，细化德孝文化建设具体工作内容，组织开展具体德孝文化服务。据了解，H 大学的督导团队每月会对帝田村社工开展线上督导，每个季度开展线下督导，答疑解惑和指导服务方向，并尤为强调村民的参与，保证帝田村德孝文化建设方向的正确性，如表 7-4 所示。因此，帝田村社工在督导团队的影响下，在开展具体服务的过程中，尤为注重村民的参与。

表 7-4 2021—2022 年帝田村社工督导情况

时间	形式	督导主题
2021.7.12	线下督导	了解帝田村社工服务背景和现状并初步评估发展情况和问题
2021.8.11	线上督导	了解德孝文化建设的大致方向
2021.9.22	线上督导	确定德孝文化建设的服务框架
2021.10.20	线上督导	社工在德孝文化建设中的定位与角色
2021.11.22	线下督导	德孝文化建设服务内容——月行一孝
2021.12.10	线上督导	社区治理及社区自治主题知识培训
2022.1.19	线上督导	德孝文化建设与党建
2022.1.28	线下督导	2021 年德孝文化建设服务总结和 2022 年服务框架调整
2022.2.22	线上督导	增能理论与德孝文化建设
2022.3.30	线上督导	社工总结和汇报德孝文化建设服务能力提升
2022.5.10	线上督导	德孝文化建设服务研究报告分享与反思
2022.9.22	线上督导	德孝文化建设成效和服务框架细化

注：表中所列仅为部分督导情况。

资料来源：整理自 2021—2022 年帝田村社工督导记录表。

其次，通过乡村德孝文化基地整合各种资源力量，推动德孝文化建设服务开展。帝田村社工链接各种资源，包括外部的志愿者资源、资金资源和公益慈善资源以及内部的志愿者资源、文化资源和场地资源等，并将所链接的资源投入村民参与的德孝文化建设服务中，为村民更好地参与德孝文化建设服务保驾护航。社工说：

资源链接是我们社工擅长的，也是必需的，毕竟德孝文化建设光靠社工是不可能的，我们也不是万能的，而且项目资金也有限，所以，一般地像社区活动，小组还有个案，我们都会链接相关资源，支持服务开展，也让村民可以更好地参与进来。

（资料来源：访谈资料，S3，2022 年 8 月 29 日）

最后，通过乡村德孝文化基地这个平台，帝田村社工汇集在乡村德孝文化基地中的各方力量，以开展德孝文化建设服务的形式将其输送给帝田村村民，而村民也通过参与这些具体的服务从而参与德孝文化建设。

2. 利用社区教育，提高村民参与德孝文化建设的意识

村民具备参与德孝文化建设的意识，才可能有意愿和有动力参与德孝文化建设，才能达到共商德孝事、共同解决德孝问题和共同建设德孝文化的目标。因此，帝田村社工借助社区教育，采用宣传教育的手段，增强村民参与德孝文化建设的意识。社区教育的内容以帝田村的德孝事迹和帝田村社工开展的德孝文化建设服务内容及成效展示为主。

（1）开展线下宣传教育，提高村民参与德孝文化建设的意识。帝田村社工采用正面宣传的方法开展德孝文化建设线下宣传教育活动，提升村民参与德孝文化建设的意识。如：

帝田村社工组织小哪吒志愿者采访收集村内具有代表性的德孝人物的德孝事迹，并将其撰写成德孝故事，形成帝田村德孝故事集，在开展有关德孝文化建设服务时，进行宣传。

（资料来源：整理自帝田村社工服务文书，帝田-2021-G-01）

帝田村社工在开展宣传教育活动时，注重宣传教育的持续性和连贯性，通过反复多次不同形式的服务活动，加深村民认知，提升其参与意识。如通过小组形式收集好德孝人物故事并进行初步宣传教育后，帝田村社工又采取了多种方式进行宣传，如：

开展德孝香囊义卖时，帝田村社工将收集好的德孝故事制成德孝明信片，附在德孝香囊上，并将明信片给当事人送去，当事人感到很高兴，而村民也对这种明信片的形式感到很新奇，特意跑来看明信片，此时，社工就会引导村民反思自己，是否践行了德孝？是否想一起参与德孝文化建设等，发挥了很好的宣传教育功能。

（资料来源：整理自帝田村社工服务文书，帝田-2021-P-10）

同时，帝田村社工也会通过开办以德孝文化为主题的各类文艺节，展现德孝文化建设成果，如在中秋活动时，帝田村社工组织志愿者手持德孝香囊表演舞蹈，并向村民介绍德孝香囊的制作过程和目的，让村民融入德孝文化建设的氛围中，促使他们参与德孝文化建设，提升其服务兴趣和意识。

（2）开展线上宣传教育，提高村民参与德孝文化建设的意识。线上宣

传教育的内容以帝田村社工开展的德孝文化建设服务内容和服务成效展示为主。主要是通过帝田村社工的公众号推文和村民微信群以及志愿者群进行宣传。帝田村社工会将每次开展的德孝文化建设服务活动以推文形式发送至微信公众号。考虑到有的村民并未关注公众号，或者关注了公众号但不经常阅览，帝田村社工会将推文转发至村民群，村民在阅览的同时就很可能会关注并订阅公众号，也就扩大了宣传的受众群体。同时，也方便村民更好地了解德孝文化建设服务的内容和成效。在此基础上，帝田村社工会将服务碎片——德孝文化建设服务过程中所拍摄的照片，以及个别村民践行德孝行为的照片或视频，发至村民群。一方面提升村民对德孝文化建设服务内容和成果的了解，另一方面使其感受德孝榜样的力量，增强村民参与德孝文化建设的兴趣和动力，提升其参与意识。

3. 建立意见反馈机制，共商德孝文化建设

帝田村社工通过建立德孝文化建设意见反馈机制，促使村民共商德孝事。

（1）服务活动意见反馈，为德孝文化建设出谋划策。每次在服务活动结束后，进行活动复盘和总结是帝田村开展德孝文化建设的一大特点。德孝文化建设中每次服务活动结束之后，帝田村社工都会当场访问或者回访村民，了解村民关于服务活动的想法和建议，一般围绕两点进行，一是对德孝文化建设服务活动本身有何意见，二是对社工开展德孝文化建设服务活动的方式有何意见。让村民通过对德孝文化建设服务活动的反馈参与德孝文化建设，如：

在开展的义诊义剪服务活动中，社工在活动结束后回访了10位村民，大家都说本次活动开展得不错，希望这样的活动能够定期开展。有个别村民提出一些改进建议：希望理发师细心，不要让碎发沾到身上；下次测血糖血压时，检测好仪器，保证仪器能够正常使用。社工都对村民的意见表示肯定，并表示下次一定改进。

（资料来源：整理自帝田村社工服务文书，帝田-2021-P-11）

（2）志愿者队伍内意见反馈，为德孝文化建设服务出谋划策。志愿者是帝田村社工开展德孝文化建设服务的重要支持者和伙伴，帝田村社工也一直很重视志愿者队伍的意见反馈，在社工筹备开展某个活动前，一般都

会和志愿者进行商议，征求他们的意见，以保证社工所策划的活动更能落地。并且在每年的志愿者总结大会和志愿者团建活动中，社工都会收集志愿者对于德孝文化建设具体服务的内容和开展方式等方面的意见反馈，与志愿者共商社区德孝事，例如：

帝田村社工组织志愿者队伍进行年度总结，讨论下半年的德孝志愿服务内容和方向，其中小哪吒志愿者表示可以多参与老人的探访、社区环境建设，如花园建设、爱护公物和环境卫生宣传；花木兰和夕阳红志愿者则表示可参与邻里互助、老人关爱等活动。花木兰志愿者认为生活在村子的老人居多，建议多给予老人情感需求方面的支持，如经常入户探访等。

（资料来源：整理自帝田村社工服务文书，帝田-2021-P-12）

（3）议事会的意见反馈，为德孝文化建设服务出谋划策。议事会是相对较为正式的意见反馈方式，一般会由社工、村民代表和村委会成员共同出席，就与德孝文化建设有关的议题进行探讨，促进德孝文化建设更顺利地开展。目前开展过的议事会有德孝文化建设议事会和邻里互助议事会。除此之外，还有村民小组议事会，不同于德孝文化建设议事会和邻里互助议事会由社工牵头，村民小组议事会是由村委牵头，村干部、各经济社的社长和社工共同参加，主要探讨村内建设的相关事宜，也会对社工开展的德孝文化建设服务进行探讨，如在2020年5月举办的村民小组议事会就主要探讨社区基金使用问题。具体如下。

为明确帝田村德孝文化建设的方向，帝田村社工特牵头举行"德孝文化建设"议事会，汇聚了民政、村委、企业、高校和村民等多方力量。会议中，各方代表发表对帝田村德孝文化建设的看法，主要聚焦于德孝文化建设的重要性、困难及发展建议三点。其中村民代表针对自己在参加德孝文化建设过程中的看法和体会发表意见，村干部则在肯定帝田村社工点开展的德孝文化建设的同时也提出了未来对社工的期许。综合多方代表意见，总结出目前帝田村德孝文化建设的困难主要在资金和人力及外部资源等方面，并认为帝田村德孝文化建设，要以社工为纽带，积极寻求企业多方面合作，发挥村民主体性力量，汇聚众力，共同建设。

（资料来源：整理自帝田村社工服务文书，帝田-2022-P-05）

4. 村民集体行动，共营良好德孝文化氛围

（1）村庄合力建设"幸福食堂"。帝田村社工在探访中发现，帝田村大部分老人，尤其是独居孤寡老人和行动不便的老人存在吃饭难的问题，对"大配餐"有着较大需求。老人们虽能吃饱但难吃好，不利于身体健康。在反复探讨下，社工发挥枢纽作用，发动包括村委、志愿者和村民在内的多方力量，合力建设"幸福食堂"。

具体而言，帝田村村委主要为"幸福食堂"的建设提供场地支持，将原本用于图书馆扩建的预备场地，批给社工建设"幸福食堂"，并且监察"幸福食堂"的运营情况。志愿者则以"幸福食堂"工作人员的身份为村内老人提供配餐送餐服务，每月仅有 1500 元补贴，无论刮风下雨，志愿者都会准时为有需要的老人送餐上门。乡村道路不同于城市中的平坦大道，多是狭窄小巷子，四通八达，志愿者时有在巷道中迷路的情况。一位送餐志愿者说：

我刚开始送餐的时候，不是很认识路，人都绕晕，后面就会提前一点出发，这样就不会耽误老人家吃饭。

（资料来源：访谈资料，W3，2022 年 8 月 25 日）

其他村民则通过为"幸福食堂"提供资金支持的方式参与"幸福食堂"的建设和运营。随着时间推移，来自政府和慈善组织的补贴对于继续维持帝田村"幸福食堂"已经较为吃力。基于此，帝田村社工在村委的支持下，建立社区基金，动员村民和本地企业向社区基金捐款，用于"幸福食堂"的运营。村民纷纷响应，向社区基金捐款，如徐××捐款 3000 元，徐××捐款 1000 元，徐××捐款 800 元，尤其是 2023 年 1 月，村内爱心人士捐款 10000 元，为"幸福食堂"建设出了一份力。

目前，帝田村"幸福食堂"每日就餐人数在 30~35 人，享用送餐服务14 人，截至 2023 年 3 月 1 日，帝田村"幸福食堂"累计就餐服务达 38187人次，其中包括 5 位其他村村民。正是村委的大力支持，志愿者仅有极低补贴仍然不辞辛苦地坚守配餐送餐岗位，再加上其他村民的捐款支撑运营，为"幸福食堂"建设和运营保驾护航，才能使帝田村"幸福食堂"运营至今，解决了帝田村老人"吃饭难"的问题。

（2）村庄集体举办老人生日会。帝田村是一个典型的"留守村落"，留守老人最多。帝田村社工在服务的过程中了解到大部分老人普遍存在生活孤独的问题。因此，社工发动村民和志愿者，集体策划和举办了老人生日会，践行德孝。在初步构思老人生日会后，帝田村社工召集志愿者一起探讨活动开展相关事宜。了解活动的目的后，志愿者纷纷表示支持：

这是好事，老人家确实挺孤单的，给他们办一场生日会，乐一乐，大家联系联系感情……

（资料来源：整理自帝田村社工服务文书，帝田-2021-P-13）

如此，社工前后组织村民和志愿者共开了3次筹备会议，每一次都对活动相关内容进行确认和细化。村民各抒己见，大家头脑风暴，创意无限，村民如是说：

我们可以自己和家人在家做生日饭，然后再拿到生日会上和老人家一起分享。

我们可以像年轻人过生日一样，给他们办生日Party、唱歌跳舞。

（资料来源：整理自帝田村社工服务文书，帝田-2021-P-14）

2021年5月22日，第一季度的老人生日会正式开始，共邀请12位寿星老人，由花木兰志愿队队长陈姐主持老人生日会的整个流程，为寿星老人共唱生日歌，大家脸上都洋溢着幸福的笑容，活动现场非常温馨。此后，老人生日会每季度都会开展一次。花木兰志愿者说：

第一次生日会的时候他们（老人）可高兴了，哇，好热闹好热闹的，好大一个蛋糕，戴那种生日帽，就觉得很有气氛，他们开心了我们也好开心。

（资料来源：访谈记录，W2，2022年8月25日）

老人生日会是帝田村德孝文化建设中的一个重点服务内容，主要是为村内60岁以上的老人庆生，每季度举办一次。从2021年5月开始，至今共举办了7次老人生日会，共动员了136人次的志愿者，服务了631位老人。在整个过程中，帝田村社工基于培养村民参与德孝文化建设的意识和能力，一直扮演协助者和引导者的角色，让志愿者担当主力，让村民开展头脑风暴，发挥村民主体性力量，促进其集体行动。

（四）个体层面、人际层面和社区层面间的互动关系

个体层面以提升村内热心人士的德孝文化素养为目标，人际层面以促使德孝文化氛围在志愿者队伍内的扩散为方向，社区层面以提升社区参与能力、营造良好德孝文化氛围为核心。个体层面、人际层面和社区层面作为帝田村社工推动本村德孝文化建设的实践策略，三者间具有促进和强化、交叉存在又各有侧重点的互动关系，具体如图7-2所示。

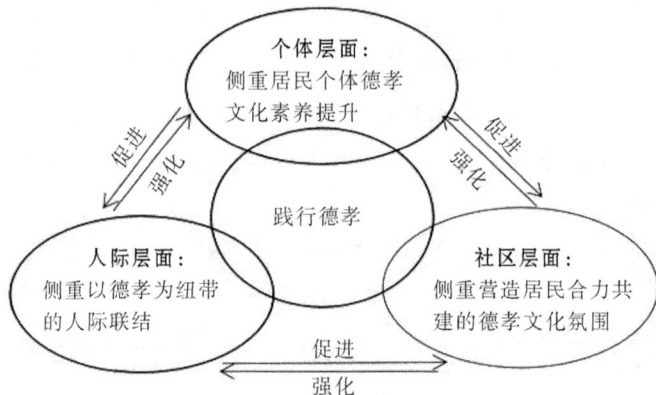

图7-2 个体层面、人际层面和社区层面三者间的互动关系

1. 三个层面是促进与强化的互动关系

（1）从个体层面到社区层面的促进。个体层面促进人际层面和社区层面。首先，个体层面通过提升村内热心人士的德孝文化意识和践行德孝的能力，实现其德孝文化素养的提升。而人际层面则通过吸纳这些德孝文化素养得以提升的热心人士组建志愿者队伍，且前期以这些热心人士为核心开展德孝志愿服务，以感染其他志愿者，因此，个体层面促进人际层面。其次，个体层面输出的具备良好德孝文化素养的居民个体，在以德孝为纽带的人际联结的加持下，成为推动其他村民共同参与德孝文化建设服务的重要因素，即个体层面促进社区层面。

人际层面促进社区层面。人际层面通过增能，在志愿者队伍内形成以德孝为纽带的人际联结，相互影响；而这些志愿者又通过社工服务，在自身社区参与能力得以提升的情况下，带动其他村民共同参与德孝文化建

146

设，共建村庄德孝文化。因此，人际层面为社区层面输送能够在初期带动其他村民社区参与的志愿者，促进社区层面初步达到建设社区良好德孝文化氛围的目标。

（2）从社区层面到个体层面的强化。社区层面强化人际层面和个体层面。社区层面之下初步形成共商德孝事、共同解决德孝问题和共同建设村庄德孝文化的氛围。在这个过程中，村民间相互协作和影响，也开始形成以德孝为纽带的人际联结，更多的村民加入志愿者队伍，在志愿者队伍内形成更加紧密的人际联结，人际层面得以强化。而人在情景中，在如此的村庄德孝文化氛围之中，更多村民个体的德孝文化素养得以提升，个体层面得以强化。

人际层面强化个体层面。人际层面之下志愿者队伍内形成以德孝为纽带的人际联结，德孝文化氛围在志愿者队伍内实现扩散，志愿者的德孝文化素养都有一定程度的提升。而随着志愿者队伍的不断扩大，越来越多身处其中的居民个体的德孝文化素养也得以提升，个体层面得以强化。

2. 三个层面既交互存在又各有侧重点

在实务的开展过程中，个体层面和人际层面以及社区层面这三个层面在服务内容上存在交叉，在服务方向上又各有侧重点。

（1）实务过程中三个层面在服务内容上存在交叉。在实务过程中，个体层面、人际层面和社区层面在服务内容上存在践行德孝服务的交叉。不论是个体层面的提升德孝文化素养，还是人际层面的德孝文化素养在志愿者队伍内的扩散，甚至是社区层面村民共商德孝事和共同解决德孝问题及共同建设村庄德孝文化，在服务内容上，都表现为践行德孝的服务。如个体层面策略中的德孝主题活动，人际层面策略的德孝志愿活动，又或者是社区层面的持续性的德孝服务活动，就其本质而言，在内容上都是践行德孝。

（2）三个层面在实务过程中的服务方向是各有侧重点的。虽然个体层面、人际层面和社区层面在服务内容上存在交叉，但在服务方向上却是各有侧重点的，且在不同的服务方向侧重之下，社工所运用的服务方法也不一样。个体层面上侧重提升村民个体的德孝文化素养，社工就会着重引导村民去践行德孝；人际层面侧重在志愿者队伍内形成以德孝为纽带的人际联结，实现德孝文化素养在志愿者队伍内的扩散，社工就会注重引导志愿者互动，观察和学习其他志愿者；而社区参与层面策略则侧重通过村民合力，使其共同参与德孝文化建设，最终在社区初步形成良好的德孝文化氛围。社工就会强调动员尽可能多的村民，引导村民合作，相互协调。

五、社工推进帝田村德孝文化建设的初步成效

（一）初步形成村庄德孝文化建设服务体系

经过 3 年多的探索，目前帝田村已经初步形成了以社工为纽带，以社区社会组织（志愿者队伍）为支撑，以增能为理念，以强化村内热心人士关爱老人、和睦家庭和互帮互助的德孝文化素养，实现德孝文化素养在志愿者队伍内的扩散，在村庄内建设共商社区德孝事、共同解决德孝问题和共同营造德孝文化的良好德孝文化氛围为主要内容的德孝文化建设服务体系。

1. 社工发挥枢纽增能功能，培育社区社会组织支撑服务

帝田村德孝文化建设以社工为纽带。在逐步摸索的德孝文化建设过程中，帝田村社工积极扮演枢纽角色，一方面以服务保持与村内外各主体力量的联系，村内发动村委干部、妇女、老人和青少年等主体力量参与，村外链接本土企业、民政系统和志愿组织等资源；另一方面极力促成村内各主体力量在德孝文化建设层面的交流合作，如组织妇女、青少年和离退休干部、职工中的党员定期探访村内老人，邀请村委干部与各方代表共商德孝文化建设事宜。促使村民参与德孝文化建设的程度切实得到提升，德孝文化建设得到更多关注。

帝田村德孝文化建设以社区社会组织为支撑。帝田村社工大力培育志愿者，建立志愿者队伍，指导其设立队伍章程和奖惩机制，形成规范，并陪同志愿者队伍负责人在民政局和村委处登记备案，使志愿者队伍成为正式的社区社会组织。社工为志愿者增能，挖掘优势，促进志愿者队伍内形成以德孝为纽带的人际联结，引导志愿者相互影响，最终实现德孝文化素养在志愿者队伍内的扩散，促使志愿者成为撬动社区居民参与德孝文化建

设的杠杆，成为帝田村社工开展德孝文化建设服务的支撑力量。目前帝田村已经成立并登记备案了 4 个社区社会组织，具体见表 7-5。社区社会组织的负责人均为帝田村村民，在后期，社工主要扮演引导者的角色，引导志愿者发挥自身优势和力量，促进社区居民参与，实现社区社会组织的在地化和可持续性发展，避免社工退出帝田村后社区社会组织的没落和德孝文化建设的停滞。

表 7-5　帝田村社区社会组织情况

名称	负责人	管理单位
广州市从化区 A 镇帝田村花木兰志愿服务队	陈××	广州市从化区 A 镇帝田村
广州市从化区 A 镇帝田村小哪吒志愿服务队	徐××	广州市从化区 A 镇帝田村
广州市从化区 A 镇帝田村夕阳红志愿服务队	徐××	广州市从化区 A 镇帝田村
帝田村花木兰艺术团	邹××	广州市从化区 A 镇帝田村

资料来源：整理自帝田村社区社会组织目录表。

2. 形成三大德孝文化建设服务板块

帝田村德孝文化建设服务还形成了较为完善的服务板块，即关爱老人、和睦家庭和互帮互助三大板块，详见表 7-6。

表 7-6　2021—2022 年帝田村德孝文化建设部分服务统计

服务板块	具体服务
关爱老人服务	"月行一孝"关爱独居老人服务、党员探访独居老人活动、"健康常伴——健康生活，关注高血压"小组活动、老人急救知识培训活动、老人认知障碍知识培训活动、老人生日会活动、义诊义剪活动、老人聚会活动……
和睦家庭服务	德孝家庭出游活动、六一游园活动、亲子沟通小组活动、亲子互动社区活动、正面管教培训活动、抗逆力心理健康教育活动……
互帮互助服务	"德孝馨香"义卖活动、德孝小花园活动、"互帮互助"邻里节活动、互帮互助议事会活动、"公益集市，凝聚社区"活动……

资料来源：整理自 2021—2022 年帝田村社工小组、社区和探访活动汇总表。

3. 获得较为稳定的资金支持体系和资源链接主体

帝田村德孝文化建设有较为稳定的资金支持体系和资源链接主体。形成以从化区民政局的政府购买项目为主，多种资金筹集形式为辅的较为完整的资金筹集体系，为帝田村开展德孝文化建设服务保驾护航。从化区民政局作为政府购买方，为帝田村开展德孝文化建设提供项目资金。同时，帝田村社工积极拓展资金筹集渠道，一方面链接外部资源，如帝田村周围的企业资源和相关的慈善资源，为德孝文化建设服务活动提供资金支持，已经形成了较为稳定的资源链接主体；另一方面挖掘内部资源，建立帝田村社区基金，向村民筹集德孝文化建设服务中的重要板块——"幸福食堂"的运营经费，取之于民、用之于民。同时，组织村民共同进行香囊义卖活动，所获收入除去成本，尽数归入社区基金，让更多村民参与"幸福食堂"的运营。表7-7是2021年度帝田村社工部分链接资源。

表7-7　2021年度帝田村社工部分链接资源

资源主体	资源类型	资源链接情况	折现价值（元）
从化区关工委	政府	六一活动经费支持、科学实验支持	5000
广州市J公司	企业	"月行一孝"活动资金支持	5000
广东省L基金会	公益慈善组织	老人探访物资支持	18700
从化区T志愿协会	社会团体	老人护理知识培训导师及物资支持	3000
从化区C公益服务中心	公益慈善组织	老人居家适老改造物资	1500
广州市J社工服务中心	社工机构	志愿者表彰物资支持	3200

资料来源：整理自帝田村社工2021年服务总结报告。

（二）村民的德孝文化素养有所提高

帝田村社工开展德孝文化建设服务，致力于提升村民的德孝文化素养，在村庄内形成一个共商德孝事、共同解决村庄德孝问题和共同建设村庄德孝文化的良好村庄德孝文化氛围。经过2年的专业社工服务，帝田村村民的德孝文化素养有所提高。

但因人力、物力有限，按照目标的可及性和问题的紧迫性，3年多的德孝文化建设服务是按照关爱老人为主，和睦家庭次之，互帮互助为末的排序开展的。因此，现阶段村民在关爱老人与和睦家庭方面的德孝文化素养的提升较为明显，而互帮互助德孝文化素养的提升尚不明显，相信在下一阶段的德孝文化建设服务中村民的互帮互助的德孝文化素养提升也会更加明显。

1. 在关爱老人方面的德孝文化素养有所提升

村民在关爱老人方面的德孝文化素养的提升主要体现在以下几个方面：首先，对村内老人有了更多的认识。因其散居和行动不便的原因，对于村里面的某些老人，尤其是年龄偏高不经常在村内走动的老人，村内很多青少年，甚至是青壮年都不认识，通过帝田村社工开展的德孝文化建设服务，越来越多的村民和志愿者通过探访老人服务和关爱老人服务，认识了更多的老人，志愿者如是说：

我认识了好多我原本不认识的老人家。

（资料来源：访谈资料，T1，2022 年 8 月 23 日）

我以前都不认识他们，现在我都能叫出他们的名字了。

（资料来源：访谈资料，W2，2022 年 8 月 25 日）

其次，帮助老人事件的增多。关爱老人就要关爱老人的日常生活需求，据了解，村内的老人多多少少都有一些生活上的日常需求需要被满足，帝田村一天只有 3 趟固定公交，以前帝田村老人都是集中在墟日这一天去办理。而自帝田村社工开展德孝文化建设以来，随着村民关爱老人德孝文化素养的提高，村民帮助老人的事件也就增多了，虽没有具体地统计过相关数据，但从大家的表述中可知：

社工的很多活动都是跟老年人有关的嘛，慢慢地，看到有老人家有需要，就会习惯性地去帮一下。

（资料来源：访谈资料，W3，2022 年 8 月 25 日）

以前看到老人家需要帮助，也会去帮忙啊，当然，现在就更多了。

（资料来源：访谈资料，T1，2022 年 8 月 23 日）

最后，对老人的态度更加友好。虽然敬老爱老是中华传统美德，但很多人，如青少年群体，对老人更多的是观望态度，如果不是与之熟悉且关系好的老人，大多擦肩而过，但现在，大家再遇见老人时，会笑着和他（她）打招呼，从老人家门口路过的时候会进门看看，一定程度上对老人的态度变得更加友好。

2. 在和睦家庭方面的德孝文化素养有所提升

首先，就普通家庭而言，家庭成员间虽仍会有冲突，但相处更加平和。通过社工组织的亲子沟通技能培训和亲子互动活动的持续开展，帝田村居民掌握了更多的与家庭成员相处和沟通的技巧，虽不能完全解决问题，但在慢慢改变。村民如是说：

有时候还是会被气到心肝痛，还是会忍不住骂几句，但是也会尽力地克制自己，默念几句，亲生的亲生的，过会子也就过去了。

（资料来源：访谈资料，V3，2022 年 8 月 22 日）

我觉得她们两姐妹在这边做了志愿者之后，更加懂事了，在家里自己做饭吃什么的，我还是很高兴的。

（资料来源：访谈资料，V4，2022 年 8 月 22 日）

其次，就情况特殊的家庭而言，家庭成员关系得以缓和。在帝田村，虽然家庭关系特别恶劣的家庭是少数，但仍然存在，严重的如徐叔的子女近 10 年没有音讯，不回家看一眼。但经过社工三年的德孝文化建设服务，这些情况特殊的家庭成员关系也有了一定程度的缓和。如前文中提及的徐叔的案例：

徐叔，年近 80 岁，独居在家，与家人（妻子、儿女）关系紧张疏远，彼此将近 10 年没联系来往，子女目前在哪都不知晓。社工了解情况后，在徐叔的同意下，为其开展个案服务，并发现双方均有过错。因此，社工一方面利用优势视角，鼓励徐叔参与德孝志愿服务，加深与其他村民的联结，寻求情感寄托，学习亲子沟通技巧，理解尊重儿女；另一方面通过微信、电话、面谈等方式积极联系徐叔的子女，时常反馈徐叔近况及对子女的关心和惦念。渐渐地，徐叔及其子女都发生了一定改变，徐叔子女回家的次数变多了，现在一两个月就会回家一次，回不了也会通过电话或微信问候表达关心，并且时隔多年，徐叔的子女今年中秋节回家与徐叔团圆聚餐。虽然徐叔与家人的矛盾尚未完全缓解，但家庭关系已经在朝着好的方向发展。

（资料来源：整理自帝田村社工个案服务总结，帝田-2021-C-01）

（三）村民参与德孝文化建设的能动性有所提高

1. 村民参与的积极性提高

首先是村民主动为社工开展的德孝文化建设服务出谋划策。随着长达三年多的德孝文化建设服务，村民已经从过去的观望好奇到如今的出谋划策共促德孝文化建设，参与的积极性提升明显。由处处观望到现在主动且高频率地踏足社工点，与社工交流，反馈需求。从最初以参加休闲活动的心理参与德孝文化建设服务，到如今意识到自身责任乐于参与其中；从原本听从社工指导，指哪打哪的牵引式参与，到现在针对社工开展的德孝文化建设服务积极给出建议，与社工一同探讨和商议具体活动该如何开展，什么样的形式能够更好地达到服务目的，什么样的内容更受村民的喜欢和更符合村民的需求、更贴近村民的日常生活，促使社工开展的德孝文化建设服务在帝田村能够扎下根，并且发芽生长，到如今成长为一棵茁壮的大树，为帝田村德孝文化的传承和发扬遮风挡雨。

其次是村民在参与德孝文化建设服务中的配合度高，一方面表现为村民配合社工在德孝文化建设服务活动中的安排，只要社工安排的理由恰当和充足，即使村民有困难，也无条件积极地配合，诸如义卖活动。

考虑到在集市中摆摊要遵循村民早市的规律，即集市人群活跃度最高的时候在早晨7—9点，社工组织青少年志愿者6点到达社工点，搬运义卖摆摊工具，青少年即使哈欠连天也准时到达了社工点，了解后社工知道青少年志愿者在假期中一般都是要睡懒觉的，有志愿者表示自己平常不睡到9点是不会起来的，还有起床气，但是义卖当天依然准时在清晨6点钟到达，积极配合社工，让社工很感动。

（资料来源：整理自笔者实习周记，2021年8月19日）

另一方面是积极响应社工的号召，在社工与志愿者探讨出某个活动，需要其他村民的配合时，村民在了解具体服务活动的初衷之后，都积极响应社工的号召，积极参与，如德孝小花园的建设。

志愿者和村民向社工反馈，称社工站门前的这一段马路，晚上没有灯，马路一侧又有一条长长的坑，晚上走路和开车经过都要很小心，尤其是老人，如果摔倒了就很严重。收到村民和志愿者的反馈之后，社工组织志愿者和村民积极建设德孝小花园，村民纷纷拿出家中闲置的铲子，一同松土、挖土，搬运土，分工合作。目前德孝小花园的日常浇水工作由村内的青少年负责。

（资料来源：整理自帝田村社工服务文书，帝田-2022-P-06）

2. 村民在参与中获得成长

帝田村社工在开展德孝文化建设的过程中，注重对志愿者进行增能，提升他们参与德孝文化建设的意识和能力。从优势视角出发，挖掘志愿者优势，分工合作，促使他们更好地参与德孝文化建设，而志愿者通过一次次参与德孝文化建设的实践，自身也获得了一定的成长。例如：

陈姐目前是花木兰志愿服务队的队长，平常乐于助人，了解到陈姐的情况后，社工将其招募进志愿者队。在陈姐参与志愿服务的过程中，社工发现陈姐因为人热情而在村民间稍有号召力，也经常发表看法，认为她具有领导和策划的潜力。此后，社工有意识地培养陈姐策划的能力，在相关德孝文化建设服务活动中询问她的意见，启发她思考，同时让陈姐尝试策划和主持服务活动，如在第一季度的老人生日会中，社工鼓励陈姐担任主持人。刚开始陈姐很不自信，认为自己不太会说话，也很紧张，社工就建议她可以先写主持稿，罗列重点，并且表示自己会在旁边陪她。在社工的鼓励下，陈姐开始了自己的第一次主持经历。之后，在社工的引导和支持下，陈姐经常参与服务活动的策划，并且发言，现在，她已经可以在有专家团队和村干部参加的会议中发表看法，她说自己也没想到还会有这种经历。

（资料来源：整理自访谈资料，S1，2022 年 8 月 26 日）

参与德孝文化建设服务所获得的成长，有短期就能获得的成长，如参加一次社工开展的亲子沟通方法培训，就简单掌握了一个沟通小技巧。也有长期参与德孝文化建设服务才能获得的成长，一如上文提及的陈姐通过一次次参与德孝文化建设服务而获得了当众讲话的技能。甚至有的收获和成长是村民不曾意识到和感受到的，直到在某个特殊的时期突然触发，才恍然大悟，例如小仪。

小仪，今年 19 岁，是小哪吒志愿服务队的成员，目前在读大专，学习护理专业，因时间和学业原因，目前已不再参与德孝志愿服务。在笔者问及她参加社工组织的德孝志愿活动有什么收获时，她表示："其实在我读这个专业之前，如果谈做志愿者有什么收获的话我可能没有太大的感受，就是做好事嘛。但是我读了护理专业，很多时候我接触到的都是一些老人家，要和他们打交道，因为我之前在做志愿者的时候就经常参加一些跟老人家有关的活动嘛，也经常和老人家打交道，就比较有经验了，耳濡目染之下就对老人家有了不一样的看法。做志愿者的这个经历能够帮助我更好地学习，而且有助于我以后找工作，还挺好的。"

（资料来源：访谈资料，T2，2022 年 8 月 23 日）

在村民参与德孝文化建设的过程中，社工通过人际层面的增能，形成以德孝为纽带的人际影响，志愿者在参与德孝志愿活动的过程中，其个体的成长会改变其他人对自己的评价和看法，提升自我形象，例如小徐。

小徐，今年 15 岁，小哪吒志愿服务队成员，据其叔叔描述，小徐天生舌系带发育不完全，比正常人的舌系带要短，导致其吐字不清。而小徐也因此经常受到同学的嘲笑。小徐为此感到自卑，有时候会不愿和不熟悉的人说话，且一旦重复多次他人还未听清楚的话，他就不再说话了。小徐性格较为敏感，有时会突然不开心发脾气。社工进驻后，将小徐招募进小哪吒志愿服务队，了解情况及原因后，运用优势视角，寻找小徐的优点和闪光点，发现小徐的执行力很强。此后，在参加德孝文化建设服务时，针对小徐的优点，社工经常表扬，尤其是有他人在场时，如此反复多次，小徐的自信心得到提升，参加社工服务活动时也越来越愿意说话和放松了。化身助人者，探访独居老人、为老人打扫房间、帮老人庆生……在参与服务的过程中，小徐逐渐敞开心扉，相对没有那么因吐字不清而自卑，小徐的叔叔也向社工反馈，小徐当了志愿者后，说话比以前多一些了，讲话也比以前讲得清楚和好一些了。

（资料来源：整理自笔者观察记录，2021 年 7 月 22 日；访谈资料，S1和 V9，2022 年 8 月 29 日，2022 年 8 月 30 日）

六、结论与讨论

（一）结论

本章基于广州市帝田村的案例分析，在增能理论指导下，总结提炼了社工推动村庄德孝文化建设的实践策略图，如图7-3所示。

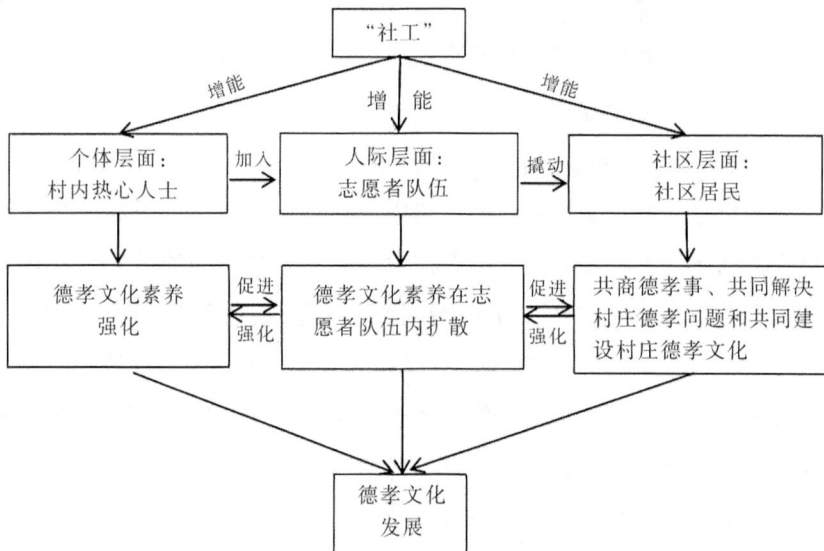

图7-3　社工推动村庄德孝文化建设的实践策略

根据广州市帝田村的案例经验，社工推动村庄德孝文化建设的策略可以从个体层面、人际层面和社区层面三个实践层面展开。

首先，在个体层面，瞄准具备一定德孝文化素养的村内热心人士，具体的增能策略是通过聚焦问题和兴趣切入的方式强化村内热心人士的德孝文化意识，并通过能力培训、优势挖掘和运用以及引导实践的方式，实现其关爱老人、和睦家庭和互帮互助的德孝文化素养的提升。

其次，在人际层面，聚焦到比一般村民联结更加紧密的志愿者队伍，具体的增能策略是通过吸纳村内热心人士组建志愿者队伍，以村内热心人士为主力军，开展德孝志愿活动、树立榜样和引导分工合作，实现由感染到认可再到相互影响的转变，在志愿者队伍内形成以德孝为纽带的人际联结，达到德孝文化素养在志愿者队伍内扩散的效果。

最后，在社区层面，将服务视野拓宽到整个社区，具体的增能策略则是通过建立乡村文化基地搭建参与平台，利用社区教育激发村民参与德孝文化建设的意识，建立意见反馈和引导集体行动，以志愿者为撬板，带动和促使村民共商德孝事、共同解决德孝问题和共同建设德孝文化。

社工在开展德孝文化建设服务中，要具备整体观，既要从个体层面提升德孝文化素养，又要在人际层面促使村民间形成以德孝为纽带的人际联结，还要在社区层面通过居民参与能力的提升实现村庄良好德孝文化氛围的形成。且社工还需要具备联系观，个体层面、人际层面和社区参与层面三者存在促进与强化、既存在交叉又各有侧重点的互动关系，三个层面在互动中构成了社工推动德孝文化建设的策略，因此，不能割裂地看待和开展工作。

（二）讨论

2021 年，民政部、国家发改委联合编制的《"十四五"民政事业发展规划》中提出要建立村（社区）—街道（乡镇）—区（县）三级社会工作服务体系。在此政策下，全国各地纷纷响应，出台建立三级社会服务体系的地方性政策，大力推动社会工作发展。

然而受限于社会工作人才数量和各地方财政等现实因素，目前全国各地的社会工作服务体系普遍铺开在镇（街）一级，村一级的社工服务则由街道社工站的社工开展，一般一个街道社工站的 3~4 名社工需要在做好街道社工服务的情况下，服务下面好几个村庄，这注定针对村庄的社工服务难以深入地开展。

通过对本章的案例进行分析可知，帝田村社工推动村庄德孝文化建设目前初见成效，该成效之所以能达成，前提条件是这些社工是帝田村社工，是在从化区民政局的乡村社工站试点政策的支持下得以在村庄中单独建立社工站点的社工。因此，帝田村社工能够长期且稳定地与村民建立关系，深入地了解帝田村的德孝文化，持续地开展大量的德孝文化建设服务，推动帝田村的德孝文化建设更上一层楼。所以，为更好地进行村庄德孝文化建设，需要政府大力推进村一级社工服务站点的铺开。以保证社工能够深入地与村民建立联系，了解当地村庄文化和德孝文化，扎扎实实地开展德孝文化建设服务，推动乡村文化振兴。

　　社工在开展德孝文化建设时，虽与村委建立了一定的联系，并获得了一定的支持，但在过去三年时间里仍未与村委建立深入且牢固的合作关系，其原因一方面是村委的服务理念有待更新，另一方面是帝田村社工与村委沟通不足，积极性不够。在下阶段的德孝文化建设中，应注意要积极主动地协助村委进行自我增能。此外，帝田村社工是在从化区民政局和从化区社会组织联合会的资源支持和服务指导下开展的德孝文化建设，不从属于村委，具有较强的独立性。因此，相对于从属于或依附于村委开展服务的其他地区的社工而言，帝田村社工在协助村委自我增能方面有着得天独厚的优势。据了解，目前帝田村社工在从化区民政局和从化区社会组织联合会的支持下，与村委的合作关系已经有了转机，社工协助村委自我增能也更具可行性。期待在下一阶段服务中社工协助村委增能工作更好地开展，推动德孝文化建设更加完善。

第八章　美丽乡村建设中
协同治理的实践模式研究

我国自古以来就是一个农业大国，农民在总人口中占比大。随着经济社会的发展，我国在许多方面取得了不错的成就，但是我国农村正面临着空心化、边缘化，人才流失、生态环境恶劣等问题。2021 年，在我国的 GDP 占比中农村经济体系占比较大，农业及相关产业增加值占到了 16.05%。①"三农"问题，是我国全面推进乡村振兴，扎实推进共同富裕所亟须解决的问题。首次提出"美丽乡村"的概念的，是 2007 年的"安吉模式"。2013 年，"建设美丽乡村""生态文明建设"出现在中央一号文件中。之后关于建设美丽乡村出台了很多规划与战略部署，如在 2015 年出台的《关于加快推进生态文明建设的意见》，为加强生态建设提供了指引；再到 2017 年的乡村振兴战略的二十字总要求中的"生态宜居"；2018 年的《乡村振兴战略规划（2018—2022 年）》以及 2021 年的《中华人民共和国乡村振兴促进法》等都涉及生态建设，美化乡村环境。促进美丽乡村建设在乡村发展中是重要的抓手。在一系列政策影响下，多地因地制宜进行了多种实践，形成多种模式，如"临安模式""湖州模式"等。建设生态宜居的美丽乡村，改善村庄的生态、生产、生活环境，改善村民的生活居住环境，村民住得更加舒适，幸福感增加，村庄的生产环境变好了，带动产业发展；建设生态宜居的美丽乡村，从多个领域发展乡村，让乡村的各项基础设施更加完善，缩小城乡差距；建设生态宜居的美丽乡村，促进村庄的资源发挥作用，让村庄焕发活力，提升村民的生活水平。目前许多地

---

① 国家统计局.2021 年全国农业及相关产业增加值占 GDP 比重为 16.05%［EB/OL］（2022-12-30）. https://www.stats.gov.cn/xxgk/sj 凤二 b/zx 凤二 b2020/202212/t20221230_ 1891328. html.

方正在开展关于如何更好推动美丽乡村建设的探索，对于推进全面乡村振兴具有重要意义。

随着治理需求的转变，党的十八届三中全会首次提出"创新社会治理体制"，是对现有的社会问题作出的一个全面升级，催生了新的治理理念、体系和方式方法等。"社会治理"体现了我国社会的转型与变革，乡村治理不再停留于村民自治，迫切需要市场、社会组织和基层政府等主体的加入，依靠自身的资源禀赋，整合资源，协同合作，优势互补，推动结果朝着更好的方向发展。当前，多元主体协同治理乡村，是指为解决公共问题或达到某个目标，在党的领导下，政府引导多个主体在政治、经济、文化、社会、生态等多个领域参与合作，以实现经济和社会效益最大化的治理方式。协同治理可以搭建公共、私人和市政领域的平台，推动"共建共治共享"治理格局的构建。从协同治理的角度出发，去审视、推动美丽乡村建设，对于解决农业、农村、农民的问题具有建设性意义。协同治理在美丽乡村的建设中还没有具体的实践样板，也没有系统、完整的模式，各地以协同治理建设美丽乡村也是带有探索性的，没有比较完善的运作机制可做参考。本章选择凤二村作为研究对象，在现有研究的基础上，结合协同治理的新发展，分析凤二村协同治理的现实情境、协同过程、协同结果，力图探索实践中得出的以协同治理建设美丽乡村的一些思路，丰富协同治理理论，助推我国乡村治理体系建设。

一、研究基础

（一）关于美丽乡村建设研究

"美丽乡村"概念形成时间不长，围绕美丽乡村建设的文献主要分为两个维度：一是理论研究；二是实践研究。文献更多地侧重于实践研究，目前大多数文献的内容主要包括建设美丽乡村的时代背景、实际意义，以及在建设过程中出现的问题、原因、对策等。以下围绕建设美丽乡村的三个方面梳理文献：

美丽乡村建设的理论研究。郑向群、陈明（2015）强调美丽乡村建设有三个主要理论，分别是复合生态系统理论、可持续发展评价理论、农村多功能性理论,基于文献研究制订相关的美丽乡村发展思路,并通过规划、方案、评估明确美丽乡村建设的建设思路。池泽新(2015)等结合工农关系转换、新农村建设的战略部署、全面建成小康社会、建设美丽中国等相关要素,在借鉴国外的理论观点上以及在"拉美陷阱"的启示下,构建了有关美丽乡村的理论依据。

美丽乡村建设的内容与任务研究。关锐捷(2016)认为,美丽乡村之美有四个层面:美在生活、美在文化、美在布局、美在机制。这"四美"是指在经济上,需要实现增收;在文化上,需要传承与弘扬;在布局上,需要生态与发展不起冲突,良性发展;在机制上,需要有相关的制度保障运行。李周(2016)认为,美丽乡村建设要注重"五美":产业美、环境美、人文美、和谐美、建设美。王卫星(2014)从建设美丽乡村的主体视角出发,认为美丽乡村建设需要处理好政府、企业、村民之间的关系,牵头部门与其他部门之间的关系。孔祥智、卢洋啸(2019)明确表示需要创新生态宜居农村建设,建立投入制度和长效运作管理制度,通过选择合适的地区建设生态适宜的乡村,吸引当地居民重返家乡,提高居民环境保护意识,提高农村居民职业素养。

美丽乡村建设的路径研究。关于美丽乡村建设的路径问题,大多数学者从美丽乡村建设中存在的问题出发去探索路径,具体而言有调整产业结构、进行人才队伍的建设、构建创业平台、引进和运用现代科技手段等。梁爱文(2018)在研究了西部民族乡村的基础上指出,需要发展当地的产业,用产业发展支撑起美丽乡村的建设,夯实建设基础。李玲(2013)认为,要大力发展好乡村的旅游业,为农民创造更多的就业岗位来提高当地居民收入。刘凤梅(2013)则从农民的主体意识角度出发,强调在建设美丽乡村过程中需要提高农民参与意识,增强农民参与建设的积极性与主动性,凸显农民在建设中的主体地位。而林候、吕万陆(2018)则强调要引进高素质人才,同时进行创业平台的建设,将"互联网+"运用到美丽乡村的建设中。在科技发展方面,龚洁(2019)指出,要将大数据的发展和美丽乡村的建设联系起来,避免科技发展时代下城乡的二次割裂,同时实现"美丽"与"智慧"乡村的建设。鹿风芍、齐鹏(2020)通过研究指出，当前中国的美丽乡村建设仍存在规划不科学等问题，未能达到乡村振兴战略的目标，需要推进和完善多元主体参与建设的体制机制。

综上所述，美丽乡村建设还处于正在发展的阶段，其建设途径还有很多可待探索，美丽乡村建设的理论还较少涉及协同治理，在实践中，美丽乡村建设的要求是需要从内在的发展美，到呈现出来的布局外貌美等，而美丽乡村的建设过程中各个主体要如何进行建设的研究较少。

（二）关于协同治理的实践研究

随着社会经济的发展，许多领域都经常用到协同治理，这是由于协同治理对于解决许多实际的复杂公共问题具有重要的作用。20 世纪 90 年代初，西方国家的协同治理模式的作用就逐步显现出来，协同治理实践领域有家庭暴力治理、水环境治理、违法建筑问题治理、营商环境治理、应急治理等方面，雅各布·安德拉（2022）等通过对家暴治理的研究指出，虽然立法在一定程度上保障了妇女的权益，但实际操作上仍受到资金不足等因素的影响，他认为要建立幸存者、各组织和各政府部门联系良好的网络来促进更快地报告、沟通和伸张正义。在部门协同治理水环境研究方面，托马斯（2014）等在河流的跨部门协同治理中，提出将协同治理的方法应用于流域的水环境管理中。艾森伯格（2016）提出采用协同治理的模式对违法建筑问题进行有效治理，要求建立一个服务型的政府，能够统筹协调各部门之间的关系。在营商环境治理方面，欧美国家很重视政府和各市场主体之间关系的协调，主张政府对市场进行干预，但是要保证市场的灵活性和主观能动性（维特夫斯卡，2011）；同时，非营利组织发挥了重要作用，扮演着难以替代的角色。在应急治理方面，沃（2006）等认为，合作是应对自然灾害所必需的东西，建议加强救援期间的协作并对其进行治理。

在我国，很长时间是"单一型"治理的形式，依赖政府，但是在此过程中出现了许多问题，市场部门、社会部门等部门的重要性日益凸显，跨部门、跨区域合作也被提到重要位置。协同治理的实践，在已有的研究中，主要集中在以下四个领域：在公共服务领域，要优化公共服务供给，在政府主导之下提倡市场参与（方堃，2009），引入市场机制（郑恒峰，

2009），构建新的治理模式，创新多元公共服务体制，推动公共服务供给的变革。在公共危机管理领域，张立荣、何水（2008）也从社会资本视角出发主张通过制度创新增进多元主体间的关系资本以创建公共危机协同治理模式。沙勇忠、解志元（2010）根据公共危机治理的现实环境提出只有构建政府间、政社间以及政府与公民间三种协同模式才能实现公共危机协同治理。在生态环境协同治理领域，余敏江（2013）认为，地方政府、公众、企业等主体参与区域生态环境治理，并且组成一个系统，这个系统是开放的，要使得系统有序、可持续运行，需要这个系统能够进行良性的互动与合作；黄爱宝（2009）主张协同治理是体现而且超越环境价值理性的治理模式；李海生（2021）等从多个维度分析指出长江生态环境协同治理具有四个方面的核心内涵，即治理主体协同、治理目标协同、治理措施协同和绩效评估协同，目的是实现治理效能最大化，最大限度地维护生态环境的公共利益。在地方政府合作领域，在推动政府转型上，首先是变革治理理念，将协同治理理念内化到政府变革中（郑巧等，2008）；其次需要引入协同治理方式，促使政府与民间社会达成共识，共同行动（王国红等，2010），整合资源、凝聚智慧，有效解决复杂的社会问题，协同治理被认为是推动治理变革的必然趋势（杨清华，2011）。在战略层面，我国确定了全局性的区域协调发展格局，为了有效落实战略举措，亟须行之有效的区域协同治理来应对来自国内外的各种不确定性挑战（吴建南，2020）。

综上所述，当前研究在价值取向层面已经取得共识，协同治理，被认为是一种为了达到共同目的，强调协同过程中多个主体参与、合作，提高治理有效性的工具。在协同治理的运作机制层面，认为协同治理是一个动态的过程、将协同治理的过程分为多个环节，强调多个主体之间的相互作用。但是，当前的研究对于协同治理的背景环境、治理主体聚集过程、内部要素的联系与作用等缺少关注。很多研究说到现实场域的重要性，但是却很少涉及具化现实场域的相关因素，缺乏明确的界定与划分。

二、研究方法与研究框架

（一）研究方法

本章在行动研究的基础上主要采用个案研究法。个案研究是指对于某一特定个体、某个现象或某个主题等进行深入的研究。个案研究的特点：通过对研究对象进行深入的洞察、详细的了解，收集丰富的资料，进行深入的研究与分析，对研究对象或事件的发展变化过程以及过程中存在的相关因素关系有深刻的认识，为总体研究提供理论假设。

本章选取凤二村为研究个案，主要是基于以下原因：一是凤二村的基础情况是其他同类型村庄普遍存在的问题，如凤二村存在村级集体经济发展梗阻、村庄环境恶劣等问题，发展中的一些前置条件也容易被改变的；二是凤二村在治理方面取得了一定成效，2018 年以后，通过一系列的治理行动，村容村貌焕然一新，乡村经济、社会、文化等得到发展，凤二村在2020 年底获得"广州市美丽乡村"称号，之后又获得"广东省乡村治理示范村"称号，凤二村在较短的时间内取得较好的成绩，获得来自各方的认可，作为个案具有典型性。本章通过对凤二村治理主体进行深度访谈、到凤二村参与式观察和运用文献法收集凤二村相关资料，之后对资料进行整理与编码，提取重要要素进行分析。

1. 资料收集

深度访谈法。深度访谈（无结构访谈）是访谈的一种（陈向明，2000）。深度访谈是指与受访者针对某一话题或者在某个范围内进行自由交流。在进行深度访谈之前，需要对村庄以及访谈对象有一个基本了解，在访谈过程中把自己放在一个悬置的位置。本书第一作者在 2021 年 11 月到 2022 年 1 月底进入凤二村，实地观察了解凤二村的一些情况，并做相关资料收集，如人口、劳动力、产业、村容村貌等，对凤二村基本情况有了一个基础认识。之后，根据已有资料把建设美丽乡村的治理主体做了一个区分，村庄的治理主体主要为：江埔街道党委与政府、凤二村村委会与村党总支、凤二村村民、社工站、企业。不同的治理主体在建设美丽乡村中扮演不同的角色，本章采用探索式访谈的形式，了解在建设美丽乡村过程中各个主体的想法、行动以及对成效的描述等。由于治理主体的功能职责不同，所以采用目的抽样的方式选取访谈对象。根据每个治理主体的特征，选取相关的具有代表性的对象，街道党委与街道政府以驻村第一书记为代表，村"两委"以村庄的副书记、大学生村干部、负责农办的村干部为代表，企业以参与建设美丽乡村的两大企业为代表，一是为荔枝产业提供托管服务的企业，二是村庄"一村一品"的凤凰鸡养殖大户，社会组织以当地的社工站为代表，访谈的村民也是参与乡村建设或者是见证乡村建设发展的，如表8-1所示，这些主体了解或参与过建设美丽乡村，知道建设美丽乡村的相关信息。根据主体对象的不同，制定相对应的访谈提纲，多角度了解凤二村的建设工作，以提升资料真实性与可靠性，为本章提供支持。通过前期的文献收集与整理归纳，结合已经知道的凤二村的相关情况，访谈主要围绕建设美丽乡村的初始情况、参与协同的意愿与动力、如何参与建设、建设中的相关途径、建设结果等方面展开。深入了解凤二村建设美丽乡村的实践过程，为后续分析探讨、提炼协同治理的相关因素提供证据。

表8-1　访谈对象基本情况

访谈编码	访谈对象	对象特点	访谈时间	访谈地点
J1	驻村第一书记	街道党委、政府人员，引导建设美丽乡村	2022.7.20	社工站
Z1	凤二村副书记	村"两委"，负责协调落实上级决策指示，带领建设乡村，协调处理在整治过程遇到的相关事宜	2022.7.21	村委会
Z2	大学生村干部	见证、参与美丽乡村治理全过程	2022.7.15	村委会
Q1	村委会干部、养殖企业代表	负责村庄农办、文体工作；村庄凤凰鸡特色产业带头人	2022.7.23	养殖场
Q2	HL 果蔬公司人员	企业代表，为发展乡村产业提供技术、资金，提供资源	2022.7.22	果园

访谈编码	访谈对象	对象特点	访谈时间	访谈地点
S1	社会工作站站长	为村庄提供公共服务，链接外部资源，参与乡村治理等	2022.7.25	社工站
S2	社会工作站工作人员	提供公共服务，提升村庄文化实力、为村民增能，参与乡村治理等	2022.7.18	社工站
C1	凤二村村民	当地社会组织志愿者，参与乡村治理	2022.7.20	老人食堂
C2	凤二村村民	基础设施建设和改造、提供美丽乡村建设的物质资源等	2022.7.25	凤二村
C3	凤二村村民	河道整治，附近村民参与成为受益主体	2022.7.18	凤二村
C4	凤二村村民	环卫工人，了解村庄环境建设前后的情况	2022.7.19	凤二村
C5	凤二村村民	在村庄生活40多年，见证村庄的变化	2022.7.24	凤二村
C6	凤二村村民	在村庄生活30多年，了解一些关于村庄治理的情况	2022.7.25	凤二村

参与式观察法。本书第一作者在2021年底到凤二村的社工站进行实习，与村民同吃同住同劳动，为期三个月。第一作者以实习社工的身份，协助社工站为凤二村提供公共服务。同时，与村民、村委会、企业等建立良好的关系，方便观察与了解多个主体之间是如何进行互动与合作的，并把观察的情况记录下来。观察凤二村各个主体参与乡村治理一些事务以及议事规则和平台等。如村庄重大事情，议事主要通过"四议两公开"进行，之后再采取行动；观察社工站与村委会如何开展活动，提高村民参与治理意识，促进村民参与村庄的治理活动；观察各个主体在合作中存在利益分配不均等问题的时候，依靠哪些途径调解矛盾，最终达

成共识等。

文献法。一方面，本章通过网络、新闻报道、文献、书籍等相关资料进行收集、归类整合、分析，了解国内外有关美丽乡村建设以及协同治理的进展。通过对文献进行梳理，为完善以协同治理推动美丽乡村建设模型提供理论支撑。另一方面，本章还通过官方的视频、报纸报道、"学习强国"等了解凤二村建设美丽乡村的情况。自凤二村开展美丽乡村建设以来就有几十篇相关报道。此外，在凤二村的调研过程中也获得村委会提供的村庄的历史文化书籍、发展规划资料等，社工站也有相关的活动资料可借阅，多方面、多渠道了解凤二村建设美丽乡村的过程，对凤二村有更加深入的认识。

2. 资料分析

第一阶段：首先，对于访谈的录音、视频进行相关的翻译、转录成文本；其次，对于有不完整、有疑问的情况，再次进行询问与补充，提高资料的完整性；最后，按照主体、事件对于收集到的报道文章、访谈记录、观察记录、村庄发展的相关书籍、文本等进行分类整理。

第二阶段：对于整个案例，采用解剖麻雀的方式进行分析，剖析建设美丽乡村的相关因素。厘清建设美丽乡村的主体以及主体之间的关系，构建美丽乡村的系统运转存在的逻辑，从而形成本章的观点。

（二）研究框架

本章围绕"如何以协同治理推动美丽乡村建设"这一问题展开研究，通过对以往文献的研究，结合成功的典型实践案例，在实践中探索出更加切合美丽乡村建设的协同运作方式，完善以协同治理推进美丽乡村建设的理论模型，如图8-1所示。

文献阅读

凤二村治理成效不理想（2018年软弱涣散村）
2020年被评为广州市美丽乡村

确定选题：美丽乡村建设中协同治理的实践模式研究
——基于广州市凤二村实践过程分析

凤二村协同建设美丽乡村中的实践过程分析

治理效能优化

协同系统环境

初始情境

政治与政策环境

权力与资源禀赋

既往合作与纠纷

协同动因

政令驱动

利益驱动

理念认同

协同过程

平等协商
搭建协商平台
集体磋商决议

主体聚集
明确参与主体
找准角色定位

协同行动
发挥主体功能
合作开展治理

协同结果

经济结构转型升级

传承乡村优秀文化

优化乡村生态环境

推动多元主体共治

承诺协议
主体达成共识
订立相关契约

完善构建协同建设美丽乡村实践模型

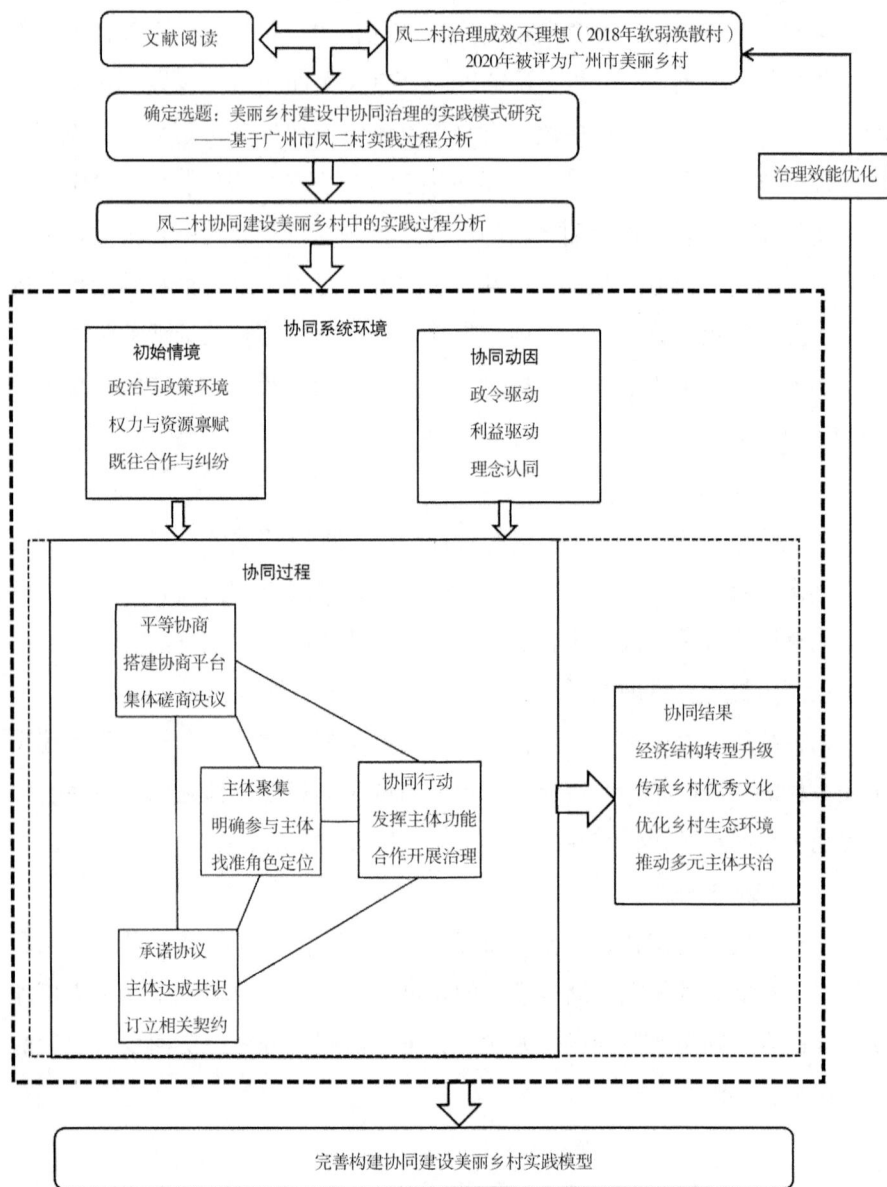

图 8-1　研究框架

三、实践前：以协同治理方式推进凤二村建设美丽乡村的驱动分析

（一）以政府单一治理方式推进凤二村建设美丽乡村的弊端驱动

协同治理的初始情境是指在开展协同治理之初的一些条件，由政治、经济、文化、社会生活等多个要素组成，能够促进或阻碍合作。协同治理的初始情境关系到协同治理能否成功开启，与此同时，又反过来作用于协同治理的过程与结果。凤二村在建设美丽乡村的初始情境方面主要包括政治与政策环境、权力与资源禀赋、既往合作与纠纷。

1. 治理效能低

在传统的治理中，基层政府在乡村的建设中扮演着大包大揽的角色，而其他主体一直被排除在外，政府单一主体管理乡村社会，行政治理低效。上级根据相关政策等下达要求，基层政府将指令下达村委会，由村委会统筹并行动。而村委会对接着许许多多的部门，是将政策传达、落实到村民的最后一环。仅仅依靠单一型治理，治理方式简单粗暴，而实际的结果也不一定好。凤二村整治之前，"双肩挑"的老书记既是村自治组织也是村党总支的一把手，负责管理实施村庄的大小事务。但是老书记在政治、经济、能力、工作上存在问题，是一个"四不"书记，对于上面的任务，想在短时间内完成，往往采用比较简单应付的措施，现任驻村第一书记接受访谈时说：

以前的"四不"书记只是应付性地管理与行动，没有真的去治理与发展乡村。村庄最大的问题是：集体收入不行。村集体一年才 1000 多块钱，对一个集体来说 1000 块钱可能连一顿饭的钱都不够。

（资料来源：访谈资料，驻村第一书记 J1，2022 年 7 月 20 日）

村庄没有长足的发展，村集体经济一直停滞。首先，村支部书记带领建设村庄的组织内生动力不足，一些政策没有落实到位，只做表面功夫，事后问题依旧存在，治理效果极差。其次，村民作为村庄的主体，理当参与村庄的建设，但在实际过程中村民仅仅只是一个不重要的角色，处于边缘位置。基层政府对村庄的建设偏向于管理，村民被动参与村庄建设，只是应对上级的检查。在这种情况下，村民自身意识本就薄弱，更难以培育

公共精神，村民依赖于政府，认为这都是政府的事情，自己是不需要行动的。由于基层政府这种低效的管理形式，其他主体的积极性也被极大地限制了，社会组织、企业参与程度极低，也没发挥其特有的价值与功能。

2. 权力与资源禀赋没有被充分利用

资源禀赋影响着协同治理过程的主体协同能力、组织结构、议题与决策。权力决定着谁可以参与协同，参与协同方式以及协同中的角色定位；资源禀赋与协同者的能力息息相关。

在协同治理建设美丽乡村过程中，权力的分享是必然的。将权力均衡配置给治理主体，治理主体才能够有机会享有治理的权利（田玉麒，2017）。凤二村在进行协同治理之前，权力的作用体现在以下方面：一方面，村"两委"决定参与对象。随着公权力的下放，凤二村的主要治理主体积极鼓励其他社会力量加入，支持其他主体参与共建，凤二村副书记这样说：

> 社工站是我们村庄的亮点。社工站为我们这个村 60 岁以上的老人家送餐，义务洗衣服，还提供像"幸福学堂""幸福食堂"等一系列服务，给村民的感触就是，这个村不仅仅是村"两委"的人在干活，社工也在干活，也在为村庄服务，让社工站一起参与乡村建设是很有必要的。

（资料来源：访谈资料，凤二村副书记 Z1，2022 年 7 月 21 日）

另一方面，决定协同的议题以及过程设计。拥有权力的主体能够对协同的形式、时间起决定性作用。在凤二村开展协同合作之前，农村党组织扮演着领导者的角色，街道政府是引导者，对凤二村的治理做了相关的设计，决定在哪个阶段需要完成哪些整改，比如产业发展需要引入企业，乡村文化、社会和谐发展可以引入社会组织的力量等，通过面对面的沟通模式，最终的结果是期望各个主体都能受益，实现共同目标：建设美丽乡村。

资源禀赋影响协同的行为倾向。2018 年整治之前，凤二村是一个以农业为主的村落，村庄存在大量的林地、耕地，村民拥有丰富的自然资源，但是对于资源的开发与利用还处于一个较为低下的水平。随着村庄里面以及外面道路的修缮与开通，凤二村吸引了一些商家入驻，但是依旧存在很多问题。一方面，村庄处于城郊，适合发展乡村旅游、休闲农业、特色农产品加工等，但是，村庄的基础设施建设还有待加强，人居环境还有待改善。另一方面，制度不健全、没落实等。这些状况使得村庄资源没办法得到有效利用。此外，村庄的基层党组织软弱涣散，村庄管理混乱。

在这种情况下，从化区选派第一书记到凤二村，与新一批的村治精英合作开展治理，为乡村注入组织活力。政府拥有政策、资金等资源；企业拥有资金、技术、人员等资源；社工站拥有人才、项目、资金等资源；村"两委"拥有治理乡村的经验；村民拥有劳动力、物质等资源。

如在准备建设"邻里花园"、美化村庄公共空间的时候，当时让村民自发地提供一部分的物资（铁锹等工具）或是提供劳力这种志愿服务（无偿的劳力），有些村民是很乐意的。

（资料来源：访谈资料，凤二村社工站站长 S1，2022 年 7 月 25 日）

无论是有形的资源还是无形的资源都能够影响主体的行为能力（珀迪，2012）。乡村治理主体拥有各自独特的优势资源，治理中投入更多资源的主体拥有更多的话语权，更能影响集体的行动。治理主体可以通过协同治理强调发挥资源之间的优势互补作用，实现效益最大化。乡村治理主体拥有各自不同的优势资源，这为乡村各个主体进行协同发展提供了可能。

3. 村庄纠纷多

凤二村是一个传统的客家村，主要从事农业生产。随着高速公路的开通、村庄道路的修缮等，村庄吸引了一些商家入驻，兴起了一些产业，如旅游业。而村庄的养殖业产生的动物粪便随便处置、生活垃圾污染河流等情况随处可见。这些加剧了凤二村的环境治理问题，导致了关于环境的利益纷争。在 2018 年开展整治之前，村庄的治理主体之间就存在过一些合作纠纷，这些对后续开展合作有着潜在的影响。

开展良好的合作能产生积极的影响。凤二村未整治之前，村民、商家、村"两委"在河道治理方面存在过和谐的合作关系。凤二村所处丘陵地带，旁边的高山中建设有水库，水库的水流经村庄。一条重要的河道周边有商家在经营、有村民在居住。一开始，商家将养殖的动物粪便、榨油的生产垃圾、村民生活垃圾，乱扔乱排，导致村庄的河道变得脏、乱、差。周围的居住者，甚至是路过的村民都能闻到恶臭，严重影响了村庄的生产、生活。村"两委"也接到很多投诉，之后展开相关调研与调整，与涉事的村民、商家商量、协调，说明事情的严重性，以及指出其对未来发展的阻碍。获得对方的认同后，动员商家、村民一起改善目前恶劣的环境。商家出于自身利益考量，如果周围的环境继续恶化下去，来这边的人会越来越少，生意会受到影响。村民也意识到是自身的行为导致了环境的恶化，也希望改善自己的居住环境。在村"两委"的动员下，商家、村民都参与河道的整治，改变自身行为，不扔垃圾、不乱排放废水，不增加河道环境负担。也愿意协同村"两委"清理垃圾，改变河道面貌。这种类型的合作，使得环境变好，人流量增大，商家收入增加，村民生活质量得到提高，满意度也提高了，各自出力，乡村就能建设得更好，自己也是受益人，这为后续开展更深入的合作提供了信任基础，有利于后续合作。在后来的治理实践过程中，也证实了这一点，有村民这样反映：

当时村委会跟我们协商说要我们把果树租出去，其实我们一开始是犹豫的，但是想到自己种植，本身收益也不高，而且村委会一直以来也还是好的，像之前在河道捡垃圾，都是在为村庄考虑，是值得信赖的，于是我们这几户就跟他们企业，还有村委商量，打算把果树托管给企业，我们拿分红。

（资料来源：访谈资料，凤二村村民 C3，2022 年 7 月 18 日）

主体之间的冲突纠纷会对后续合作产生消极影响。有商家的门店在高速公路边，每天车往车来的，尘土飞扬。这几家门店主要是粮食类、快餐店、榨油小作坊等，这些"土"影响着这些店家的生意，商家对此虽有所抱怨，但无可奈何。而有的商家是跟村民租的店面，晚上大型车路过的声音以及每次出门扑面而来的尘土，导致一些租客想要提前结束租赁关系，但是房东觉得已经租出去的要按照合同的时间来，如果要提前结束合约，租客需要赔偿损失，双方的利益分化引起一些纠纷问题。有的商家与村民之间、村民与村民之间等积累了一些矛盾，觉得对方"没人情"味。合作没有达到良好的效果，在后续是否开展合作中，双方会对彼此产生怀疑、不信任，以及对彼此存在刻板印象，不利于后续合作的开展。凤二村的大学生村干部表示：

村子里面之前环境不是很好，有些房子很多都是破破烂烂的，垃圾随处可见，因为环境的问题产生了很多的矛盾。之前有村民跟商家起过争执，两家关系一直不太好。在整治的时候，我们想协调商家做生意的区域，但是会涉及村民前面一小块公共区域，村民就不乐意了，表示要是别人就没问题，是那户商家就不行，所以整治的过程中还是要去化解一些之前的矛盾。村民与村民、村民与企业、村民与村委会等之间的纠纷或多或少地会影响我们后续开展合作。

（资料来源：访谈资料，凤二村大学生村干部 Z2，2022 年 7 月 15 日）

合作与纠纷对协同治理有促进的作用也有阻碍的作用。处理好主体之间的矛盾冲突，加强各个主体之间良性合作关系，使得各个主体之间建立依赖、信任关系，能更大程度上推动彼此协同参与治理。

（二）以协同治理方式推进凤二村建设美丽乡村的发展驱动

由于治理效能低、乡村的资源没有被充分利用、村庄的纠纷冲突多等，单靠政府单一主体治理乡村难以为继，需要多元主体逐渐参与村庄治理。本章从自上而下的政令驱动、自下而上的利益驱动，以及多方认同的理念驱动三个方面分析影响协同治理发展速率的影响因素。

1. 自上而下的政令驱动

以协同治理促进美丽乡村建设，良好的制度环境是关键的驱动因素。良好的制度环境能够为协同行为提供保障，让协同合作顺利进行下去。2017 年，党的十九大提出了乡村振兴战略二十字总要求；2018 年，广东省委省政府实施乡村振兴战略工作要求，全域推进生态宜居美丽乡村建设，推动乡村生态振兴；2018 年，广州市委市政府提出了推进农村人居环境整治建设生态宜居美丽乡村三年行动计划（2018—2020）、实施乡村振兴战略三年行动计划（2018—2020）等；从化区也发布了有关乡村振兴的一系列文件。这些相关政策，从国家到基层，带着相关的考核任务跟目标。政府利用行政手段分配社会的大量资源，协调各方行动，形成以国家为权力中心，行政命令自上而下的管理模式。美丽乡村的建设正是这种政府主导治理模式的实际运用。

政府是制度建设的主体，建设美丽乡村，政府是不可或缺的主体之一。受长期"官本位"思想等的影响，政府在过去一直扮演着"全能型政府"的角色，政府包揽一切社会事务，短期内这种模式有一定的优势，但是也会造成社会对政府的过度依赖。随着社会不断发展，单靠政府一元管理，各种弊端日益显现，如管理低效、失序、市场经济失衡等，社会经济的发展受到阻碍。以前那个政府是"划桨者"，对于乡村的治理是管制性思维，近年来，随着公共权力的不断下放，由原先的"管理"变为现在的"治理"，政府向"服务者"转变。党的十九大报告提出打造共建共治共享的治理格局。在美丽乡村建设中，多主体参与建设，体现了对新型主体关系的探索。基层政府在整个美丽乡村的建设中不是一元独大，主导整个过程，而是作为各种资源的掌控者、分配者，引导其他主体建设乡村。多元主体协同参与乡村建设是政府对于民众的回应。多元主体要协同建设乡村，其中政府的创新意识、服务意识和政策执行能力是重要的条件。

2. 自下而上的利益驱动

协同治理中不仅受到自上而下的政策驱动，还受到自下而上的主体利益的驱动。对于自身利益的追求是多元主体协同建设乡村的内生动力，如建设中旧村改造、集体项目产业的打造等，都离不开背后利益的驱动。许多像凤二村一样的城郊村，通过旧村改造的方式，实现从乡村到城市市区的转变。但是随着政策的调整，更多村庄选择以打造集体产业的形式，引入企业、社会组织等主体，为乡村注入资金、技术，而村民以自身拥有的资源，如劳动力、土地入股分红，促进村庄的产业发展，带动村民致富。与政令驱动不同，多个主体的加入，明显带着"利益"的特征。美丽乡村的建设对于农村基层党组织、政府、村委会、企业、村民、社工站都有着各自参与的预期。如果通过协同，能够达到各自预期的目标，这也就促使各方走向协同。下面分析凤二村多元主体协同参与建设的利益诉求。

从农村基层党组织来看，农村基层党组织是把党的决议等落到、贯彻到实处的最后一环、关键一环。从党的十八届三中全会提出的"创新社会治理"到党的十九大报告提出的"打造共建共治共享的社会治理格局"，其关键在于让更多的治理主体参与社会治理、以更加多元的方式推动社会治理、更加公平地享受治理的成果。凤二村副书记表示：

在推动美丽乡村建设中，我们希望有其他主体参与进来，就像企业，它们有很成熟的技术、渠道或者平台，包括乡村农产品的销售有自己的产业链条，如果在发展中跟它们合作，其实是很有意义的，可以借助它们的力量，来帮助村民，一起发展。

（资料来源：访谈资料，凤二村副书记Z1，2022年7月21日）

从政府层面看，基层政府引入企业、社工站、村民参与美丽乡村的建设，可以减少财政的压力、提供人力资源、物质资源以及服务等。与企业合作，依靠企业的资源优势，吸引更多资本注入凤二村。同时，激励和培育当地的村民与社区社会组织，强化村庄建设服务与管理，激发村庄内生动力。凤二村驻村第一书记接受访谈时说：

现在的社工站也是领导来看得比较多的一个点，为什么领导会这么重视呢？第一个就是村里边热心的人很多，但是有组织去开展活动的不多，那只能够靠社工站。第二个是社工站做的那个范围（跟"村委"的）不一样，他们那个送餐，还有一些教育的活动，像教老人家那些、学堂，还有他们要举办活动、入户宣讲等，他们在这个村里面从内到外各方面地提供服务，潜移默化到每个村民心里边去，可以帮助把村庄建设得更好。

（资料来源：访谈资料，驻村第一书记J1，2022年7月20日）

从村委会来看，村委会是基层各项事务执行的主体，是连接村民和政府的纽带。进行美丽乡村建设，一方面，响应上级号召，能够获得政府的大力支持，如资金、基础设施建设等；另一方面，把村庄建设好，可以提高自身的权威与形象，村干部也能在参与建设过程中施展才干。

我们在建设美丽乡村时，主要听从上级的指示，从各个方面着手，比如那些风车的基础设施改进、人居环境的整治、与区文化馆合作传承乡村文化等。其实，我们努力把村庄变得更美丽，让村民过得更好，这些都是我们的职责。

（资料来源：访谈资料，凤二村副书记Z1，2022年7月21日）

从企业来看，盈利是企业追求的目标。美丽乡村建设涉及产业的升级，能获得一定的资金支持，设备可以得到进一步改造，可以让村庄基础设施更加完善，为以后发展乡村旅游、增加旅游收入奠定基础。村庄改造好了，影响力也随之提高，能够吸引更多的消费、资金等。

村里要搞标准化养殖，提高凤凰鸡的质量与规模，他们给我们搭建一些厂房，给我们提供一些建议，让我们更加科学地去养殖凤凰鸡。村庄改造好了，就有更多人过来玩，就会来试试我们的特色产品（凤凰鸡），销售情况也会越来越好。

（资料来源：访谈资料，凤二村村干部、凤凰鸡养殖大户 Q1，2022 年 7 月 23 日）

从村民来看，随着社会经济发展，在物质需求日益丰富的基础上，村民更加注重对精神文化的需求。村民在白天的劳作之后，也希望村庄有更多的进行文娱活动的空间与机会。村民认为美丽乡村的建设对生活在村庄的人来说是有好处的。村民也希望自己生活的地方更美好，也愿意做好自己分内的事情。有一位村民说：

在建设的时候，（村"两委"）不是要和我们征地协商吗？我们都觉得是没问题的，（文化广场）建好了之后，多热闹啊。当时是没有一个人反对的。我们村很多人都觉得这样子很好的。

（资料来源：访谈资料，凤二村村民 C2，2022 年 7 月 25 日）

从社工站来看，社工站本身具有公益性，参与乡村建设是由自身性质决定的，是其职能。社工站的站长这样说：

枢纽增能是我们社工站的一个作用。由社工站依托（社工站组建的）"四基地"去带动村民参与村庄的公共事务，推动他们（村民）去发掘或者是整合村庄的资源，把村庄内生动力激发起来，用到村里面的整个服务。服务的范围不限于困境群体，还有我们整个村庄发展，乡村振兴里面的一些政策落实啊，等等。

（资料来源：访谈资料，凤二村社工站站长 S1，2022 年 7 月 25 日）

综上所述，各个主体对于建设美丽乡村都有不同的利益诉求，这种社会需要驱使各个主体出于对自身利益的考量，积极行动起来，这也让协同建设美丽乡村成为可能。

3. 多方认同的理念驱动

相对于政策、制度等，乡村价值的认同没有正式制度的强制性与惩戒性。但是其具有激励作用，能够激发各个主体的主体意识、自觉意识，使其自觉遵守规章制度。在建设美丽乡村中，如何促进群体行动，保障、维持群体行为的持续，都依赖于群体的认同。社会认同理论中提到群体认同，主要是解释群体之间的冲突、歧视、偏好等现象。一般分为两个层面：一是情景认同；二是深度认同。社会认同可以驱动群体之间加强凝聚力、向心力。以下从这两个方面分析凤二村的社会群体认同来驱动多元主体协同建设美丽乡村。

对村庄进行整治、建设美丽乡村的认同。凤二村未进行整治之前，各主体的思想观念已发生转变。对于当地的村民来说，他们大多数外出到镇上打工，只有周末短暂待在村庄，家里的耕地闲置或亩产不高、效益低，果树失管。在生活方面，凤二村的村容村貌落落，垃圾随处可见、杂草丛生、房屋破败、道路泥泞……对于企业来说，亦是如此。交通不便，生态环境恶化日益加剧，人员流失而且又吸引不了外面的人员来此消费或者务工，生意越来越差。村庄的饭店、农家乐、民宿或养殖场等都受到影响。而村委会，工作场所周围杂草丛生、萧条破败。随着凤二村的生产、生活、生态都受到影响，各个主体都有了改变现状的想法，治理乡村的情景认同初步形成。

对村庄进行建设的深度认同。随着一系列政策法规的颁布，凤二村响应号召，积极开展各项工作。凤二村村"两委"针对村庄的整治，提出具体方针，身体力行地进行宣传，影响带动村民、企业等。让村庄各个主体知道村庄是大家的，把"绿水青山就是金山银山"铭刻脑海，践行实践，共同维护村庄。村庄的各个主体对村庄的改善行动被村庄其他主体支持和认可，使其态度、情感、价值在行动中不断升华。村庄社会认同形成并加深，作为催化剂，使后续多元协同建设美丽乡村成为可能。对于村"两委"如何发挥带动作用，凤二村副书记接受访谈时说：

那肯定啊，我自己要示范啊，要起带头作用。我自己拿扫把去扫、去捡垃圾，我在 2016 年、2017 年就开始捡那个河堤的垃圾，我拿钳去河堤那里捞的，那个时候他们（村民）很多垃圾都丢到河里面，都塞了，我就跟我们村"两委"人员开始去捡给他们看，这样增强他们的意识。有人说："你一个村干部怎么还来这个河堤捡垃圾？"他们也有人说我们是"垃圾干部"，这样说了，但是你要怎么得到他们的心意，一定要用自己的实际工作去做给他们看。你去做，他们才知道怎么样。跟党员相比，群众是不同的。群众的心理就是管你们是怎么样子，假如有钱的话，你请他来（干活扫垃圾），他就会来做，你没钱给他工资，他就不会给你做，但是这个也有道理。农村，因为生活方面，帮你干活，肯定要钱的。所以开始也是要钱的，但是他们自身意识不强，觉得环境不好，也可以雇用人来处理。后来，我们就不雇村民，自己工作，就去捡垃圾，每条村（的街道）都去捡垃圾，去扫，我们都是 9 个人（村委），我们本身 7 个人，加 1 个村干部，加 1 个计生专干（是聘请的），这样就有 9 个人，书记就带我们捡垃圾。慢慢地，村民也意识到不能随便乱扔垃圾，会给其他人增加负担，也开始维护环境。

（资料来源：访谈资料，凤二村副书记 Z1，2022 年 7 月 21 日）

四、实践中：凤二村建设美丽乡村的协同治理过程

协同过程是以协同治理推动美丽乡村建设的核心环节，指的是在平等的基础上，为实现共同目标，参与主体以正式或者非正式的形式聚集到一起，并进行协商、决策和行动的过程。凤二村在政令推动、主体利益驱动、理念转变等背景下，在农村基层党组织带领下，主体聚集起来、集体协商并集体行动。

（一）主体聚集：明确参与主体，找准角色定位

在乡村振兴战略大背景下，凤二村建设美丽乡村顺应时代发展的需要，多元主体在利益、理念等的驱动下正如火如荼地参与乡村建设。主体聚集，是协同行动的起点，指各个主体为了解决某一问题，达到共同的利益目标，通过多种形式汇集起来的具体情况。对于主体聚集要厘清三个主要内容：美丽乡村建设中哪些主体应该参与？主体的集聚方式是什么？主体各自扮演的角色是什么？

　　哪些主体应该参与？主体的参与并不是单靠参与者的意愿或者随机选择，而是需要拥有一定资源和能力，能够在协同中有所作为。江埔街道党委和政府、凤二村村"两委"，作为相关政策、制度的执行者，掌握更多权力与资源，是打造美丽乡村、推动乡村发展必不可少的治理主体。把村庄建设成生态宜居的美丽乡村，最直接的受益人是凤二村村民，在美丽乡村建设中，村民本身拥有相关资源，如土地资源，此外，村民长期生活在这个地方，了解村庄，知道哪些地方需要改善，村民的配合与参与能够更好地推动合作。企业出于自身的经济利益考虑，希望改善村庄的村容村貌、发展相关产业等，也主动地参与美丽乡村建设。企业也有一定的资本，是协同治理的重要力量。社工站作为一种公益力量，本身具有公共性，能为协同合作提供物质和非物质资源。江埔街道党委、江埔街道政府、凤二村村"两委"、凤二村村民、企业、社工站是凤二村美丽乡村建设的重要主体。

　　主体的集聚方式，是指江埔街道党委、江埔街道政府、凤二村村"两委"、凤二村村民、企业、社工站各个主体通过什么形式聚集到一起。按照主体参与美丽乡村建设的意愿程度，把聚集方式分为自主式集聚（利益相关者面对共同问题，出于利益考量，自愿联合共同工作）、引导式集聚（在第三方的引导下，利益相关者加入协同）、命令式集聚（通过立法或者行政等手段，授权或激励利益相关者加入行动）。凤二村在建设美丽乡村的过程中在每个阶段都有不同的聚集方式。在美丽乡村建设初期，凤二村主要是引导式集聚，在基层党组织的带领、基层政府的引导下，凤二村村委会组织企业、村民和社工站等加入村庄的治理建设中。基层政府凭借其行政权威，制订相关规划、策划方案，协调各方资源与各方利益，推动多个主体协同合作，参与美丽乡村建设。随着协同治理的日益成熟，自主式集聚逐渐成为主要的聚集方式。各个主体的能力不断发挥，整体协同能力不断增强，各个主体之间的信任、利益关联程度也逐渐加深，主体间能根据发展需要，协同建设乡村。基层党组织发挥引领作用，街道政府在其中起到指导作用，村"两委"、村民、企业、社工站等各方能够聚集在一起，协商解决复杂问题。

找准角色定位。建设美丽乡村这一目标需要各个主体互相配合，各自执行相关职责并发挥相关功能。必须思考每个主体在治理过程中扮演的角色是什么？各自的职能是什么？在凤二村建设美丽乡村过程中，基层政府积极探索适合凤二村发展的实施路径，引导各种战略的实施。江埔街道党委与凤二村党总支在建设美丽乡村的过程中，扮演着领导者的角色，对凤二村进行带领式治理。江埔街道政府扮演着引导者的角色，对凤二村进行调控式治理，通过对凤二村进行深入了解分析，科学制订规划。凤二村规划的主要内容：一是打造特色产业，拓宽农民增收渠道，壮大集体经济；二是以传统文化为核心，发展乡村旅游，并且提供相关的公共服务、政策优惠等，协调配置乡村建设相关资源。凤二村村委会在治理过程中扮演决策者、实施者的角色，以执行式治理推动乡村建设。村委会是村治的关键力量，号召力强，能够强有力地影响治理的成效。凤二村村民在治理过程中扮演着主力军的角色，通过互助式治理参与美丽乡村建设。企业在美丽乡村治理过程中扮演着带动者的角色，发挥互利式治理的作用。社工站在凤二村建设美丽乡村过程中扮演着服务者的角色，以互推式治理推动乡村建设。社工站能够联动村庄内外部的资源，培育内部组织，提升参与主体的治理能力，优化治理结构，促进多元主体共建共治共享。凤二村社工站站长这样定位社工站在乡村治理中的功能：

在凤二村，我们社工站主要给兜底人群、"三留守"群体提供公共服务，那后来，我们又觉得他们中有一些年轻的老人，是可以把她们融入我们的花木兰（志愿者队伍）里面去的，培育她们去做志愿者，那就是让年轻的老人去服务年长的老人，形成社区互助。

（资料来源：访谈资料，凤二村社工站站长 S1，2022 年 7 月 25 日）

（二）平等协商：搭建协商平台，集体磋商决议

主体聚集之后就进行信息、经验共享，这是协同治理的重要环节。这是各个参与主体为解决某一公共问题或达到某个目标进行协商，协调各方利益，达成共识，并最终作出决策的过程，是主体间关系的集中表达。

凤二村是如何通过协商，推动多元主体协同建设美丽乡村的？美丽乡村建设涉及的主体之间关系复杂，协商的通道也是多种多样的。凤二村开通村民热线，村民可以反映村庄建设过程中存在的问题，及时处理矛盾与纠纷；开展一系列活动，邀请村民、企业和社工站等参与，村民等主体可以为建设乡村建言献策；最主要的是搭建面对面协商对话的平台：凤二村村"两委"一般以村民代表大会为依托，搭建协商网络，为协商提供平台；村庄的社工站也有自己组建的平台——"乜都倾"议事会等。凤二村社工站站长这样介绍"乜都倾"议事会：

"乜都倾"议事会，就是什么都可以说的意思。像（邻里）花园（议事）、社区基金（议事），还有像我们的一些小的议事会都是放到我们的活动里面去，比如像花木兰（志愿者）要参与活动或者是怎样。其实这个也是有一个"议事"的流程在里面的，只是它不是专门针对某一个项目去议事，只是说一个小的（议事会），其实也是坐在一起，（商量）怎么去开展这些服务，怎么去分工，都是有议事的成分在里面的。

（资料来源：访谈资料，凤二村社工站站长 S1，2022 年 7 月 25 日）

凤二村在平等协商过程中最常见的是面对面谈话的形式，参与主体通过讨论与沟通，界定问题，商讨解决方案，协调满足各方诉求，促进合作的达成。凤二村之前的环境杂草丛生，垃圾随处可见，房屋破败，很多道路都泥泞不堪，生活和交通极其不便。各个主体的利益受损，加上政令的推动，使各个主体会聚一起，期望一起协同治理建设村庄。凤二村村级重大事项的决策和实施，在村级党支部的领导下，采用"四议两公开"的方法开展工作，进行民主决策，流程如图 8-2 所示。村民代表会议，一般情况下，遇到重要事情，需要进行协商，由村委会通知每个经济社的社长，社长通过挨家挨户走访、线上微信通知等形式通知社员，在约定的时间，每家每户派一位代表参与，参与者一般为家庭中的家长，每户商家企业也是派一名代表参加。确保各个主体能够有参与权、有平等对话的权利，协商进一步进行。各个主体通过不同形式聚集在一起，主体间的共同利益共生增进彼此间的信任，此外，政府的公信力也能在一定程度上增强彼此间的信任。各个主体在平等、信任的基础上展开协商，营造良好的合作氛围。

支委会提议 → "两委"会商议 → 党员大会审议 → 村民代表会议或村民会议决议

将所形成的资料分类归档 ← 实施结果公开 ← 具体组织实施 ← 决议公开

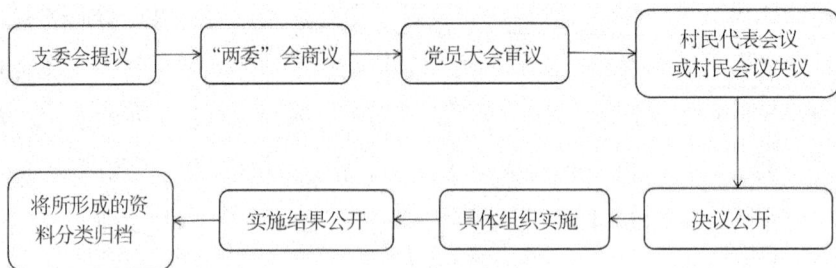

图 8-2 "四议两公开"工作法流程

(三) 承诺协议：主体达成共识，订立相关契约

达成共识是协同治理的前提。随着各个主体的对话协商，接下来是对协商的内容进行定论。决议关乎主体之间的利益，在协商过程中各个主体的利益会被不断调整、协调，以达到相对公平的状态。要确保协同更好地进行下去，最终需要通过承诺、协议、制度等将商议的结果确立下来，确保后续协同的顺利进行。

凤二村建设美丽乡村关键在于各个利益主体达成共识。协同治理各个阶段，各个利益主体存在利益分化的问题，有的主体受益，有的或许会受损，需要找到一个支点来使得彼此都能够接受。对于利益受损的主体，使其能够妥协或者利用补偿等其他方式使其达成共识。在建设村庄公共广场的时候，涉及有些村民自家的土地，根据不同情况制订不同的解决方案，并且根据相关方案措施对相关人员进行补偿，完成利益的协调。达成共识之后，需要用正式或者非正式的形式订立契约。商议结果如果制度化比较低，往往基于彼此间的信任进行口头的承诺，具有一定的道德风险。而如果通过规章制度的形式确定，如协议、意见书等，正式化程度将大大加强，使主体在行动中不容易反悔，信守承诺。凤二村村委会、村民在与企业合作的时候，对协商成果以签协议的形式订立契约，如村民把失管的荔枝树托管给企业，企业对果树进行嫁接与管理，受益后按照一定比例，把利润分给村民、村委会。契约能够让各个利益主体明确自身的权利与义务，使得各个利益主体行动水到渠成，顺利开展合作，协同治理乡村。大学生村干部接受访谈时说：

跟 HL 公司，我们是以"企业+合作社+村民"的形式进行合作，最终以签合约的形式确立下来。此外，我们跟合作社签订的那个凤凰鸡养殖合约，然后跟农户签订那个大棚集中散养那一块合约，就是一起打造凤凰鸡品牌。

（资料来源：访谈资料，凤二村大学生村干部 Z2，2022 年 7 月 15 日）

（四）协同行动：发挥主体功能，合作开展治理

协同行动是指各主体为实现共同目标，通过集聚、协商、达成共识与规则，制订合作方案与相关制度，将理论转化为实践的各类活动。协同行动是协同系统运转的最后一环，也是关键一环，关乎协同成果的成败。协同行动的实践过程中包括横向和纵向多个层级的互动，层级规模或大或小，具体实践过程呈复杂性。在凤二村建设美丽乡村过程中，各个主体的行为与互动也是多种多样的。下面将对各个主体在美丽乡村建设过程中的主要行动进行分析。

1. 江埔街道党委和凤二村党总支

在建设美丽乡村过程中农村基层党组织是领导核心。农村基层党组织是指乡镇和村党组织，是党在农村全部工作和战斗力的基础，全面领导乡镇、村等各类工作和各项工作。[1] 凤二村建设美丽乡村，农村基层党组织不参与具体的建设工作，主要发挥带领的作用，加强对村委会、村民的思想政治引领。确保建设美丽乡村朝着正确的政治方向前进，以及监督党的相关政策落实情况。对建设美丽乡村有着全局性、政策性、方向性的指引。

在美丽乡村建设中，江埔街道党委主要从宣传、贯彻、落实党的路线方针政策和决议、加强自身和村党组织的建设、领导基层治理、讨论和决定乡镇的建设、领导各类组织履行职能、加强干部能力建设等方面对凤二村进行指引建设。凤二村在进行整治之前，村党组织软弱涣散，需要进行革新。2018 年底，凤二村撤换村庄的村支书，重新选举新一任的村支书。

---

① 中共中央印发《中国共产党农村基层组织工作条例》［EB/OL］．（2019-01-11）．https：//www. 12371. cn/2019/01/11/ARTl1547162185106193. shtml.

对于其他的村党组织人员，也进行了相应的调整与撤换，组建了新的领导班子，并设有驻村第一书记嵌入凤二村，为乡村注入新的血液，促进政策在凤二村落地与执行。

凤二村党总支从政治、思想、组织三个层面加强对凤二村的领导，促进多元协同建设美丽乡村。政治上，凤二村党组织积极在村庄宣传党的相关政策，指导推进乡村振兴，教育、引导村民，使村庄更有凝聚力，团结建设乡村。思想上，凤二村党总支从以下几个方面影响村民等主体：一是加强宣传，联合村委会等主体，在凤二村挨家挨户宣传建设美丽乡村以及垃圾处理问题的重要性；二是讲解党的思想理论，在村庄公告栏张贴标语、在村庄拉相关的生态文明建设横幅、派发宣传册、组织观看相关电影等；三是发挥党员示范作用，对凤二村的优秀党员及其事迹进行宣传，给村民树立榜样，激励村民。组织上，凤二村党组织对标优秀村级党组织，如积极与支山社开展党建共建。对标组织振兴，大力开展软弱涣散基层党组织整顿工作，提高整个村党总支的凝聚力和战斗力；新的村支书组织村党组织成员到外地参观、培训学习，比如：

平常都会去一些红色基地，广州的教育基地或者其他城市的教育基地，以增强村党总支成员的党性。

（资料来源：访谈资料，凤二村副书记 Z1，2022 年 7 月 21 日）

加强自身的思想建设、能力建设；加强村庄的党员管理等。凤二村党总支通过一系列举措，加强村庄党的建设，提升村庄的凝聚力，为协同共治奠定良好的组织基础。

2. 江埔街道政府

江埔街道政府在党中央的号召下，积极探索美丽乡村建设路径并且引导实施。在深入了解凤二村的现实情况后，对凤二村进行需求评估，制订科学的规划，并协调配置相关资源，绘制凤二村发展蓝图，主导建设项目，为各项工作的开展提供服务。

制订乡村发展规划。街道政府在深入考察凤二村后，确定以乡村振兴的五大振兴为抓手，整治改造乡村。凤二村规划的主要内容：一是以百亩荔枝园、凤凰鸡为载体，打造特色产业，拓宽农民增收渠道，壮大集体经济；二是以传统文化为核心，发展乡村旅游；三是改善村庄的公共基础设施，改善村庄的居住环境。在基层政府的引导下，村庄各主体响应号召，村"两委"与村民一起在河道里捡垃圾，优化环境，企业与村"两委"、村民等一起协商合作，开发当地资源，推动产业发展，办客家风宴传承乡村文化等，使发展不断走向规范化。关于引导凤二村建设美丽乡村，驻村第一书记这样说：

> 我们是打算以客家文化为主，打造旅游核心区，扶持一些休闲体验区，但是做旅游业的话，吸引企业过来，主要限制在那个土地规划。就是我们盖房子要受限于一块地是不是宅基地，如果是宅基地，就可以建房；如果它是农田的话，是不可以的，企业要发展肯定要用土地来进行规划的，但是我们森林资源太丰富了，我们有最大的 220 岁的古树，135 岁的榕树，我们村有 13 棵这样的树，一个村占了整个街道的 50% 左右，在那个名木古树这一块，不能随意地破坏森林资源。与此同时，整个凤二村的历史有 290 多年。最老的房子，就是以前在山上那边，很多（房子）历史感很厚重，所以说这个村的历史呢，也是比较厚重的。在整改的时候，就要考虑到我们村的资源以及限制，充分把规划做好。如果说我们能把这个村的资源全部用上来，那后面的发展潜力是很大的。

（资料来源：访谈资料，驻村第一书记 J1，2022 年 7 月 20 日）

协调配置资源。当地政府协同相关部门进行资源的调配，建设、发展乡村。首先，在基础设施建设方面，政府给予凤二村微改造更新资金 398 万元，用于建设元牌坊、凤凰广场、党群服务中心，改造村委周边楼房外立面；二期斥资 3300 多万元打造客家文创小镇，建设总面积约 66600 平方米。打造包括改造凤凰老街、男女对歌台、姻缘桥、大水车、小公园、民居外立面整饰等 13 个项目，让凤二村充满客家风情；"要致富，选通路"，凤二村有的村民住在山里面，交通局给予相关的支持，打造了一条通往山里面的道路。

其次，在注入资金、技术层面，政府牵头引入华隆公司，利用企业的技术对村民的果树进行嫁接改造，提升荔枝的品质。再次，在政府的指导牵头带领下，凤二村借助村网通互联网大平台，协调配置村庄资源，利用"互联网+农业"的模式，解决农民"买进难、卖出难"的问题。[①]

就像这边打造"凤凰鸡"，驻村第一书记带头直播，在网上直播带货，帮助链接资源和平台，促进村子里面一些产品的销售，（效果）都不错，同时也带动群众（参与）。

（资料来源：访谈资料，凤二村副书记 Z1，2022 年 7 月 21 日）

最后，政府引入社会组织运营乡村社工站，促进公共服务的供给，吸引社会力量进入凤二村，加强协同力量，使得凤二村美丽乡村建设有多渠道的公共服务供给。

3. 凤二村村委会

村委会是乡村自治组织，是联系政府与群众的纽带，上级政策的实施需要通过村委会这座"桥梁"。美丽乡村建设中，村委会是村庄的代言人，承担着发展村庄经济的责任，是乡村决策者，政策的实施者。

凤二村村委会是建设美丽乡村的决策者。村委会需要对村民进行管理、教育与服务，在整体中起到良好的带头作用。对于村庄的事务，村委会起到统领全局的重要作用，代表着村民，最大限度地尊重全体村民的意向，以维护村民自身利益最大化。在微观层面，单靠村委会自身建设乡村力量有限，凤二村村委会协调多个主体参与建设。村委会在乡村内部充分挖掘乡村的多元主体和资源，在乡村外部引导多元主体和相关要素进入乡村，促进多元主体协同建设乡村。在凤二村建设美丽乡村过程中，村委会主要促进乡村互通、互联、互融，推动形成多元主体集聚优势，推动协同合作，逐渐形成新治理格局。村委会促进与企业互通，与社会组织互融，与村民互联，构建新的治理格局。

在与企业的互通中，凤二村村委会在承接事权的时候，极大地赋予治理主体自主性，扩大企业参与的空间，治理方式、手段、制度设置更加灵活，使企业能多渠道参与乡村治理。凤二村村委会通过一系列活动加强彼

---

① 村网通系统平台包含村级实体服务站、小区港服务站、农村电商系统、乡村旅游、土地流转、农村招商、村红直播系统等，该系统工程的全面实施为农村发展、农民致富提供切实有效的互联网发展平台。

此间的联系，完善治理格局。与企业多形式开展合作，如通过企业募集资金、运用市场化的运作调动村庄的资源、为企业输送劳动力等，实现资源上的互通。凤二村村委会在建设美丽乡村过程中，积极与企业协商参与乡村建设的事务，确保能够在发挥好企业优势的情况下解决乡村事务，不损害其他主体的利益，保持资源、价值、利益互通。

在与社会组织的互融中，凤二村村委会热情接纳外部社会组织进入村庄运营村级社工站，为社会组织提供相应的保障和支持，更好地为村庄提供公共服务。村级社工站发挥枢纽和增能的作用，链接和整合外部公益慈善资源，培育社区社会组织，激发村庄的内生动力，将外部资源与内部动力相结合推动社区治理创新。

在与村民的互联中，凤二村村委会与村民建立和谐信任的合作关系。首先，凤二村村委会搭建协商平台，让村民有参与乡村治理的渠道与机会。其次，凤二村村委会成员发挥带头作用，亮身份、做承诺、供服务，从自身行动做起，起示范带头作用，让村民感受到村委会就在身边做事，让村民信任村委会。最后，通过挖掘乡村的治理精英，让其参与乡村治理，发挥村民所长，为乡村治理出谋划策。

凤二村村委会是建设美丽乡村的实施者。在建设美丽乡村过程中，凤二村村委会从三个层面推进治理，一是带领村民增收致富。凤二村首先致力于农村基础设施的建设，为生产生活奠定良好的基础条件；凤二村村委会优化产业结构：招商引资，吸引外部企业进驻凤二村，建民宿、开农家乐、开餐饮等，发展凤二村乡村旅游；此外，凤二村村委会跟村民组建合作社，与外部企业合作，促进凤凰鸡的标准化养殖与荔枝树的托管。二是建设文明宜居乡村。凤二村村委会大力发展文化教育事业，开展文化教育活动，普及科技知识，提升村民技能，增强法律意识。注重民主文化建设，清晰职责机制，避免踢皮球现象，促进村民与村委会的互动，提高村民的法律意识与道德修养，建设和谐乡村。三是推进民主管理。村委会畅通村民参与决策建设美丽乡村和参与村务管理的渠道，保障村民民主权利，发展多元化的农村自组织，增强服务能力，开展活动。

村民在过去发展意识不强，对原村"两委"班子也没有信心。整改后，我们实行了很多环境整治的措施，脏乱差的旧村庄变成整洁美丽的新村庄，我们新的"两委"班子也积极招商引资，加强与农旅公司合作，以农业、旅游、文化产业相融带动村庄经济的发展。

（资料来源：访谈资料，凤二村副书记 Z1，2022 年 7 月 21 日）

4. 企业

企业拥有丰富的资源，在美丽乡村建设中起到积极带动的作用。建设美丽乡村，立足村庄的长远发展，需要以产业作为支撑，推动乡村经济发展，建设"生产美"的乡村。未进行整改之前，凤二村的集体经济基础薄弱，没有主导产业、特色产业，村民收入不高，村庄经济萧条。企业以营利为目的，希望投入最小的资源，收获最大的产出。企业能够给产业发展提供资金、技术、人员等资源，引领、创新带动村庄发展，把村庄产业建设好，以期获得更大利润。凤二村的企业主要分为外部企业和当地企业，企业以"互利式"治理的形式协同推动、建设凤二村。企业参与建设美丽乡村，主要从两个方面进行：第一，参与打造凤二村产业特色品牌；第二，发展新业态产业，推动文旅融合。

企业参与打造凤二村产业特色品牌主要从打造当地特色产品凤凰鸡，以及发展千亩荔枝园着手。凤二村一直以来都有养殖凤凰鸡的传统，凤凰鸡也是凤二村上榜的省级"一村一品"。附近珠三角地区也有人专门驱车到凤二村，品尝凤二村的凤凰走地鸡。但是，凤凰鸡存在养殖成本较高、销售渠道较窄等问题。凤二村村"两委"了解到该情况后，与当地的养殖大户、散户进行协商与合作，引进来自知名餐饮企业、专家团队、高校师生等的技术支持，养殖大户能加强自身的标准化养殖、产业化建设和扩大化推广工作，着力建立凤凰鸡的全产业链条，加快村级产业发展。另外，凤二村的当地产业以农业、养殖业为主，村里的大多数村民外出务工，对自己的果树缺乏管理，失管率高，荔枝产量不高、品质不优。凤二村村"两委"因地制宜提出"合作社+企业+农户"的发展模式。凤二村引入外部的广州市从化华隆果菜保鲜有限公司，由公司流转承包凤二村荔枝园，村"两委"组织成立专业合作社，农户可以把自己果树的土地经营权当作一种资本，入股合作。每年按果园收成产量进行分成。入股农户占25%，村委会占5%，公司占70%，推行"村集体整合土地资源（以树入股模式）+生产托管"①的模式。企业进行品种优化，并利用数字平台对果树生长进行实时监控，减少了果树因病虫害疾病而产生的损失，提升了产量，实现了盈利。2020年，从化区推出荔枝数字化智能管控平台"数字智慧荔枝果园"，企业通过物联网技术对果树生长的环境、气象、土壤等数据进行24小时持续在线采集、统计与分析，推动将智能监测、智能控制等信息技术应用于生产管理、病虫害预警等的智慧管理。与此同时，企业对1000余亩荔枝树进行改良嫁接，把原先的槐枝换种为井岗红糯，制订生产管理技术标准，对当地果农进行技术培训，聘请他们参与生产作业，还对凤二村荔枝进行定向收购、保鲜、加工和销售，使得荔枝提质，有效地带动辐射周边果农、菜农就业增收，实现村集体、农户、企业多方共赢。

针对村民技能水平低、致富能力低、经济规模较小、增收路子窄、优质农产品销路少等问题，我们企业一方面对村民提供技术支持，经过专业改良，让他们的荔枝能够生长得更好，推动实现荔枝、龙眼等农产品的产量销量稳步提升；另一方面通过果树入股模式，村民不用花一分钱即成为股东，可以获得分红。目前，凤二村有200多户荔枝果农，目前超过80户将果树托管给我们，预计井岗红糯收成时，每户实现年均增收3万元。

（资料来源：访谈资料，HL果蔬公司工作人员Q2，2022年7月22日）

企业多渠道发展新业态产业，推动文旅融合。凤二村位于广州市的郊区，自身拥有深厚的历史文化底蕴，地理位置适合发展乡村旅游。凤二村以村集体的名义创建了凤二旅游经济发展有限公司，一方面，由村集体项目牵头，与外部企业进行合作。引入、建设民宿，发展生态农业，开发旅游精品路线等。另一方面，开发凤二村当地的旅游资源，完善村庄的基础

---

① 企业为小农户和新型农业经营主体提供农机作业、农资供应、农技指导、病虫害防治等专业化农业生产托管服务。

公共设施，让村庄的人文景观更加具备可观赏性，更有吸引力。与此同时，给当地村民提供更多的就业机会。依托当地丰富的客家文化、传统习俗与节日，举办各种文化节、文化活动，传承、弘扬凤二村特色文化，推动凤二村的旅游业发展，展现凤二村特有的文化魅力，让乡村旅游更有韵味。

为推动实现村级种养业由结构单一的旧产业向农旅结合的新产业转变。凤二村成立了凤二E旅游公司，负责村项目建设和产业发展，推动农业创新创业孵化基地和"定制式"种养业逐步成型，加大招商引资力度。此外，对于村庄的一些闲置资源，凤二村积极与企业对接，企业来开发、运营村民的一些老房子（闲置），推行资源盘活、合作共赢、利润分成的模式。指导村民建成农家乐；N发展有限公司打造的民宿已投入试运营；Z民宿管理服务有限公司和本地村民打造的民宿已进入设计方案阶段。吸引游客前来游玩，带动农副产品销售、餐饮消费，提高村民劳务收入。今年，街道办拟继续投入资金对凤二村的牌坊、民宿、核心区域等周边环境进行整治，并计划租用两个经济社约100亩农田果树土地打造百亩花海，推动农旅、文旅融合发展，建设美丽乡村。

（资料来源：访谈资料，驻村第一书记J1，2022年7月20日）

5. 凤二村社工站

社会工作服务对于推动基层治理、建设美丽乡村具有重要的作用。党的二十大报告中强调"完善网格化管理、精细化服务、信息化支撑的基层治理平台，健全城乡社区治理体系"。社会工作服务是打通为村民服务的"最后一米"，凤二村在建设美丽乡村过程中，引入社会工作服务，助推乡村发展。社工站的指导部门是民政相关部门，对外能够链接社会慈善资源、社会企业，对内能为村民增能，培育社区社会组织，激活村庄内生动力，推动村庄内外联动，构建新的治理格局。

美丽乡村建设中，凤二村的社工站利用"三平台"整合内外资源，建设"四基地"为凤二村增能，建设"四基地"激活乡村内生动力。"如愿行动"资源平台：社工站联合村委、志愿者等一起走访困难家庭，了解和关心其日常生活方面遇到的实际困难，针对他们的需求，开展持续性系列关爱帮扶活动，帮扶困难群体实现微心愿；"爱心到家"资源平台：凤二村社工站链接爱心企业，通过"企业补贴+项目补贴"的双补贴方式，为服务对象提供低价生活必需品和食品，帮扶困难群体享受购物优惠；"社区基金"资源平台：凤二村社工站与村"两委"、区慈善会一起创立村社区基金，签订协议，通过一系列活动筹集资金，并把资金给予村庄的困难家庭，满足困难群体生活需求。此外，凤二村社工站建设"村民议事"基地，探索"乜都倾"议事会模式，为村庄协同协商提供平台；建设"社会组织培育"基地，培育5支志愿服务队为凤二村提供服务；建设"志愿服务"示范基地，激发村民参与志愿服务行动，参与建设、服务乡村；建设"乡村文化传承"基地，挖掘、推广凤二村文化。

当时为什么组建服务队来一起帮助村庄的发展，就是源于有一次永顺合作社把它的一些土特产，还有帝田村那边一些什么稻谷米、荔枝干、无花果等，都带到外边摆摊，当时是挺受欢迎的。当时就想着我们能不能利用现成的合作社，通过合作去成立一支这样的队伍。这支队伍主要是通过一些平台去销售我们村庄的凤凰鸡。我们村庄有很多留守妇女，因为她们在家带孩子嘛，或者说出去工作，（工作后）会有一些时间啊，或者是有一些家庭因素（如贫困）的一个限制在里面。那如果我通过一些电商或者是一些什么平台，我们跟合作社帮助这些妇女在家里都能够操作，也能够增加一点家庭的收入，那这个也是可以的，所以当时就成立了"金凤凰协会"。

（资料来源：访谈资料，凤二村社工站工作人员S2，2022年7月18日）

凤二村社工站在建设美丽乡村过程中，进行一系列的"幸福+"活动，助推乡村的经济、文化、生态、社会发展。社工站还运营了"幸福食堂"，实行大配餐，乡村老人能够在这里吃到便宜、方便且美味的饭菜。"幸福食堂"由市政府、区政府、慈善会提供资金补贴，区民政局支持建设，村"两委"负责监督。此外，社工站还培育志愿者，为乡村老人提供送餐服务。社工站举办"幸福学堂"活动，为儿童、妇女、老人等提供学习的课堂。如对凤二村的妇女进行经营、电商、直播技能培训，提高妇女的知识技能水平，使其更好地对村庄特色产品凤凰鸡进行销售，增加收入，社工说：

农村有很多留守妇女，一方面培训她们，为她们增能；另一方面以她们为主，通过她们带领其他的群体成立相关的一些社会组织，形成本土的一个志愿团队，更好地为村子本土的村民服务。

（资料来源：访谈资料，凤二村社工站站长 S1，2022 年 7 月 25 日）

社工站还为村庄提供"幸福义诊"服务、"幸福义剪"服务、"幸福童享"服务等公益服务。目前，社工站在多个方面为村庄提供公共服务，其影响力也在逐渐扩大中，在村庄的认可度也逐步提高。社工站利用自身优势，吸引更多资源注入乡村，补充村庄对资金、技术和人才等的缺口，助推乡村发展。关于社工站在村庄中的作用，志愿者说：

社工站起了好多作用，除了给老人送饭、洗衣服，还组织了很多活动，现在都带动了我们那些老人，（老人）都挺幸福。

（资料来源：访谈资料，凤二村村民 C1，2022 年 7 月 20 日）

6. 凤二村村民

村民作为村庄的主体，是乡村建设中必不可少的重要角色。凤二村从生态环境保护、推进产业项目到开展乡风文明活动等都需要村民的参与合作。村民是建设美丽乡村的主力军。

治理乡村的生态环境是美丽乡村建设的基础性工作，生态环境也会影响村庄其他领域的发展。凤二村根据上级相关政策对全村进行综合环境整治，制订具体实施办法。在落实的时候，将全村分为相对应的组，并配备组长统筹安排管理。主要采用全民参与、监督的形式。村民表示：

我们住在这河道附近，之前垃圾很多，味道很重，尤其是夏天，垃圾堆在那里发臭。村委的人就过来看，带人来捡垃圾，我们有时候看到他们在捡垃圾，也跟着他们一起（捡垃圾）。河道干净了，也就不臭了，不然那个风一吹，味道真的很难闻。我们周围受到影响最严重。他们（村干部）过来帮我们搞卫生，我们也很开心，也很愿意一起搞。

（资料来源：访谈资料，凤二村村民 C3，2022 年 7 月 18 日）

村委会也举办"文明户"评选活动，培养村民的自治意识，希望他们能够在日常生活中约束自己的行为，"文明户"评选活动激励部分村民积极参与村庄共治。但是，大部分村民的自治意识还是比较薄弱的，村民参与公共事务能力也较低。凤二村社工站通过建设"四个基地"，促进村民参与村庄治理。村民议事基地引导村民商议村庄大小事务，共建公共空间，共谋发展。志愿者培育基地、社区社会组织培育基地、乡村文化传承基地，加强村民能力建设，促进村民参与村庄的各项服务，村民可以参与社区志愿服务的决策、实施、管理全过程。

凤二村村民在美丽乡村的建设中，除自身参与其中，还提供资源与经济互助。凤二村一部分劳动力外出务工，家中的老人和小孩留在村子里，对于自己的果树没能力，也没有时间去管理，在有公司可以托管的情况下，村民积极地把果树交给企业经营管理，自己也能获取利润。有的村民对自己的老房子进行改造，使之变成具有当地特色的民宿，雇用当地村民帮忙经营管理，共同致富。还有的村民参与村"两委"组织的就业培训，提高自身技能，在村庄建立文化工作队伍、创业群等，做电商、餐饮、微商等。村民合作盘活村庄内部资源和进行经济互助，增强村庄的内生动力。

五、实践后：凤二村以协同治理建设美丽乡村的成果

协同效果是指协同实践过程中，参与主体为解决同一问题，达到共同目标而采取一系列集体行动所产生的影响，与此同时，其又反作用于协同的整个系统。凤二村通过协同治理建设美丽乡村，在经济、文化、生态、社会等方面都取得了不错的成效，达到所期望的治理效果。协同治理的绩效影响着下一次的协同行为。

（一）经济结构转型升级

产业结构转型，创新经济发展模式。凤二村村"两委"引导村民、企业等多个主体进行合作，从打造"一村一品"凤凰鸡、千亩荔枝园到对观光农业旅游精品路线的开发，实现单一农业结构的升级。在销售渠道上，凤二村与企业对接，实现产销直供，开拓结合现代化信息平台、发展直播

带货等电商销售渠道，提升品牌知名度与产品销量。凤二村借助文化公共空间、文化活动，传承和弘扬凤二村的客家文化、优秀传统文化。凤二村把文化融入乡村旅游中，促进乡村的文旅产业与以凤凰鸡特色产业为主导的产业一齐发展。

凤二村之前的产业比较单一，但是通过发展养殖、民宿、餐饮、旅游、卫生治理等产业，就像凤二村利用客家文化底蕴，打造特色的文旅产业一样，同时推动观光农业、休闲农业的融合发展，给村民提供了100多个就业岗位，等凤二村的特色项目落地后，可以再为村民提供多一倍的就业岗位。

（资料来源：访谈资料，驻村第一书记 J1，2022 年 7 月 20 日）

新业态模式日渐成熟。凤二村在建设美丽乡村过程中，不断创新产业、模式、制度，逐渐深化农业产业化经营，完善企业经营、农户果树入股的"合作社+企业+农户"的模式，提高农产品品质、满足市场需求，村民入股分红增加收入。基层政府与村"两委"积极牵头项目，设立合作社，合作社经营管理，引入企业参与合作，结合凤二村当地特色的农耕文化、农产品、百亩花海，打造观光农业、绿色农业、休闲旅游业，新业态逐渐发展起来。目前凤二村已打造两条精品旅游路线，以"企业+村+合作社"的形式组织运营。凤二村发展新业态的同时也需要技术的支持。凤二村利用互联网技术，以"互联网+农业+旅游业"的形式宣传凤二村，建设乡村的社会服务平台，拓宽农副产品的销售渠道等。

村子里面的环境好了，基础设施也在逐步完善，根据政策上面也有一些补贴，在很大程度上激励着村庄的村民，他们有的选择开办民宿、有的选择做餐饮、有的去做那种旅游服务点，就有很多形式，他们又可以不用出去务工，跟家人在家就能赚到钱、原地就业。所以，村子里面这几年建设的农家乐、民宿等多了很多，由于我们有做一些宣传，来的游客也多了起来，客流量也是可以的。

（资料来源：访谈资料，凤二村大学生村干部 Z2，2022 年 7 月 15 日）

发展新业态，凤二村注册凤凰鸡商标，改良嫁接的荔枝树提升了荔枝的品质，让荔枝在市场上更有竞争力，更有经济效益。此外，凤二村让农业转型，不只是单纯地种植，也发挥种植物的观赏价值。凤二村升级改造后，截至2020年底，慕名而来的游客大概有10万人，凤二村的旅游业使村庄的餐饮、凤凰鸡等农副产品、住宿等收入增加大概10万元。凤二村带动村民致富，走农旅融合发展道路，让农田变景区、村舍变民宿，将美丽环境转化为美丽经济，凤二村让乡村旅游由"好风景"变成了"好钱景"。

现在来旅游的人越来越多，很多人周末就带着家人过来，你可以看到风车那边，很多家长带着小孩子在玩水，很多是从广州市区来的，有的还是从清远、肇庆那边过来的，就来这里吃凤凰鸡，玩水啊这些。

（资料来源：访谈资料，凤二村村民C6，2022年7月25日）

（二）传承乡村优秀文化

文化有潜移默化地影响治理主体参与公共事务、增强乡村凝聚力的功能。凤二村在协同建设美丽乡村过程中，特别重视乡村优秀文化的传承与弘扬，大力发展乡村文化事业、文化产业，也获得较好成效。

凤二村在协同建设美丽乡村过程中推动乡村秩序的重构。凤二村拥有深厚的历史文化底蕴，在乡村建设发展中，利用特有的乡村文化资源，挖掘本土历史文化、山歌文化、客家文化，号召村民参与村庄治理。社工站建设邻里花园，积极挖掘凤二村的邻里互助文化，号召大家共同参与、建设家园。激发村庄的文化认同感，为乡村注入新动能。凤二村制订有关保护环境的村规民约，如垃圾需要进行分类以及垃圾要放到哪里的投放点等，推进乡村文明新风。凤二村逐渐形成了多元主体参与乡村治理、基层党组织领导格局，就多元主体建设乡村的问题进行讨论，探讨解决措施，共建乡村，传承乡村文化，实现以村委会、企业、社工站、村民等为主体协同共治，融合发展，重建规则、重构秩序。

凤二村在协同建设美丽乡村中推进乡风文明的实现。凤二村成立了客家山歌馆、客家文化馆、村史馆，开展有关山歌的讲座、交流会、比赛、演出等特色文化活动，举办文化学堂，加强村民文化教育。在村党支部的带领下，凤二村积极举办"文明乡村"活动，评选文明户，让乡风文明浸润人心。动员村民参与"村规民约","约"出文明新风。社工站积极培育乡土文化传人，倡导一些公序良俗，转变理念，进而影响行为。与此同时举办一些公益活动，如清扫乡村、爱心植树等活动，唤醒村民乡土情怀，促进其参与文明家园建设。村民说：

> 自我们村子里面的文化广场建设好了以来，我们都到（文化广场）一起跳舞了，不像之前单独在某个小空地。大家在一起跳，更加热闹。一起请人来教，很方便，而且，我们还组建了一个艺术团，一起跳广场舞，有时还一起出去吃饭，一起去参加表演。这在之前是没有的，在这里我认识的人也多了起来，大家交流也多了，之前村子里面都只是知道有这个人，现在通过参加各种活动，大家接触得也比较多了。

（资料来源：访谈资料，凤二村村民 C1，2022 年 7 月 20 日）

（三）优化乡村生态环境

美丽乡村的"美丽"最直接的表现就是村容村貌。凤二村制定相关的管理、监督制度，党支部带头进行乡村环境整治，唤醒村民的环境保护意识，对自身不良的破坏环境行为进行约束，加强责任意识。凤二村通过清理河道垃圾；治理企业或商家造成的生产污染，督促其合理排放污染物；对于一些失修、破败的房屋进行修缮，粉刷墙体；对村民的生活垃圾乱堆乱放进行处理，分发垃圾桶，整理垃圾点等行动净化村庄的环境。并在此基础上，制定相关的清扫制度、监督管理制度，保障后续的环境卫生。凤二村对街道两侧、体育器材周围、广场等公共区域也展开合理的规划与布局，栽种花草树木，美化绿化环境。对村民的田地进行相关调整，种植特色果蔬，发展绿色观光农业。对村庄进行无死角整治，装设路灯，建立清洁的公共厕所，在相关区域安装摄像头，监控相关公共财物安全。村庄的面貌焕然一新，整洁有序，秀美宜居。村民说：

> 凤二村整治后，那些厕所都比以前干净很多了。像之前，脏得啊，都没有人敢去上厕所，自改造后，厕所这边每天都是有人去维护的，干净很多，也有很多人在附近玩啊什么的，他们都会去上厕所，干净整洁了，这

样就有更多的人愿意来了。

（资料来源：访谈资料，凤二村村民C4，2022年7月19日）

凤二村经过全面的人居环境整治，为发展乡村旅游奠定了良好的基础，其生态价值日益凸显。村民在村"两委"的带领下，以及在清扫制度约束下，逐渐认识到乡村的环境保护的重要性。乡村要变得生态宜居，需要大家共同努力，守护乡村文明。经过一年的努力，凤二村的生态环境得到明显改善。基于此，凤二村利用村子里面的龙眼树、荔枝树等，作为村庄的特色农作物，加入旅游路线中。游客可以在合适的季节，到凤二村旅游，参观的时候可以采摘果实。生态的改善，既为凤二村提供了良好的居住环境，也为凤二村提供了乡村旅游资源，促进了经济转型升级。村民说：

现在村庄的垃圾，公共卫生方面比以前好很多了，村民的自觉性也好了很多，比如我现在这样，我们把这些脏东西（拿起孙女的雪糕包装纸）都收拾起来，扔进垃圾桶这样子。

（资料来源：访谈资料，凤二村村民C5，2022年7月24日）

（四）社区互助初步形成

1. 建设服务型政府

在凤二村建设美丽乡村过程中，政府转变治理角色，鼓励支持市场力量、社会力量的参与，协同推动乡村发展。第一，制订乡村发展规划。深入了解乡村的情况，充分利用乡村的资源，因地制宜选择发展路径，发挥乡村优势。第二，为协同建设美丽乡村提供良好的环境。乡村在发展过程中需要大量的资金、技术、信息资源等，政府引入市场和社会力量，多渠道引入资源，协调配置资源，推动新的乡村治理格局的形成。第三，调动参与主体的积极性。政府以服务者的角色进入美丽乡村建设，增加很多基础设施的投入，举办惠民工程，推动乡村多个主体的互动。江埔街道政府联合社工站开展多个活动，如大型文艺会演，传承客家山歌，丰富公共服务主体。

2. 村民参与村庄建设

在凤二村建设美丽乡村过程中，村民是重要的主体。村民由之前的边缘化，到主动参与乡村治理，乡村也为村民参与村庄建设拓宽了渠道，提供了相应的保障制度等。凤二村建设美丽乡村推动村民参与：第一，提高村民的参与意识，凤二村的很多村民参加合作社，并且把果树托管给企业，自身也可给企业打工，获取分红和工资，增加收入；村民对于村庄的环境保护意识也日益增强，主动保护村庄环境。

我们给每户派发垃圾桶，让他们慢慢习惯使用垃圾桶。有时我们打扫卫生，也会叫上一些村民，一起打扫，村民打扫后，再丢垃圾时就会注意很多。这样子每个人就会把垃圾放在自己家里，用袋子装起来，最后投入垃圾桶。所以，卫生方面要慢慢养成好习惯。我们还开展文明乡村户的活动，检查每一户，提升村民的文明意识，表现好的，会发给他一个奖牌，利用奖牌，激发村民的竞争意识，提高文明生活的推广效率。通过一段时间的带动和评比，村民的卫生意识得到了大幅的提升，他们也很珍惜文明乡村户的这个荣誉。

（资料来源：访谈资料，凤二村副书记 Z1，2022 年 7 月 21 日）

第二，提高村民的参与能力。村"两委"、企业、社会组织通过各种形式，举办培训，培育职业农民，加强其对乡村发展有关政策的认识，提高村民的就业能力以及自身的知识水平，提高其有效参与公共事务治理能力。

第三，巩固村民的主体地位。凤二村制定村规民约，村民可以通过合适的渠道为村庄建设提建议，也能对建设行为进行监督与投诉等。通过制度以及文化的双重影响，促使村民参与建设乡村，更好地发挥自身优势以及履行相关义务。

3. 社工站助推支持

在美丽乡村建设中，仅仅依靠单一力量很难达到建设、治理的目标。社工是重要的社会力量，能够提供一些乡村建设中缺少的公共服务等，因此，积极推进社工参与美丽乡村建设是很有必要的，全国许多地方都在推进社会工作服务。凤二村原先的社会组织基础比较薄弱，自引入社工站之后，其在诸多领域都发挥着重要作用。第一，丰富乡村社会服务。社工站是乡村公共服务的重要供给者，社工的介入，引导更多社会公益力量的注入，增加乡村公益资源，促进乡村文化的传承，促进本地社区社会组织的培育，丰富乡村活动实践等。比如，社工站运营的"幸福食堂""幸福学堂"，为乡村老人提供就餐服务以及为村民提供学习平台。第二，助推乡村经济发展。社工站链接外部资源与企业，为乡村提供多种生产要素，利用信息化的技术与平台，推动乡村产业发展。如金凤凰协会，利用"电商+农业"，直播带货促进销售。第三，维护乡村社会秩序。社工站有公益性质，是乡村各种利益主体良好协调者，对于调解矛盾，协调利益有着重要作用。

六、结论：基于凤二村经验的实践模式建构

美丽乡村建设是乡村基层治理的一项重要内容，这个过程是一个动态的系统过程，研究其过程发展逻辑具有很强的实践价值。在既往的研究中，协同治理在许多领域得到良好的运用，也逐渐形成较为成熟的普适性分析模型，而目前对于研究有关协同治理推进美丽乡村建设的案例，尚未形成一般性的目标分析框架，普适性的研究模型还没细化到乡村治理这个层面。所以，本章结合协同治理理论与建设美丽乡村的目标属性，建构普适性的分析模型，以此分析建设美丽乡村的影响因素、规律与特征，将在美丽乡村建设实践中的普遍原理具化为一般化、系统化的模型，有益于描述、解释、指导建设美丽乡村。

（一）建构的实践模式图

基于凤二村协同建设美丽乡村的实践过程分析，本章建构了以协同治理推动美丽乡村建设的实践模式。该模式涵盖了协同的起始、运转与结果全过程三个维度以及相关因素的逻辑关系，如图8-3所示。

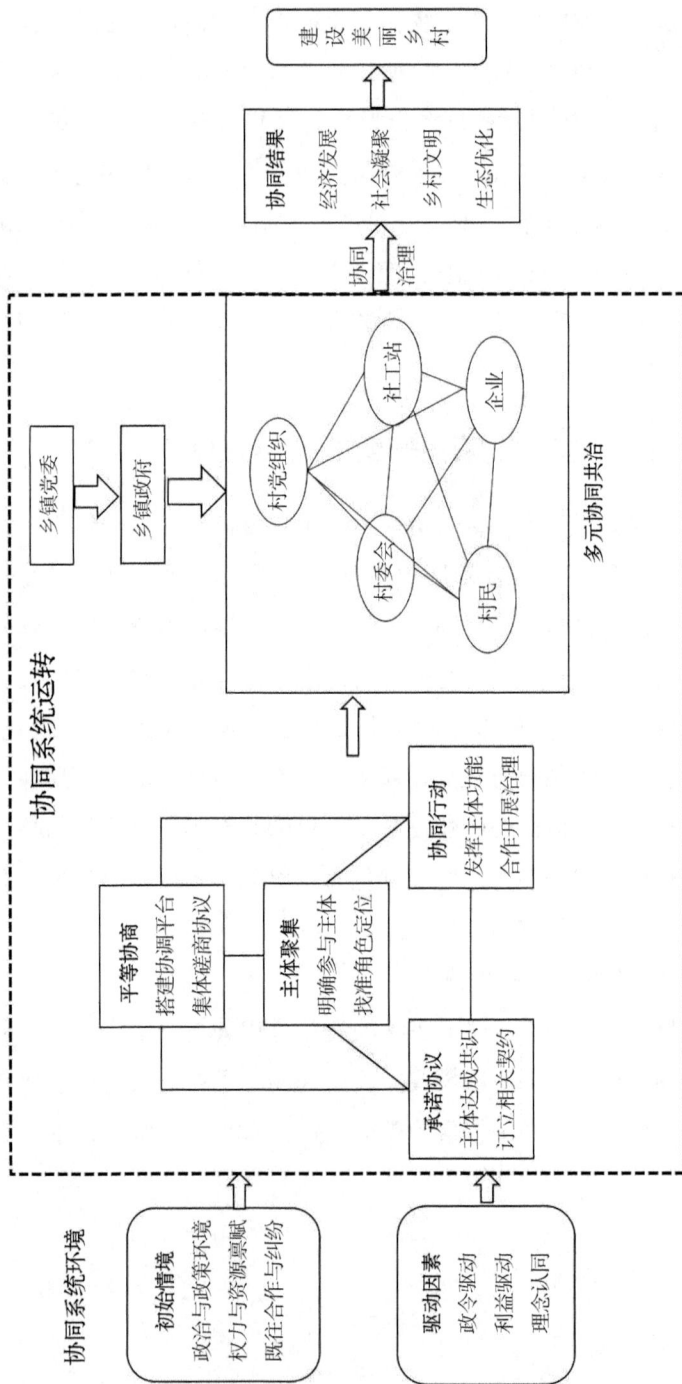

图 8-3 协同建设美丽乡村实践模型

（二）实践模式说明

1. 协同系统环境

（1）初始情境。协同建设美丽乡村不是凭空产生的，而是顺应时代发展规律，其运作与背景环境息息相关。美丽乡村建设依托时代，其开展、运作、持续的全过程都受到环境的影响。这种特定情境下产生的影响对协同建设美丽乡村有时候是积极的促进作用，有时候却是一种阻碍。环境的影响贯穿协同关系的形成、协同中的运作以及决定协同结果的好坏。若参与主体能够在建设美丽乡村的环境中找到有益于合作开展的影响因素，并且让其朝着有利于双方建立合作关系的方向行动，避免那些限制协同建设美丽乡村的因素，则能更大程度上提升协同治理推进美丽乡村建设的有效性。美丽乡村建设的初始情境包括政治、经济、社会等领域，关系到协同治理能否成功启动，此外，也影响着协同启动后的运作过程、效果。环境与整个协同治理过程是一个双向的影响，协同的结果会反馈给现实场域，导致新的关系和合作重塑。

在美丽乡村建设中，外部场域的影响因素是多方面的，概括为以下三个主要方面：政治与政策环境、权力与资源禀赋、既往合作与纠纷。政治与政策环境决定着乡村治理的生长空间。传统的单一管理模式主要借由政府对乡村进行建设与管控，随着多元主体参与乡村建设作用日益显现，提出了构建"共建共治共享"的新格局，政府层级一定程度上影响着参与乡村治理的多元化程度。而国家政策随着社会经济文化的变化会发生相应的变化，影响着实际治理过程中的参与主体的关系以及分工。乡村各个主体拥有的权力与资源条件影响着主体参与治理的行动，有较强的能力以及较多资源者在协同决策中占有优势。在乡村的社会文化中，治理主体的行为习惯、行为方式都影响着协同的运作。既往合作的成功会催生主体间的信任，加大合作的可能性，反之，过往纠纷会使得各方对合作产生相应的顾虑，阻碍合作的形成。本书中，将能够影响协同能力、组织结构、议题与决策的因素概括为权力与资源禀赋；将能对系统目标、制度性动力、多元化程度产生影响的因素视为政治与政策环境；将能影响协同的信任资本、道德风险、示范效应的因素概括为既往合作与纠纷，如表8-2所示。

表8-2 以协同治理推动美丽乡村建设的现实情境影响因素

现实情境	影响表现
政治与政策环境	系统目标、制度性动力、多元化程度
权力与资源禀赋	协同能力、组织结构、议题与决策
既往合作与纠纷	信任资本、道德风险、示范效应

（2）动力因素。乡村治理的动力源泉是基于公共和个人自身的利益需求。在乡村治理的制度性安排影响下，各主体的利益是权变的。有关权力政治学研究表明，利益关联结构、权力结构、功能结构、组织结构，是逐级外显的。在美丽乡村的建设中以乡村的组织结构为载体，去推动权力功能的实现，最终达到获取利益的目的。组织结构的本质是利益结构的外显。乡村是一个利益共同体，无论是社会的控制权力还是创新权力，都依赖于权力结构的作用。权力结构主要涉及静态制度设计层面的体制改革和动态运行机理层面的权力运行。调节政府、市场、社会的关系，进行体制机制改革，促进彼此间相互协调与制约，以保证权力运行。动力机制是促进权力运行不可或缺的。而乡村治理的动力主要来源于利益的驱动、政令的驱动以及价值导向的驱动。政府、社工站、企业等主体参与乡村治理的形式多种多样，但归根结底都是期望达到某种目的以获得某种利益。正是这种"利益"，成为各个主体协同合作的动力因素。协同的环境催生协同的动力，乡村治理过程中的意愿、行动、发展受到动力的影响，因此，在实践模型中把动力置于一个重要的位置。美丽乡村建设中，政令驱动、主体利益诉求的驱动、社会认同的驱动，这些因素有的是内力正向激励的驱动、有的是外力强制性的驱动，它们交互影响着协同意愿的形成与转化。

利益驱动：在协同建设美丽乡村中，利益的驱动贯穿整个治理过程，多元主体对于利益需求是建设美丽乡村的原动力。人们参与建设美丽乡村，能够获得对自身有益的东西，满足自身的愿望，这驱使人们参与活动。但在"利益"的驱动下，人与人之间会存在冲突与矛盾，协同治理的主体，需要调整好资源的配置，使整体维持在一个和谐稳定的状态，提高协同系统的积极性与活力。趋利化是协同不竭的动力，利益联盟运行使得建设美丽乡村充满活力。

政令驱动：在协同建设美丽乡村中，政令使国家统治权实现对乡村的治理。政令一方面从动员层面推动多元主体参与乡村建设，提供参与空间；另一方面也控制着乡村治理。在建设美丽乡村过程中，政令主要调整公共利益与个人追求的关系，联结公共利益与个人利益。当实现公共利益时，如果个人也深受影响，能够收获实惠，那么个人就愿意参与建设美丽乡村，如乡村的生态环境改善提高，村庄更加宜居，村民的幸福感也随之提高，政令推动利益共生，为多元主体协同建设乡村提供支持。

理念认同：在协同建设美丽乡村中，对社会理念的认同让人们积极参与集体活动。随着社会经济的发展，人们的能力提高，有能力解决乡村建设中的一些问题，集体参与乡村的活动，会获得社会的认同，有获得感、认同感。随着价值导向的驱动，人们愿意为集体的目标努力，参与美丽乡村建设。基于自身的利益从体验式活动出发，个体参与建设美丽乡村，积极融入集体，促进社会融合。三种驱动因素相关情况如表8-3所示。

表8-3　建设美丽乡村协同动力因素

驱动因素	层面	表现形式	动力运行
利益驱动	个人行为层面	追求个人生存发展	问题呈现 利益赋予 治理动员 异议处理
政令驱动	政府政策倡导层面	人、财、物、管理等确权、分权	
理念认同	社会群体层面	参与集体活动、发挥创造力和才智	

2. 协同过程

以协同治理推动美丽乡村建设的运作过程。协同过程是美丽乡村建设中的核心环节。由于参与者数量众多且相互间关系复杂，美丽乡村建设场域内可变条件处于持续变动中难以摸清协同过程内部结构，因而有学者将协同过程描述成"黑箱"。目前学术界对于"黑箱"协同治理过程还没有定论，究其核心是多元主体互动的过程。在凤二村建设美丽乡村过程中，把主要实践过程归纳为多元主体集聚、主要通过沟通的形式平等协商、达成共识并订立契约、协同行动这四个环节。

主体聚集，在协同建设美丽乡村中主要指主体是怎么聚集起来的，以及主体之间的角色定位。让主体聚集起来参与美丽乡村建设主要有三种方式，分别是自主式、引导式、命令式。在实际过程中主体聚集的方式影响协同的过程与结果，具体情况如表8-4所示。

表8-4 协同建设美丽乡村主体聚集方式

聚集方式	加入方式	行为自主性	表现形式
自主式	自愿	高	非正式关系
引导式	劝说	中	建设中的公共问题
命令式	命令	低	国家层面的规划建设

主体角色划分。单靠政府去建设美丽乡村，解决公共问题是不太现实的，建设美丽乡村需要包括多个主体，有党、政府、村委会、社会力量方面的组织，如企业、社工站等。他们自身的能力、权力以及资源等存在差异：政府拥有政策、财政补助；村委会本身是村治人才；企业拥有资金、技术、信息等资源；社工站主要拥有资金、公益项目、能为村庄赋能的人才资源；村民拥有劳动力、土地以及其他物质资源，如果树等。虽然各主体之间各有不同，但大家的统一目标都是建设美丽乡村，主体之间要进行良性互动，需要实现信息、资源共享，发挥自身的优势，有效地促进乡村治理。

如何发挥自身优势，协同参与建设美丽乡村，多元主体需要厘清自身的角色定位以及职责。协同建设美丽乡村中多元主体的角色定位与职责：

农村基层党组织：领导核心。党在协同治理体系中扮演着领导者的角色，党在协同建设美丽乡村中提供政治、思想、组织的引领，影响协同建设美丽乡村的治理格局。协同治理乡村，需要一个强有力的领导，从宏观层面进行工作指导与决策，引领各主体建设美丽乡村。

基层政府：引导者。政府在美丽乡村建设中把握建设的方向，是决策的组织者、指引者，引导各个主体参与治理。基层政府连接着上级政府与基层群众，了解基层的情况，因地制宜进行相关策略的调整，落实相关政策。协调配置资源，使乡村的各个主体能够更好地开展各项合作。

村委会：决策者、实施者。村委会是促进政策落地的最后实施者，在基层党组织的领导、基层政府的指导下，村委会对乡村的事务进行决策、管理、调解纠纷、建设乡村等。在建设美丽乡村过程中，村委会协助基层政府开展工作，组建人才队伍，充分整合村庄资源，执行政策。村委会深刻了解村庄的具体情况，知道发展梗阻所在，为发展乡村提供自己的经验与思路，保障村民的权益，促进村庄更好地发展。

社工站：服务者。社工站本身具有公益性，为乡村提供服务是其本质职能。在建设美丽乡村过程中，社工站能够在多个方面提供帮助，如文化传承、村民农技提高、链接慈善资源等，都在为建设美丽乡村补充公共服务领域短板。此外，社工站由于自身的公益特性，也可以协调各利益主体之间的关系，促进协同的形成。

企业：带动者。企业拥有丰富的资源，是建设美丽乡村必不可少的主体。建设美丽乡村，需要庞大的资金支持、技术支持，引入企业，可以为乡村注入丰富的资源。企业良性发展，也能推动当地的就业以及可持续性，使村庄富有活力。

村民：主力军。村民的支持与参与是建设美丽乡村的重要一环。作为建设美丽乡村的受益者，村民应当参与治理。美丽乡村，在村容村貌上，需要村民在日常生活中提升自主意识，需要人人有责维护环境，共建美丽家园；在生产发展上，美丽乡村焕发内生活力，需要村民增收，村民需要参与生产发展和提高技能水平，提高协同治理的效率。

在凤二村建设美丽乡村的过程中，各个主体发挥自己的主体角色功能，协同治理乡村。具体情况如表8-5所示。

表8-5 多元主体建设美丽乡村角色定位与功能

治理主体	角色定位	治理方式	治理投入	治理效益
农村基层党组织	领导核心	带领式	宣传、贯彻和执行党的决定；指导建设、组织发动、合作供给	乡村建设成效
基层政府	引导者	调控式	美丽乡村建设工作：政策、规划、资金、项目	乡村建设成效
村委会	决策者、实施者	执行式	管理、监督村庄事务，实践、传达政策，提供反馈	乡村建设成效
社工站	服务者	助推式	项目支持、资金支持、智力支持	公信力、志愿加入
企业	带动者	互利式	技术、资金、项目、人员	经济收益、声誉、口碑
村民	主力军	参与式	诉求、参与、监督	乡村环境、乡村管理、乡村经济

平等协商是指在协同建设美丽乡村中，多个主体都能够参与并且在平等的基础上进行协商。进行协商的前提是搭建协商平台，让协商在一个合适的场域更有效率地进行。在美丽乡村建设中，协同平台主要由基层政府或村"两委"组建，企业或者社工站等主体也可搭建。如村民代表大会、建言活动、开通村民热线等，有一个良好的交流平台，能够充分交流，解决纠纷与冲突，加强主体之间的紧密联系。在集体协商中有三个核心问题需要解决：在协商中各个主体能不能平等有效参与；协商能不能平衡各个主体的利益，达成共识，在利益冲突的情况下，能不能让个人利益服从集体利益；协商的最终结果能不能做到科学决策。这三个核心问题需要在协商中解决，由于主体的能力不同，根据建设美丽乡村的要素进行权责、利益分配。

承诺协议是指在多元主体达成共识之后,对自身的行动进行确定,最终以承诺、协议、制度等形式呈现。主体之间进行深入的交流,逐步形成对于未来行动的认可,主体之间有契约型观念。在协同建设美丽乡村中,承诺协议要包括两个维度:一是多元主体之间的权力与责任的界定;二是彼此之间需要采取的行动以及达到的目标,以保证协同的运转。协议的内容包括共同目标、行动规划、职责分配等,确保协同的可行性,保障行动方案的合理性,最终使共同目标得以实现。

协同行动是协同系统运转的核心。协同行动包括行动的主体、力度和方向。随着政府的改革以及其他主体的发展,乡村建设已经从传统的政府管理转为引入其他主体共建的模式。在建设美丽乡村过程中,党委领导,政府负责,村民、社会组织(社工站)、企业参与,按照规划部署、协议等,开展合作。各自按照自身的权限以及责任集体行动。各个主体合作建设美丽乡村主要从经济、生态、社会、文化着手,如表8-6所示。

表8-6 多元主体协同建设美丽乡村行动

维度	行动	目标
经济	特色主导产业、发展新业态	经济结构转型,模式创新
生态	综合整治	环境意识提高,生态价值凸显
社会	角色转变、多元共治	社会凝聚,构建共建共治共享新格局
文化	文化事业、文化产业	乡村秩序重构,乡风文明重塑

3. 协同结果

以协同治理推动建设美丽乡村的结果。协同结果是美丽乡村建设后产生的结果,如生态、社会、文化、经济等方面的协同绩效,反映了协同治理的价值。协同结果不仅仅只是协同,也不完全限于目标的达到,协同过程中还可能产生一些其他的效益,对所在的场域产生改变,这种情况是难以衡量的,如一些参与主体的关系变化。我们需对协同的结果进行评价,对不好的行为进行问责,避免其再次发生。

协同建设美丽乡村的绩效是指治理取得的总体效果。本章中把建设美丽乡村分为四个维度考量，协同的结果也从这四个维度进行相对应的体现。在协同成果中，美丽乡村不只是外部村容村貌的美丽，还包括村庄内部的美丽，如经济发展、文化传承、社会凝聚等。此外，协同治理也能获得额外的收获，促进治理效率的提高以及主体之间关系的打造，增强主体之间的信任，为下次协同行动打下良好的基础。

（三）该实践模式的适用性与局限性

1. 该实践模式的适用性

本章运用协同治理理论，对凤二村治理情况进行深度访谈与实地调查，收集原始资料，针对凤二村的实际治理情况进行科学分析，形成了以凤二村为样本的多元主体协同推动美丽乡村建设的实践模式研究成果。一方面，要明确美丽乡村建设中的协同治理实践模式是否具备普适性与推广性。本章的协同治理实践模式是在已取得良好成效的乡村实践案例的基础上，结合协同治理理论构建起来的，详细阐述了协同的初始情境、动力、运转过程以及所要达到的结果，使得协同建设美丽乡村有章可循，这个实践模型能够为建设美丽乡村提供新思路。另一方面，本章选取案例具有可复制性。凤二村是一个普通的城郊村，许多前置条件是城郊村普遍存在的，而有些因素也是能够通过短期调整、建设改变的。因此，凤二村的案例是可以复制的，具有推广性与价值。

2. 该实践模型的局限性

本章是基于凤二村的乡村建设实践经验研究，单个案例有一定的局限性，所建构的模式适用于城郊型的村庄，对于其是否适用于其他类型的村庄，还有待进一步的探讨与研究。此外，由于篇幅、时间有限，本章对于多个主体之间的协同合作所涉及其他方面的角度有待考究，实践模式还有待进一步深化与完善。

第九章 社工推进乡村
社区治理创新的实践模式

根据从化区三年多的行动研究，也结合相关理论和政策，初步建构出一个具有一定推广价值的"乡村振兴下社工推进乡村社区治理创新的实践模式"，如图9-1所示。

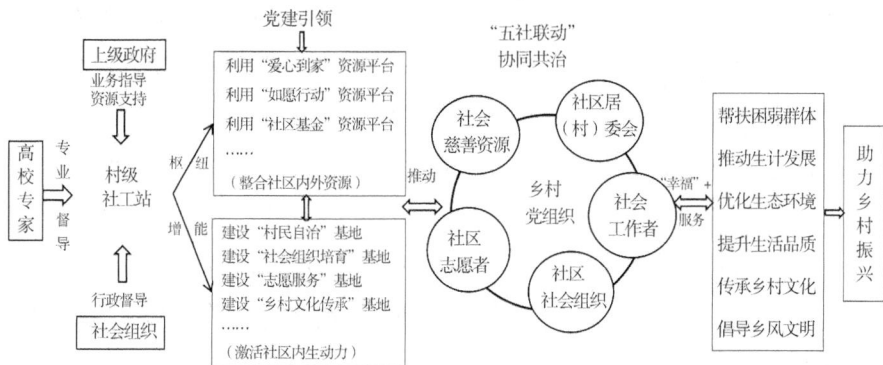

图9-1 乡村振兴下社工推进乡村社区治理创新的实践模式

该模式中社工以村级社工站为依托，发挥专业优势，推进乡村社区治理创新。村级社工站由上级政府、高校、社会组织共建共营，上级政府以政府购买服务项目的方式，提供资金、场地和政策支持；高校组建"社工专家团队"开展项目督导和研究工作；社会组织则发挥行政督导的功能，招募、培训、管理社工，以项目团队的方式开展项目运作，提供专业服务。村级社工站在政府、高校和社会组织的支持下，以外部专业力量嵌入原有村庄体系中，推动村庄社区治理创新、助力乡村振兴。

一、社工以村级社工站为依托发挥"枢纽"功能，撬动社区内外资源助力乡村振兴

第一，有效利用区"如愿行动"资源平台，帮扶困弱群体实现微心愿。社工以社工站为依托联合村"两委"、志愿者等一起走访困弱家庭，了解其日常生活中的实际困难和需求，有针对性地开展持续性的系列关爱帮扶活动，点亮微心愿。

第二，有效利用区"爱心到家"资源平台，帮扶困弱群体享受购物优惠。社工以社工站为依托链接爱心企业，为困弱群体独家定制特惠电商超市平台，每月推出"爱心清单"，通过"企业补贴+项目补贴"的双补贴方式，为服务对象提供低价生活必需品，并由社区志愿者提供送货上门服务。

第三，有效利用"社区基金"资源平台，帮扶困弱群体及时满足需求。社工以社工站为依托动员乡镇、村委会、企业、村民、乡贤、社会组织等主体，筹集社区慈善资金，搭建社区内慈善资源共享与合作平台，促进多方合作；链接外部慈善资源，引进专业服务项目，推动社区基金与社区需求对接，补充支持乡村基础服务。社工站还联合村"两委"、村民代表等，成立基金管理委员会和监督委员会，做好社区基金的筹集、使用和监督工作，引导社区形成自助互助服务体系，持续满足村民需求和村庄发展所需。

二、社工以村级社工站为依托发挥"增能"功能，培育社区内生动力

第一，建设"村民议事"基地，推进村民自治。探索"乜都倾"议事会模式，推动村"两委"、社区社会组织、村民、志愿者等多元主体以议事会方式，共商村内大小事务，促进村民参与，共谋社区发展，激发自治活力，引导多元主体共同参与乡村治理。

第二，建设"社会组织培育"基地，将村民组织化。依托村社工站建立"社区社会组织培育基地"，为乡村社会组织提供孵化培育、能力建设、资源共享等支持性服务，将村民组织化，更好地发挥村民所长，促进其深

度参与乡村各项服务。

第三，建设"志愿服务"基地。重点发展村民成为志愿者，并吸纳外地志愿者进入，定期开展困弱群体探访、送餐、买药、买菜等服务，推动"兜底型"救助向"发展型"救助转变，村民间守望相助。

第四，建设"乡村文化传承"基地。社工带动村民致力于挖掘、培育、推广乡村文化，村庄可根据各自特色及资源形成不同的文化，如凤二村开展村庄节庆和公益游等，多形式挖掘客家文化，创新文化传承载体，推广客家文化；帝田村开展"月行一孝"和德孝香囊义卖等活动，链接企业资源，强化村民的德与孝，营造德孝村庄文化氛围；三村村挖掘和提炼红色村、红色娃的红色故事，弘扬红色文化精神，并联动村内多元主体打造红色农副产品——番薯干，为村民带来经济收益。

三、社工在慈善资源与内生动力的交互作用下推动村庄"五社联动"协同共治

社工借助村级社工站发挥"枢纽和增能"功能，撬动了社会慈善资源，激发了村庄的内生动力，社工在社会慈善资源与内生动力的交互作用下推动了村庄"五社联动"协同共治。村党组织发挥核心引领作用，村委会发挥自治功能，社工发挥专业功能，共同培育并带动社区社会组织和志愿者参与社区治理，共同决策和有效使用社会慈善资源为社区发展服务。

"五社联动"协同共治助力乡村振兴。"五社联动"共同开展"幸福+"社区服务，围绕乡村振兴目标开展困弱群体的保障性服务，促进社区生计发展、乡村文化传承、人居环境改善、社区互助精神培育等，以此增强村民的社区归属感、获得感和幸福感。

该模式具有一定的弹性和灵活性，利于推广。该模式中的平台和基地建设可根据村庄自身需要和资源状况来增减，以适应村庄发展。村级社工站在"五社联动"下开展"幸福+"系列服务活动，可根据每个村的具体需要和资源状况设计不同服务内容，每年还可根据服务进度安排不同主题。

第十章　社工推进社区共治典型案例

在三年多的行动研究过程中，形成了一些具有一定推广价值的典型案例，总共有 11 个，涉及社区共治的多个方面。

涉及老人服务的有：

案例一：社工助力打造村庄"幸福食堂"

案例二：社工推进多方联动开展"幸福墟日·老人生日会"

案例三：社工推进农村独居老人社区互助的服务策略

涉及村民参与社区治理的有：

案例四：社工培育乡村社区社会组织的过程

案例五：社工激发妇女潜能撑起村庄"半边天"

案例六：社工推动儿童参与社区治理的服务策略

涉及慈善资源的有：

案例七：社工调动社会慈善资源的实践路径

涉及产业发展的有：

案例八：社工推动公益助农，促进城乡合作

案例九：社工助力"一村一品"产业发展

涉及乡村文化传承的有：

案例十：社工推进多方发力，共建村庄德孝文化

案例十一：社工助力客家文化传承与发展

案例一 >>

社工助力打造村庄"幸福食堂"

一、村庄"幸福食堂"的建设背景

《"十四五"国家老龄事业发展和养老服务体系规划》中明确指出，我国养老服务还存在发展不平衡不充分等问题，构建城乡老年助餐服务体系，重点是补齐农村、远郊等助餐服务短板。广州市于2016年成为全国居家和社区养老服务改革试点地区，至今已建成1036个"老人饭堂"，实现城乡社区全覆盖。从化区自2017年起积极推进"老人饭堂"建设工作，已有100个"老人饭堂"分布于全区各镇街。从化作为广州市行政面积最大的区，农业人口较多，已建成的100个"老人饭堂"中有71个位于农村社区。

农村社区建设"老人饭堂"普遍面临经费和运营两个难题。农村老人生活节俭，自己做一餐饭的成本很低，在城市居民看来每餐3~7元比较便宜的餐费对于他们来讲还是有些昂贵。行政村辖区范围比较大，各自然村落分布较为分散，不少老人需要送餐服务，然而承担老人饭堂运营工作的往往是村中的早餐店或小吃店等小商铺，他们对"大配餐"系统的操作方式不熟悉，也没有足够的人手提供送餐服务，因此一些村居"老人饭堂"在经营一段时间之后便处于停摆状态。

在从化区民政局的指导下，从化区凤二村和帝田村分别建立了村级社工站，社工在探访中发现，农村老人对"大配餐"有着较大的需求。一日三餐是留守老人生活中最重要但也是最被敷衍的事情，老人虽能吃饱但难吃好，不利于身体健康。经过反复探讨，广州市从化区民政局指导支持凤二村社工站、帝田村社工站分别与各自村委会合作共建"幸福食堂"，通过激发村里留守妇女、志愿乡贤、爱心企业等资源和优势，为村内的老人及重度残障人士等具有就餐需求的村民提供配餐助餐服务。

二、村庄"幸福食堂"的运作机制

凤二村和帝田村的"幸福食堂"采取政府补贴、村民共建和慈善基金助力的资金投入模式，以"幸福食堂"为核心，以配餐助餐为抓手，形成"幸福食堂+"助餐配餐服务模式，充分激发热心村民、德孝乡贤、爱心企业作用，开展自助互助志愿服务，为农村困难老人、重度残疾人、留守困境儿童等群体提供多元化服务。"幸福食堂"的运作机制具体为：

（一）政社合作拓宽资金来源减轻老人经济负担

如何让有需要的老人承担得起就餐费用，食堂能够保障最基本的成本是"幸福食堂"运营的前提条件。

凤二村和帝田村的"幸福食堂"采取政府补贴、村民共建和慈善基金助力的资金投入模式，减轻老人经济负担。两个村"幸福食堂"的运营除广州市和从化区的补贴，还获得了从化区慈善会和村内社区基金的共同支持。目前，"幸福食堂"就餐者中60~79岁的老人每月仅花费200元；80岁以上的低保低收入老人、19~59周岁的重度残疾人和与老人共同生活或由老人抚养的留守儿童、事实无人抚养的儿童等每月仅花费120元；五保户每月仅花费50元。"幸福食堂"不仅提供午饭，也根据老人的需求提供晚饭配餐服务，每日的菜品，既要考虑老人饮食习惯，也要考虑营养搭配。

（二）"社工+志愿者"共同协助提升食堂就餐送餐能力

在费用如此低的情况下，"幸福食堂"的运营以及送餐服务得以保障，要归功于社工和志愿者的共同协助。

"幸福食堂"的工作人员并不多，两个村各有一名主厨师傅，负责煮饭，事实上，她们本身也是村内志愿者，她们的工作虽有补贴但并不高，一个月仅为1500元，因此她们的工作在一定程度上具有志愿服务的色彩。凤二村和帝田村社工站的社工协助统筹"幸福食堂"的管理工作，包括财务管理、质量监督、菜单选品等。社工针对"幸福食堂"招募组织志愿者，志愿者负责食物的备料和外出送餐任务。无论刮风下雨，志愿者都会准时为有需要的老人送餐上门。乡村道路不同于城市中的平坦大道，多是陡坡或窄道，志愿者每天在暴晒或大雨中奔波，毫无怨言。志愿者承担的并不仅仅是送餐任务，她们还是社工的"眼睛"和"耳朵"，社工培训志愿者在送餐过程中留意老人的生活情况，排查居家安全风险，听取老人的用餐意见、了解老人对社工服务的需求等。对于用餐老人而言，志愿者有时候甚至比家人还要关心自己，许多高龄独居老人腿脚不便，多年深居在家，信息不灵通，与家人联系松散，有志愿者每天上门送餐，老人的基本饮食有了保障，安全感和幸福感大大提高。

（三）社工专业服务紧密围绕"幸福食堂"大做文章

如何以"幸福食堂"为契机，延伸拓展"幸福食堂"的功能，将社工专业服务紧紧嵌入其中？

凤二村和帝田村社工站积极探索"幸福食堂+"社工服务模式，依托"幸福食堂"项目，不仅将农村老人、残疾人、留守困境儿童等困难群体纳入社工专业服务范围，而且搭建社区党员志愿者服务群众的平台，在"幸福食堂"内为党员志愿者设岗定责、充分引导农村党员在"幸福食堂"日常管理、志愿服务等工作中发挥先锋模范作用，共同打造共建共治共享的社区治理格局。社工通过参与"幸福食堂"工作，增加了与老人接触交流的机会，更为清晰地了解老人的服务需求，以便开展相应的社工服务。社工在食堂饭厅配备血压计、血糖仪，方便老人就餐时顺便检测自身的健康状况。社工从困难老人的身体需求出发，开展老人防疫、防跌倒、生命体验、智能手机学习等主题工作坊；在传统重大节日，如中秋、冬至、春节、元宵节等链接资源开展老人、残疾、低保弱势群众等慰问活动。凤二村和帝田村社工联合村内志愿者为72户有居家照顾要求的老人提供居家卫生清洁、居家改造、情感支持等邻里互助服务。

二、村庄"幸福食堂"的服务成效

截至2022年3月18日，凤二村"幸福食堂"登记助餐配餐服务需求118人，享用助餐服务75人，其中享用送餐服务29人，累计就餐服务达32944人次；帝田村"幸福食堂"每日就餐人数在30～35人，享用送餐服务14人，累计就餐服务达23318人次，其中包括5位其他村居民。两个村的"幸福食堂"累计服务五保户20人，80岁以上老人42人，60～79岁老人21人，低保和重残群众各1人。以上数据从总体上反映出凤二村和帝田村的"大配餐"服务已经取得了较大的突破，无论是服务人数还是服务总人次都比较可观，这在乡村是比较难得的。"幸福食堂"自设立以来，认真接受上级政府、村民代表等的监督。广州市居家养老平台每年度对食堂的运营状况进行评估，市场监管部门不定期到食堂检查各项工作，村委干部及村民代表也会定期询问就餐者的意见或到现场查看情况。社工和志愿者也定期开展老人需求调研工作，根据老人的身体情况、口味需求等情况做好膳食的营养搭配，制定菜式丰富、营养全面的"每周营养食谱"，撑起用餐者的健康保护伞，不仅让服务对象吃得饱，也让他们吃得好，吃得开心，切切实实提高他们的幸福感。有老人向社工反馈道："食堂伙食很好很棒，来食堂用餐两个星期后，我重了3斤。"

四、典型服务事例

（一）前来取餐的金婆婆

金婆婆身体瘦小，佝偻龙钟，是凤二村的高龄独居老人，已在"幸福食堂"用餐两年，有独立行动能力，每天都会拎着菜篮子来食堂打饭用餐。"幸福食堂"尚未开张之前，金婆婆自己在家做饭，用简单的瓦煲煮柴火饭，饭煮好之后，瓦煲里的热水继续用来烫几片青菜，稍稍加点油盐，便是一顿饭。"我50斤花生油能吃一年呢!"金婆婆颇以自己的勤劳节俭为荣。但是饮食上的节俭却让她出现了严重的营养不良，长期缺肉少食，缺乏蛋白质和钙的摄入，让她整个人非常瘦小。来食堂就餐后，金婆婆在短短两周内就胖了3斤，脸色也变得红润起来，亲朋好友都惊讶于她的变化，金婆婆在食堂不仅吃得越来越健康，也吃得越来越开心。2022年寒冬，按照疫情防控要求，"幸福食堂"暂时停止供餐。社工和志愿者去金婆婆家探访，发现在气温15℃以下的冬日，金婆婆在家着凉拖薄裤，鞠着自己的腰，蜷缩在厨房的大锅灶火炉前添柴火取暖。厨房杂乱无章，锅灶和碗碟早已生锈发霉，年长的老人根本无力去打扫厨房，没有食堂的餐饮供应，金婆婆用热水冲开了半生不熟的米饭，就着吃剩的隔夜冷菜，就当作一顿午餐。好在随后"幸福食堂"恢复运营，金婆婆不必再吃冷饭冷菜，同时能够每天在"幸福食堂"中跟老伙伴相遇、交谈，生活也变得更为健康、更为丰富。

（二）需要送餐的丘姨

丘姨年近七十，独居于简陋瓦房，由于腿脚不便，只能达到勉强自理生活的程度。在接受"幸福食堂"的志愿者送餐服务后，丘姨的基本饮食需求得到满足，遇到雷雨天气，丘姨也不必因要买菜而艰难出行，提高了老人晚年生活的安全性。老人独居在家，随时可能遇到滑倒摔跤、诈骗盗窃等安全隐患，"幸福食堂"每日送餐服务能够及时发现风险，保证老人安全。有一次，凤二村的志愿者在给丘姨送餐时，敲门门不开，喊人人不应。在紧急情况下，志愿者打电话通知社工，社工与村委会干部一起联系丘姨的家人，迅速打开丘姨家的门。开门后，发现丘姨摔倒在地，动弹不得，也没有回应人的力气。幸亏志愿者发现及时，丘姨家人将其送诊治疗后已无大碍。

五、结语

金婆婆和丘姨的故事并非个例，而是农村独居老人日常生活的小小缩影。脱离了家庭照顾，如果没有社区居家服务，农村高龄独居老人往往是孤苦无依的。"幸福食堂"的服务一旦中止，哪怕是短短几天，都会给老人的生活带来极大的不便，急速降低老人的饮食健康质量。"幸福食堂"送餐服务也成为社工解决老人突发状况的重要渠道。志愿者送餐时如果遇到突发情况会及时联系社工，再由社工跟进处理。社工站的日常工作中，社工也会培训志愿者如何与老人交流，如何挖掘老人的服务需求，因此，志愿者并非将餐品放在门口就走，而是会花一些时间和老人交谈，探知老人近况。送餐上门服务被转化为志愿者对独居老人的探访服务，充分体现了村民之间的邻里互助精神。

"老人饭堂"是基层政府深化乡村公共服务与社区福利的重要举措，也是村级社工站温暖人心的服务探索。如何真正让这些服务符合乡村的实际需求，让善意转化为村民的福祉，成为目前基层政府与村级社工站开展进一步精准化、差异化服务的关键所在。让服务真正落地，让老人尽享关爱，从这个意义上讲，从化村级社工站助力打造"幸福食堂"的探索具有不可多得的本土价值与在地意义。

案例二 >>

社工推进多方联动开展"幸福墟日·老人生日会"

一、服务背景

广州市从化区鳌头镇帝田村是一个典型的"留守村落",地理位置相对偏僻。通过项目调研发现,村民日常生活较为单调,娱乐方式较少,尤其是缺乏较为大型的集体性娱乐活动,加之村民间互动不足,联结不够紧密。因此,在从化区社会组织联合会的指导下,帝田社工站开展"幸福墟日"系列活动,联动鳌头镇相关部门、帝田村村委、社会公益团体、本村志愿者等共同筹划组织,每季度开展一次"幸福墟日"活动,加强村民间的互动,促进村民联结,提升村民的社区归属感。

受项目周期影响,基于帝田村老人居多且其易与村内其他群体产生隔离的现实情况,以及村内良好的尊老爱老传统文化的可实现条件,在现阶段,将老人作为该系列服务的主要服务对象,以"老人生日会+义诊+义剪"为主要活动内容,联动内外资源,提升村民幸福感。

二、服务过程

"幸福墟日·老人生日会"是帝田社工站目前开展的较为大型的服务活动,老人、志愿者和其他村民都表示活动很有意义,也愿意支持社工的服务开展。从与骨干志愿者商讨,到活动前筹备会议的开展、外部资源的链接与协调,再到最后老人生日会的顺利开展,都是社工一步步探索、村民积极支持、各方共同努力的结果。

(一)初探:发动内部资源,探索"幸福墟日·老人生日会"可能性

通过前期大量的村民入户探访和基础服务活动,社工了解到大部分老人在家很无聊,伙伴越来越少,有时自己一个人呆呆地坐一天,孤独感渐长。且随着年龄增长,老人行动越加不便,而村子较偏僻,很多个人问题都需到外面解决,如理发、体检等,但之前这种需求很难得到及时满足。

与此同时，基于社工站良好的意见反馈机制，花木兰志愿者骨干也向社工提出为村中老人举办生日会的意见。两相之下，在与志愿者商议后，社工在从化区社会组织联合会的指导下，初步构思了"幸福墟日"系列服务，并计划将"幸福墟日"的主要活动内容定为"老人生日会+义诊+义剪"。为促进村民参与，共建村庄，社工召集更多的志愿者一起探讨活动开展相关事宜。了解活动目的后，志愿者纷纷表示支持，并表示这是好事，老人家确实挺孤单的，给他们办一场生日会，乐一乐，大家联系联系感情……如此，社工前后组织村民和志愿者共开展了3次活动筹备会议，每一次都对活动相关内容进行进一步的确认和细化。在动员村民和志愿者的基础上，社工还链接了村外的从化区退休科技工作者协会的义诊医生和理发师志愿者资源，为老人提供义诊义剪服务，在活动筹备期间，也一直通过微信和电话等方式，持续地与义剪义诊的志愿者进行沟通，达成共识，以保证活动的顺利开展。在整个过程中，社工基于培养村民参与和自治的意识和能力的目的，一直扮演着协助者和引导者的角色，让志愿者担当主力，发挥他们的主体性力量。

2021年5月22日，"幸福墟日"第一季度生日会正式开始，此次活动由花木兰志愿队队长芬姐作为"老人生日会"环节的主持人，共邀请12位寿星老人，为他们集体庆生，增强老人间、老人与其他村民间的交流互动。"祝你生日快乐，祝你生日快乐，祝你幸福祝你健康……"社工和志愿者用歌声与祝福为寿星祝生，大家脸上都洋溢着幸福的笑容，活动现场满是温馨。考虑到老人是最希望获得子女的祝福的，社工还拨通了寿星家人电话，让远在异地的亲人也能为寿星送上真挚的生日祝福。生日会结束之后，村民还可在文化广场享受义剪义诊服务。本次活动调动了志愿者、医生、理发师共24人，服务了近100人，村民对活动的评价很高，并表示希望能一直有这样的服务，至此，村民集体参与的第一季"幸福墟日·老人生日会"圆满成功。

（二）进阶：联动内外资源，筑牢"幸福墟日·老人生日会"

第一季度的"幸福墟日"生日会的开展，让社工和志愿者都看到了开展"幸福墟日"系列活动的可能性，但也反思发现在活动开展过程中忽视了村委力量的发挥。因此在计划开展第二季度"幸福墟日"生日会时，社工积极与村委沟通，获得了村委的支持，如针对生日会现场乱停车问题，村委积极配合通知村民提前挪车。并且，在第一季度生日会的经验基础上，针对内部资源，社工扩大了参与志愿者队伍，由原来的 2 支志愿者队伍扩展至 3 支志愿者队伍参与，动员"小哪吒"志愿者参与；针对外部资源，除从化区退休科技工作者协会，社工站还链接了从化区关工委和佛冈县阳光志愿服务队共 3 支志愿队伍开展义剪义诊服务，在召集的志愿者的数量上有显著提高。更多人参与"幸福墟日·老人生日会"的建设和服务。同时，社工对内外资源进行联动，安排村内外的志愿者配合开展义诊义剪，由村内志愿者引导老人到指定位置并协助村外志愿者进行服务，村外志愿者需要上门义诊时则由村内志愿者领路到老人家中，村内外志愿者在一次次的参与中，更加配合无间，对参与社区事务更有信心，更有动力。

2021 年 9 月 19 日，"幸福墟日"第二季度生日会在从化区关心下一代工作委员会、村委、帝田村"花木兰"和"夕阳红"及"小哪吒"志愿服务队、从化区退休科技工作者协会和佛冈县阳光志愿服务队的共同努力下顺利开展。活动结束后，社工回访了 10 位村民，村民都表示活动开展得不错，希望这样的活动能够定期开展。经过这两次生日会的开展，社工看到了志愿者参与活动的积极性和策划组织的能力，说明村民在关乎自身需求和利益方面，是会主动出击、积极配合的，因此，社工在开展服务中要注意紧扣村民需求，引导村民表达、思考和行动，扮演好协调者、引导者的角色，促进更多村民参与村庄集体事务。

三、服务成效

"幸福墟日·老人生日会"活动从 2021 年 5 月开始至今，取得了不错成效，主要体现在以下几个方面。第一，在动员资源层面，为了举办"幸福墟日·老人生日会"，社工前后共链接了 3 支外部志愿者队伍，志愿者类型多样，有医生、护士、理发师等，同时发动了村内 3 支志愿者队伍，一共动员了 72 人次的志愿者。第二，在服务对象层面，通过现场观察、对话和回访，发现老人对"生日会"的形式和内容整体较为满意，活动获得了老寿星的一致认可和赞扬。第三，在志愿者收获层面，从活动的初构和策划，到组织和开展，志愿者一直参与其中，发挥着至关重要的作用，志愿者较高的参与感带来自我价值的满足和自我能力的提升。到目前为止，社工站一共开展了4次"幸福墟日·老人生日会"活动，共服务了431位老人。

四、服务展望：构建"幸福墟日"新网络

从初探到进阶，社工和志愿者对于"幸福墟日"系列活动的未来开展越发具有信心，村民志愿者对于参与社工服务和社区事务也越加得心应手。未来，帝田社工站将着力把"幸福墟日"系列活动的服务对象从老人扩展到儿童、青少年、妇女和残疾人，借鉴生日会活动的内外资源联动模式，以服务群体为点，以服务内容为线，在点线明确的基础上，推动不同群体服务之间的交叉融合，点、线、面结合，构建"幸福墟日"新网络，加强村民联系，满足村内不同群体的"幸福"需求，提升村民对村庄的归属感，实现幸福生活！

案例三 >>

社工推进农村独居老人社区互助的服务策略

一、服务背景

近年来，我国人口老龄化趋势不断上升。2020年第七次人口普查的数据显示，我国65岁以上的老年人口数量约为1.9亿，其中广东省的老年人口数量约为1081万。同时，广州市卫生健康委员会发布《2021年广州市老年人口数据手册》，其中显示广州市从化区独居老人为969人，占广州市独居老人总数的3.69%。子女以及配偶的离去使独居老人相比普通的老人处于更加弱势的地位。《中华人民共和国老年人权益保障法》提出的"五个老有"是应对人口老龄化的大方向，对于独居老人来说，满足"五个老有"的需求显得更为迫切。

广州市从化区鳌头镇帝田村目前有15位独居老人，有的独居老人经济条件较好，且生活能够自理；有的独居老人则靠着低保金勉强度日；甚至有的独居老人生活难以自理，需要养老护理员上门服务。一直以来，帝田村委坚持"为老尊老"的理念，致力于为老年人服务，以期建立一个老年友好社区，社工在前三年的服务基础上尝试推进独居老人社区互助服务。

二、服务的可行性

（一）村内存在老人互助基础

从社工站过往资料中可以看出，帝田村内一些独居老人会自发地进行一些互助行为，如互相之间串门，在为对方提供精神慰藉的同时，还会为对方解决一些简单的需求。但老人之间的互助行为完全出于个人意愿，没有形成一定的模式。社工可以在这一基础上吸纳包括但不限于老人的志愿者，形成一定的互助养老机制，这有利于完善村内养老体系，构筑老人的幸福晚年。

（二）村内具有潜在助人者

社工通过社区走访发现，村里有一些行动能力较好的低龄老人具有一定的助人意愿，但还没有迈出助人的一步。同时，帝田村本身拥有多个大队，地理位置跨度较大，这也在一定程度上降低了互助的可能性。除了老人，帝田村还有一些志愿者，如花木兰志愿者、小哪吒志愿者等，他们都是可以利用的资源之一。总之，帝田村具有许多潜在的助人者，社工需要将助人者与老人连接起来，推动帝田村"五个老有"的建设，将帝田村打造成一个老年友好型社区。

三、服务策略

（一）以邻里互助议事会搭建老年人互助平台

为了增进困境老人（五保、低保的独居老人）与邻居、同辈之间的互动交流，社工开展"'邻里和睦，困难有助'邻里互助议事会"活动，尝试搭建老人与邻里之间的互助平台，构筑其与邻里、同辈的互助支持网络。本次活动通过游戏互动、邻里互助探讨、品尝邻里制作的糕点等，促进了困境老人与邻里、同辈的互动交流，增进了彼此关系，促进了互动互助平台的搭建。

活动伊始，社工便带领老人进行"大西瓜，小西瓜""数字联想"等游戏。随后，社工引导老人进行夸张且幽默的联想，"我今天和一万个人聊天""我今天吃了10碗饭"，既活跃了活动的氛围，也开拓了老人的思维。老人都感到十分有趣，不时发出一阵阵欢声笑语。紧接着，社工带领老人学习具有趣味性的手指操，引领老人活动手部关节，以适合老人的运动形式促进老人的身体健康。做完手指操后，老人感到后背微微出汗，全身舒畅极了。

前期活动结束后，社工让老人自愿组成2~3人的小组，一起交流自己在日常生活中遇到的困难，比如需要邻居帮助的事、如何处理邻里关系、日常的购物、不小心摔倒的时候向谁寻求帮助、心情不好的时候找谁倾诉……面对这些困难，邻里的帮助无疑会给老人内心增添几分暖意。有的老人表示对待邻居要友善，多一分理解包容，彼此就会多一分温暖关怀。有的老人表示邻里之情，多显现在日常小事中，互帮互助，温暖你我。俗话说远亲不如近邻，有时邻里之间的互助甚至会比亲人的帮助来得更为及时。良好的邻里关系，既是打造和谐社区的重点之一，也是老人欢度晚年的保障。

活动结束之际，老人们表示今天的活动为他们提供了一个交流互助的平台，让他们能与邻里齐聚一堂，畅聊邻里事。也有老人表示，这次活动让他更加深入地认识到只有邻里和睦，生活在村子里才会更幸福。

（二）"推小助老"，倡导社区儿童尊老敬老爱心行动

在推动帝田村互助养老的工作当中，为了提升社工服务的质量，调动村民参与村内事务的积极性，提高村民的凝聚力和认同感，帝田社工站招募部分村民，成立相应的志愿者队伍，为村内的老人尤其是困境老人提供力所能及的志愿服务。在社工的组织和带领下，目前帝田村已建立起分别以老人、妇女、青年以及儿童为主要成员的志愿者队伍。

小哪吒志愿服务队就是社工站招募的几支志愿者队伍中的一支，主要由村里三年级以上的小学生组成。为了更好地利用该小哪吒志愿服务队的力量，社工动员小哪吒志愿者进行定期的为老服务，目前已建立起一个五人志愿小组，专门负责老年人定期探访工作。

在社工的组织下，志愿小组与村内三位独居老人结成对子，尝试组建一个长期的、稳定的互助网络。该志愿小组目前的主要任务为定期到老人家中进行探访，挖掘在不同时期老人的需求，观察老人的身心状况，记录下来后反馈到社工站，由社工为其链接资源。从马斯洛需求理论的角度来看，帝田村"幸福食堂"可以为老人解决基本的温饱需求，帝田社工站的"如愿平台"可以为老人解决一定的物质需要，帝田村颐康中心也能满足老人的社交需求。

2023年8月，帝田社工已经和该志愿小组一起开展了第一阶段的工作，主要为需求挖掘以及简单的居家安全评估。在结对的老人中，两位老人近期身心状况良好，基本需求得到满足。一位老人身体健康状况较差，需要进行住院治疗。在居家安全评估方面，社工发现三位老人家中都存在一定的安全隐患，如食品过期、水果腐烂、电器年老失修、煤气曾经泄漏等。在发现这些问题后，社工一一提醒老人注意居家安全，并当场为他们进行简单的处理，如分类过期食品。老人表示对社工以及小哪吒志愿者的感谢，并表示社工和志愿者的这类服务让他们感到十分温暖。

四、服务成效

"邻里和睦，困难有助"邻里互助议事会活动共有 12 户以五保、低保为主的独居老人参与。活动过程欢快和谐，80%的参与者彼此都有互动交流。活动过程中，80%的参与者学习了邻里、同辈的互助支持的技巧。

推小助老的服务当中，社工调动村内部分儿童的力量，让他们成为助老服务的重要力量。这种做法不仅有助于提升社区内不同年龄层之间的互动和交流，也有利于培养孩子的责任感和爱心。同时，这个服务项目不仅关注老人的需求，也注重促进社区的参与和互助。该服务项目的建立，让更多的村民，尤其是儿童有机会参与社区服务，增强了社区的凝聚力。

五、服务展望

帝田社工站组建了数支志愿者队伍，志愿者的社区探访老人服务已经成为其日常活动之一。为了深入了解志愿者的服务意愿，社工对两名社区志愿者进行了深度访谈。访谈过程中，两名志愿者都提到了一段令他们印象十分深刻的服务经历。服务对象是一位生活难以自理的老人，行动不便，甚至难以自主下床，而身边的人却不知道他的情况。社工在检查居家环境时发现老人的食物没有吃完，但自己没有办法及时解决，以致桌面上堆放了许多发臭的食物。为此，社工发动志愿者一起为老人进行一次大清洁。随后社工与志愿者询问老人还有什么需求，老人表示希望社工能为其买些食物回来备着，并提出想要吃鱼。社工与志愿者买好食物放到老人冰箱后着手处理鱼，老人则在一旁指导初次煮鱼的志愿者，现场氛围较好。

志愿者表示，此前接触的都是能够自理，且生活条件较好的老人。这次服务之后，他们才意识到村里还有不为人知的、生活如此艰苦的老人。志愿者表示，这次服务让他们的心情久久不能平复，同时也更加坚定了他们为社区出一份力的决心。因此，社工可以借助农村社区熟人社会的特点以及传统互助文化，进一步推进社区互助养老的深度发展。

案例四 >>

社工培育乡村社区社会组织的过程

一、服务背景

2020 年民政部办公厅印发的《培育发展社区社会组织专项行动方案（2021—2023 年）》指出，应充分发挥社区社会组织在创新基层社会治理中的积极作用。2021 年民政部召开的全国培育发展社区社会组织工作推进会进一步指出，培育引导社区社会组织发挥积极作用，是创新基层社会治理、完善社区服务体系、助力推动乡村振兴的重要抓手，对于营造共建共治共享的社会治理格局具有重要意义。

为响应国家关于培育发展社区社会组织的要求，发挥社区社会组织在社区治理与服务、乡村振兴中的积极作用，凤二村、帝田村社工站于 2020 年初开始培育发展本土社区社会组织。两村组建本村的花木兰志愿服务队、花木兰艺术团、小哪吒志愿服务队。凤二村社工站根据本村的特性，还组建青年志愿者协会、金凤凰协会，帝田村社工站则另外组建夕阳红志愿服务队。为使社区社会组织高质量参与乡村社区治理与服务、丰富村民精神文化生活、助力本村生计发展，社工站积极发挥"枢纽增能"作用，通过多元途径提高组织参与社区治理与服务的能力、加深组织成员的认同感和归属感，动员其广泛参与关爱困难群众、"幸福食堂"、村庄节庆、公共空间打造等村庄大小事务。以下讲述广州市从化区江埔街凤二村社工站、广州市从化区鳌头镇帝田村培育社区社会组织的实践行动和经验。

二、培育过程

（一）挖掘社区优势，培育社区志愿者

1. 利用乡村互惠心理引导村民实施志愿行为

乡村社会也被称为熟人社会，总是绕不开人情、关系等话题，培育

乡村志愿者，乡村社工要善用村落文化，挖掘熟人文化优势，利用乡村互惠心理，宣传社工的角色和职责，让村民看到社工站对于村民的益处，激发村民参与社工站服务的意愿，逐步推动村民成为志愿者。2020年春，社工站分别进驻凤二村和帝田村，为尽快了解乡村社区地理概况，乡村社工开展社区漫步，在社区漫步过程中，乡村社工用本土方言主动与村民打招呼，拉近社工与村民的心理距离。社工向村民宣讲社工可以为村民做什么、社工站的地理位置、社工站近期开展的服务等，在村民心中树立为民服务的形象。其中帝田村卫生站站长村医贤姑了解社工的助人特质后，理解社工不熟悉乡村的困境，村医贤姑爽快答应带领社工熟悉乡村社区，贤姑乐于助人的品质也使其后来成为夕阳红志愿服务队中的一员。

2. 将个体价值实现与社区发展结合吸引村民成为志愿者

每个个体都有自我实现的需求，如果能够捕捉到村民自身发展需求，并满足他们的需求，就能够增强他们的参与动力。乡村社工在凤二村、帝田村进行社区走访过程中发现，两个村子都是典型的"三留守"村庄，村内老人、妇女、儿童居多，与妇女多次交流后发现她们具有参与社区公共事务的愿望，但在现实村庄治理中参与机会比较少。志愿服务是村民参与社区公共事务的重要方式之一，2020年4月，帝田村、凤二村社工借助疫情复耕契机，开展春耕图拍摄线上投稿有奖活动，丰富有趣的活动吸引了妇女和儿童的积极参与。社工也通过活动与村民产生联结感，将志愿服务与社区为老服务结合起来，向前来领取奖品的村民介绍什么是志愿者，志愿者可以为自己的村子做什么，将志愿服务具象化，使志愿者身份更具有社区意义，这一次共吸引6位村民成为志愿者。

3. 发挥志愿者熟人关系网络吸纳新志愿者

在乡村，人们的参与行为和接触新事物时往往呈现抱团性、集体性，通过与熟人一起参与、一起尝试，可以从熟人身上获得依靠感、信任感来减少对接触新事物的担忧。考虑到村民对志愿者身份的陌生，会存在不安的情绪，社工除利用微信群开展志愿者线上招募，也积极调动村民的人际关系网络，鼓励现有的志愿者带动身边的熟人参与志愿服务。志愿者的熟人关系网络对志愿者的参与行为具有积极影响，对于现有志愿者而言，动员身边的熟人加入志愿者队伍，能提升志愿者的自我价值感和效能感，强化现志愿者的志愿服务参与行为；对于熟人而言，志愿者的邀请也是一种熟人关系，可以增加其参与志愿服务的信任感和安全感，缓解其解锁新身份的不安，容易被吸纳成为志愿者。

帝田村芬姐曾是乡村图书馆管理员，因图书馆邻近社工站，最先了解社工服务，十分认同社工扶助乡村困弱群体的服务理念，在社工的邀请下第一个报名成为乡村志愿者。组建乡村志愿服务队前期，短时间内主动报名参与志愿服务的村民较少，社工发现芬姐平常为人热心，附近的村民没有不认识芬姐的，希望可以借助芬姐的人际关系网络带动更多人参与志愿服务。社工主动与芬姐表达目前志愿服务队存在的人员参与不足难题，芬姐一听，很热情地表示可以动员身边合适的熟人参与，雪姐和娣姐就是在芬姐的动员下报名成为乡村社区志愿者的。虽然社工站进驻村子已有一个多月，但是碍于空间上的距离，她们对于什么是社工、社工站在哪里并不是很了解。芬姐与雪姐和娣姐原本就是村里面关系比较好的玩伴，芬姐提议雪姐和娣姐可以利用休闲时间为社区做一些好事，参与社工站开展的志愿服务活动。雪姐和娣姐出于志愿服务有熟人一起参与的考虑，认为不妨利用空闲时间为村子作些贡献，在芬姐的带动下，她们也欣然参与社区志愿服务。发挥志愿者熟人关系网络吸纳新志愿者的这种做法，带动了熟人的参与，同时进一步强化了芬姐的志愿服务责任感。芬姐说："是我叫她们加入志愿服务队伍的，没有理由她们参与进来了，我自己却不积极参与的呀。"此外，芬姐还主动参与社区服务策划，提议举办老人生日会，让乡村老人感受被关心、被祝福的温暖，同时邀请进入志愿服务队伍的新志愿者通过参与志愿服务进一步体会志愿服务对社区的意义和重要性。

（二）赋权增能，将志愿者培育成社区社会组织

1. 根据乡村实际情况与发展需求，动员组建多元化社区社会组织

2020年2月，社工入驻并走访凤二村、帝田村，发现大多数青壮年男性外出务工，村中留守妇女、儿童和老年人居多。正值新冠疫情时期，凤二村高校大学生居家上课，参与本村志愿服务时间较多。4月，凤二

村成立从化区首个村级社区社会组织培育基地，同月，帝田村也成立村级社区社会组织培育基地，依托村级社工站相继开展试点培育工作。为激发村民内生动力，动员赋闲村民参与社区治理与服务、助力本村生计发展、丰富精神文化生活，凤二村、帝田村社工带领妇女志愿者成立花木兰志愿服务队、花木兰艺术团，组织儿童志愿者成立小哪吒志愿服务队。在凤二村花木兰志愿者帮助下动员本村高校大学生志愿者成立凤二村青年志愿者协会。凤二村社工根据本村经济发展需求及新乡贤等能人优势组建"金凤凰协会"，帝田村社工则根据本村老年妇女较多的情况组建夕阳红志愿服务队。

2. 提供社区社会组织成长发展的活动场所和资源保障

社工发挥枢纽功能，链接社区内部和外部资源为社区社会组织的培育和服务开展提供组织活动的空间场所和培育经费的资源保障。2020年，在从化区民政局和本村村委的支持下，凤二村社工站办公场所设立于榄树围片区，帝田村社工站则位于本村上田队，同时两村还完成了包括"幸福学堂""儿童之家"等在内的多功能活动室的建立，成为社区社会组织重要的活动空间。同年，社工链接从化区"探索乡村力量"项目，第二年链接第二届"创善·微创投"广州市社区公益微创投项目，为社区社会组织的培育和成长提供经费支持。

3. 开展技能培训，让社区社会组织在参与中提升能力

社工发挥增能作用，开展成长小组、主题培训和社区活动等，让社区社会组织通过参与培训或协助社工开展活动提升志愿服务活动策划和执行能力等，以及面对服务对象时所需的认知和沟通等技巧。例如，2020年开展"凤二村花木兰志愿服务队伍成长小组"，让志愿者具备发现社区问题、挖掘村民需求、策划社区活动的能力。2021年开展"认知障碍知识及沟通培训活动"，提升志愿者对认知障碍群体的认知和沟通技能，增强日常服务能力。2022年开展"短视频拍摄与制作专题培训活动"，提升社区社会组织短视频拍摄与制作的技巧，提升宣传效果和组织影响力。此外，社工通过组织社区社会组织外出参观学习和内部团队交流进行正式团建活动，如2021年凤二村社工站带领花木兰志愿服务队

前往从化区西和村、上罗村学习养花育花和红柿晾晒技巧，也通过品尝美食等非正式的团建活动拉近彼此距离，加深彼此的互动，让团队的凝聚力更强。

（三）推动社区社会组织从一般性志愿服务到关注社区公共事务

两村社工还注重推动社区社会组织从一般性志愿服务到关注社区公共事务，让社区社会组织关注社区公共事务、发现社区现存问题、提供社区公共服务，实现从服务参与者到服务提供者的角色转变。

1. 开展为老服务活动，助推和谐乡村建设

小哪吒志愿服务队和花木兰志愿服务队侧重关注乡村老人，通过开展为老服务，助推和谐社区建设。花木兰志愿服务队以"巾帼不让须眉"的豪情和热心，依托"幸福食堂"与"幸福衣坊"为本村困弱群体提供配餐、送餐、送衣服务，同时为老人提供居家保洁、购买日用品等为老服务，有时还会协同小哪吒志愿者定期上门探访、陪伴关怀老人。在开展为老服务过程中，小哪吒志愿者推己及人，关注留守老人的情感需求，在探访时为老人表演才艺，与老人分享自己绘画的作品并将其赠给他们留念。花木兰志愿者则在送餐过程中始终关注送餐对象的饮食需求，将他们的意见告知社工，与社工共助配餐、送餐服务合理化、人性化，让服务更符合送餐对象的需求，更贴近他们的心坎。同时，花木兰志愿者也重视送餐对象尤其是独居老人的身体状况，在他们身体不舒服时及时联系他们的家人送往医院就医。例如，凤二村花木兰志愿者棉姐在送餐时发现独居老人王阿婆跌倒在地，无力起身，棉姐马上把王阿婆扶起来，进行简单的检查和包扎处理，并及时联系其子女。

2. 开展相关文化活动，传承本村特色文化

花木兰艺术团、凤二村青年志愿者协会、夕阳红志愿服务队侧重关注本村文化，通过开展相关文化活动，传承本村特色文化。凤二村是典型的客家村落，客家文化浓厚。2019 年，该村完成美丽乡村建设并被评为"广州市美丽乡村"后，村史馆、舞台和其他景观建筑被赋予更多客家特色元素。因此，凤二村花木兰艺术团积极利用场地优势，以艺术为纽带、以歌舞为载体，在具有客家元素的舞台举办中秋、元旦等大型节

庆文艺活动，演唱客家山歌，表演具有客家风情的舞蹈，极大地丰富村民精神文化生活。此外，花木兰艺术团还自主排练并参与广州市客家山歌邀请赛，通过内外两种途径传承和弘扬本村客家文化。凤二村青年志愿者则凭借其广博的见识，共商共创特色客家文创产品，通过"公益集市"让客家文创产品"走出去"，助力本村文化传承。帝田村注重发展德孝文化，夕阳红志愿服务队定期开展"月行一孝"活动和德孝香囊义卖等特色活动，在企业资源支持下开展德孝积分活动，重拾村民的德与孝，营造村庄德孝文化氛围。

3. 开展助农增收活动，促进村民生计发展

金凤凰协会侧重关注本村的生计发展，通过开展助农增收活动，探索助农增收、村民致富的新路径，促进村民生计发展。2020年12月开始，金凤凰协会尝试以美丽超市、幸福墟日、公益集市、进城摆地摊等形式推广凤凰鸡及其他农产品，共建共享经济发展成果。随着互联网直播带货的兴起，金凤凰协会还为村民开展电商助农培训，帮助村民变身卖货"网红"，拓宽农副产品销路和增收致富渠道，实现凤二村传统农业与新型互联网经济的紧密融合，开拓城乡沟通互动新渠道。

三、培育成效

凤二村、帝田村社工站社区社会组织培育发展工作从2020年2月开始至今，已取得不错成效。从数据上看，截至2023年8月，凤二村社工、帝田村社工共培育了9个社区社会组织，挖掘领袖骨干72名，培育志愿者212人，参与社区活动150余场，累计服务近1.4万人次。具体成效主要体现在以下三个方面。

（一）乡村社区优势和资源得以发掘和应用

在社区社会组织培育的前期，两村的人群优势得以发掘，社工动员赋闲村民成为志愿者后组建社区社会组织，社区闲置的空间资源则重修作为社区社会组织重要的活动场所，社区内外资金资源成为组织培育和能力提升的重要保障。

（二）社区社会组织参与社区治理与服务的平台和机会得以增加

两村社区社会组织成为村民参与乡村治理与服务的重要平台，不同性质的社区社会组织能够在助老服务、社区空间建设、本土文化传承、经济发展等不同方面发挥自己的力量服务乡村。

（三）社区社会组织的服务质量得以提升

两村社工站发挥枢纽增能作用，为社区社会组织培育发展链接培训资源和能力支持，社区社会组织在促进乡村经济发展、传承本土客家文化、助推和谐社区建设等方面的能力得到提高，社区社会组织参与社区建设、服务社区居民的活动质量得到提升。

四、专业反思

（一）优势视角让培育乡村志愿者成为可能

总结乡村社区社会组织培育的实践探索可以发现，社区社会组织培育首先要凝聚民心，动员那些有时间、有社区归属感、具有参与动机的村民参与社区志愿服务成为志愿者，针对乡村"三留守"人口特征，动员儿童、妇女、老人参与志愿服务，根据不同群体的优势和兴趣引导他们参与不同类型的志愿服务，让不同类型的志愿者在志愿服务中发挥他们的优势，提升志愿者自身的价值感，推动志愿者持续参与。

（二）凝聚乡村发展共识推动社区社会组织组建

招募志愿者是第一步，组建社区社会组织必须找到组织使命感和组织愿景，如凤二村客家文化在城市化进程不断加快、乡村逐渐空心化、受城市文化影响的情况下面临传承与发展问题，客家文化承载着客家人的历史记忆，蕴含着客家人的智慧结晶，以村落文化传承与发展为目标，以妇女喜欢的歌舞为形式组建的花木兰艺术团，致力于传播好优秀的客家文化，成为客家文化"形象代言人"。培育乡村社区社会组织并不是简单地为响应国家政策号召而培育，而是基于本社区发展需求而组建，为推动社区发展而集体行动才是社区社会组织持续发展的动力源泉。

（三）转变角色提升社区社会组织自我发展能力

动员村民以志愿者的身份参与社区治理，培育乡村社区社会组织，激活内生动力，推动乡村发展。三年多的乡村社区社会组织培育实践，成效看得见的同时，也暴露出一些问题，如社区社会组织的活动开展缺乏经费支持，自身造血能力不足，组织自主推动社区发展的能力较弱，对社工的依赖性较强，社工充当着组织的领导者、引导者、推动者。未来，社工应该注重社区社会组织领袖赋能，提升组织自主服务社区的能力，转为顾问者、支持者、协同者。

案例五 >>

社工激发妇女潜能撑起村庄"半边天"

一、花木兰志愿服务队成立的背景

凤二村、帝田村社工站的社工在社区走访时发现，村中大多数男性青年劳动力外出务工，留在家中的主要是需要照顾老人或孩子的妇女。随着接触次数的增多，有些妇女跟凤二村社工表示，在忙完家务事之余很愿意做一些有意义的事情，但是不知道可以做什么，该怎么做。帝田村社工借助疫情复耕的契机，开展春耕图拍摄线上投稿活动，参与投稿的都是妇女，社工积极向她们开展访谈，了解她们参与志愿服务的意愿。于是，两个村先后成立了花木兰志愿服务队，社工希望通过激发村中留守妇女的热情，将她们培育成面向村内困境家庭、困难老人、重度残障人士等群体开展入户探访、"幸福食堂"助餐送餐服务、公益洗衣服务等关爱服务的重要内生支持力量，同时也积极推动花木兰志愿服务队成为积极参与社区治理的本土力量。

二、花木兰志愿服务队的培育方式

凤二村、帝田村社工站的社工通过制定花木兰志愿服务队章程和激励制度，从机制上保证了妇女志愿者队伍的顺畅运作。同时，社工积极链接外部资源，为队伍的培育成长提供资源保障。例如，2020 年链接了从化区探索乡村力量的项目经费支持开展"和美乡风木兰建"，为花木兰志愿者的培育及开展服务提供了经费和技术支持，并获得了优秀奖。2021 年链接了广州市社会组织创投项目"从化乡村花木兰志愿服务项目"支持花木兰志愿服务队能力和服务进一步提升。社工也会借助每次开展社区活动的机会，在活动策划阶段招募花木兰志愿者一同参与策划讨论，既增强了志愿者的积极性和团队的归属感，也提高了她们参与活动的执行能力。此外，社工也通过正式的团建活动，如外出参观学习、团队交流等，以及非正式的团建活动，如品美食等休闲娱乐活动来拉近彼此距离，加深彼此的互动，让团队的凝聚力更强。

三、花木兰志愿服务队的主要服务内容

(一) 链接社区资源，关爱困境老人

凤二村和帝田村的社工带领花木兰志愿者通过探访的形式了解每一位困境老人的需求，同时积极链接从化区民政部门、区志愿者协会、区慈善会、镇街居家养老平台、爱心企业等多元社会资源，通过民政"如愿行动""爱心到家"平台等回应困境老人的实际困难和需求，让独居老人不"独"居，让困境老人不被"困"，努力提高困境老人的生活幸福感。志愿者为行动不便的高龄、独居等困境老人提供居家安全排查、居家照顾、上门清洁、帮忙买菜、洗衣送衣等服务，为有就餐需要的老人提供配餐送餐等个性志愿服务，让外出打拼的家人能够安心工作。志愿者也开展留守妇女关爱活动。例如，2020 年母亲节前，花木兰志愿者通过茶话会的方式，了解到村中 10 名困境妈妈由于种种原因，没有享受过一个完整的母亲节，为此志愿者组织团队成员及这些妈妈的孩子一起提前准备康乃馨、自制画作等，在母亲节当天为妈妈献上节日礼物，并现场献唱《世上只有妈妈好》等歌曲，现场多位妈妈感动得热泪盈眶，表示这是自己度过的最美好、最难忘的一个母亲节。活动结束后，有人表示这样的服务不但可以提供亲子交流平台，还能让孩子们懂得感恩，明白运用自身的优势，也能够为身边有需要的人带来欢乐和感动。

(二) 关注社区需求，参与社区改变

在社工的带动下，花木兰志愿者不仅热心于为有需要的村民送温暖，还变得善于观察社区问题，敢于发出"她"声音，乐于参与社区改变，特别是在推动村庄环境卫生改善方面，花木兰志愿者发挥了积极作用。凤二村社工站前有一块杂草丛生的荒地，社工希望围绕荒地做文章，让村民体验"人人为社区，社区是我家"的实践活动，推动村民自觉参与社区治理。在社工的召集下，花木兰志愿者一起讨论荒地未来图景并积极开展行动，"邻里花园"由此诞生。花木兰志愿者和社工一起清理杂物、搬运石

头、锄地翻土，并各自从家里找来木板、水缸、荷花等物品对花园进行装饰，还自主认养、管理和发展花园，为花园的持续"成长"创造活力。从荒地到路边的风景，"邻里花园"让凤二村更美丽，也让花木兰志愿者感受到行动的力量。帝田村的一位花木兰志愿者在多次开展老人生日会后向社工提出建议，如果将社区活动空间用花朵来装饰就更能营造活动气氛，花木兰志愿者的这个"金点子"获得社工和志愿者的一致响应，"德孝邻里花园"在大家的努力下建设起来，受到了村民们的赞扬。

四、典型事例：徐爷爷的故事

徐爷爷曾负责看守帝田村中的大庙，16 年前在山上不小心滑倒，随后被确诊为中风，右半部分的身体失去知觉，走不了路。从那以后，徐爷爷就一直卧床在家，生活所需的物品都放在床边，煮饭上厕所都是自己在床边完成。2020 年 9 月，帝田村社工服务站开设了"幸福食堂"，徐爷爷就能在中午、晚上吃到志愿者送到家里的营养饭菜，同时在志愿者和护工的帮助下，徐爷爷基本上可以维持正常的居家生活。徐爷爷一直有外出的心愿，花木兰志愿者集思广益，对徐爷爷家里的房子进行微改造。尽管社工已为徐爷爷链接了轮椅资源，但由于徐爷爷的房子狭长、窄，门槛高，轮椅还是推不出去，于是花木兰志愿者发动村民为其捐赠水泥、沙子、石子，并一起出力修建了三个小斜坡，以便轮椅进出。就这样，十多年没有出过门的徐爷爷，终于再一次重见天日。坐着轮椅走出家门那一刻，徐爷爷非常高兴。

社工推动儿童参与社区治理的服务策略

一、儿童参与社区治理的背景

儿童有生存权、发展权、受保护权、参与权四大权利。2020 年，我国新修订的《中华人民共和国未成年人保护法》要求"全社会应当树立关心、爱护未成年人的良好风尚。国家鼓励、支持和引导人民团体、企业事业单位、社会组织以及其他组织和个人，开展有利于未成年人健康成长的社会活动和服务"。从化区帝田村社工站和凤二村社工站作为基层社会组织，在开展有利于儿童健康成长的活动和服务过程中，不仅使儿童扮演"受保护者""被服务者"的角色，还推动其向"参与者"转变。

2023 年，广州市规划和自然资源局编制了《广州市儿童友好社区规划指引》，提出"服务设施—活动场地—出行路径—社区治理"四方面儿童友好社区规划建设指引。在"社区治理"板块指出要引领构建多元参与的儿童工作格局，建立可持续参与机制，广泛收集儿童与家长意见，推动社区儿童参与公共议题，建立社区儿童参与激励机制。从化村级社工站在落实政策文本时，依据村内的人力和物力优势制定可持续性的儿童参与社区治理机制。

二、社工推动儿童参与社区治理的服务策略

（一）捕捉参与动机，培育志愿服务理念

从化乡村社工在日常走访中发现，村中的儿童较多，留守和非留守都有。从化乡村社工在后续开展的活动中发现，儿童是社区活动志愿者的来源之一，有些儿童是与家属一起参与志愿服务活动的，有些儿童是因为离社工站近又乐于参与活动，而有些儿童则单纯地认为社工站举行的活动有趣。虽然儿童参与社区活动的原因各异，但助人为乐的初心是一样的。

儿童因其好动的天性常常会被贴上"爱搞破坏""不听话""惹人讨

厌"等负面标签。而从化乡村社工不仅以接纳的工作原则开展儿童服务，还充分发挥了儿童活泼好动的优势，引导儿童参与社工站的活动，识别他们在活动中体现的志愿服务特点，进而加深其对志愿服务的理解。如对经常参与社工站活动的儿童，凤二村社工以一问一答方式询问儿童对于志愿服务的理解，并肯定他们在活动中的积极表现。

（二）引导成立儿童志愿服务队，获得社区参与身份

虽然从化乡村社工早期有甄别儿童参与服务的动机以及教育他们"志愿者""志愿服务"等概念的意义，但早期的乡村儿童志愿者来源仍然是随机性的和非组织化的。为更好地管理乡村儿童志愿者，2020 年 8 月，从化乡村社工依据赋权增能理论在帝田村和凤二村均成立了小哪吒志愿服务队，正式赋予儿童参与社区治理的权利，并通过不定期地普及志愿服务知识来提升儿童参与社区治理的能力，组织团建活动增强他们对参与服务的认同感。如帝田村社工每年都会组织小哪吒志愿服务队开展团建或培训活动。2021 年暑期，社工组织帝田村的三大志愿服务队开展团建活动并鼓励参会者为香囊义卖活动献计献策，在提高志愿服务队凝聚力的同时还拓宽他们参与社区服务的理念；2022 年暑期，社工开展"服务社区，我成长"——小哪吒志愿者团建活动，通过活动增强儿童志愿者对小哪吒服务队的归属感，同时引导他们进行社区走访，观察社区存在的环境问题，培育他们服务社区的意识；2023 年初，社工运用实例楷模法引导小哪吒志愿服务队成员观看优秀小志愿者的服务实例，使他们在观看中学习无私服务社区的良好行为和品德。

（三）指导儿童志愿服务队开展社区困难群体关爱服务

据统计，帝田村 60 岁以上老人达 427 人，占村总人口的 10% 以上，老龄化现象较为明显。儿童志愿服务队成立后，从化乡村社工整合乡村人力资源，联动乡村儿童力量参与社区为老服务，创新社区养老服务模式。帝田村儿童在社工的引导下，参与较多社区为老服务，如通过参与为社区老人庆祝生日服务活动，使乡村老人的生活更有仪式感；参与老人共庆重阳活动，在服务老人的同时又能强化对传统节日的认识；上门为困境老人搞卫生，以一小对一老的服务方式增强对"老吾老以及人之老"价值观念的认同感；与社工共同制作青团和香囊赠送给独居老人，习得技能的同时知晓独居老人的日常生活状况。乡村儿童以志愿者的身份参与社区为老服务，较好地解决了村级社工站开展社区治理服务过程中人力资源短缺的问题。

儿童参与社区关爱服务对象除了老年人，还辐射到其他群体。凤二村社工站以中秋节为契机，组织凤二村小哪吒志愿服务队开展"星星点灯，照亮中秋夜"活动。儿童志愿者通过亲手制作灯笼，以小手拉小手的形式亲自将爱和温暖送到困境儿童的家中，也以同辈群体的身份鼓励和支持困境儿童。

（四）推动建立儿童议事会，提供社区参与平台

乡村儿童在参与社区服务过程中，更多的是参与一般性的志愿服务，属于低效能的参与式社区治理。随着农村社会工作服务的推进，从化乡村社工发现，儿童参与一般性的社区志愿服务并不能较好地保障儿童的参与权。为建设儿童友好型社区，从化村级社工站发挥"增能"功能，以村民议事基地为平台，成立儿童议事会，使儿童从志愿者变成"话事人"直接参与社区治理。

2022年8月26日，凤二村社工站举办首届儿童议事会。在小哪吒志愿服务队的基础上，凤二村社工招募更多愿意为建设凤二儿童友好社区出谋划策的儿童。首届儿童议事会除选举出会长等职位，还收到儿童们对"凤二客家文化与传承"议题的建设性意见，如建议可以将凤二村的风景做成明信片、可以在村道增加一些指示牌、可以拍摄视频宣传片、可以做凤二村的小小导赏员等。时隔一年，凤二村儿童议事会继续启航，以"改造儿童之家"为议题，参与社区室内空间的改造。凤二村社工运用小组工作的方法，通过共"童"调研儿童之家存在的问题、共"童"画出我心中的儿童之家、共"童"为儿童之家需要增添物品发声三大主题调动儿童的"小宇宙"，赋能乡村儿童为儿童之家升级改造建言献策。议事会结束后，凤二村社工共收到26份儿童之家改造探究卡，13幅"增彩换新"画作。接下来，社工站在设计升级儿童之家过程中将融入儿童提供的精彩元素，以儿童友好视角打造一个儿童友好空间。

借鉴凤二村儿童议事会的优秀实践经验，2023 年 8 月 10 日，帝田村"小哪吒"儿童议事会正式成立。帝田村社工首先教授儿童有关议事流程、议事基本原则及社区调研方法等知识，再引导儿童在社区调研中运用所学知识去收集需要动议的问题。议事过程中，帝田村儿童遵循"动议—附议—陈述议题—辩论—表决—宣布结果"的议事流程，坚持"动议中心原则、发言完整原则、文明表达原则、多数裁决原则"四大议事原则，最后得出"我能为帝田做什么"系列议题。小议员有大能量，帝田村儿童借助议事会平台在社区微调研后提出"不可以乱扔垃圾、多建设游乐设施、上门为老人打扫卫生和买东西"等议题，并通过遵循上述议事流程和四大议事原则寻求解决方法。

三、典型案例

帝田村社工运用"一米高度看社区"的儿童友好理念，与小议员们以社区漫步的形式走访社区，走访过程中提示儿童运用社区调查相关知识收集有关建设儿童友好社区的友好性与威胁性因素的资料。小议员有大能量，社区漫步过程中帝田村儿童分工合作，其中一支队伍收集村民对建设儿童友好社区的建议，另一支队伍通过拍照和标注的方式记录帝田村与乡村儿童成长相关的支持力量和风险隐患，最后与社工共同绘制儿童友好社区生态地图。

案例七 >>

社工调动社会慈善资源的实践路径

一、实践背景

2019 年党的十九届四中全会后，慈善事业作为"第三次分配"主渠道的定位被明确下来，提出承担和发挥"分配主体"功能的是慈善组织。2020 年党的十九届五中全会进一步强调第三次分配和发展慈善事业的价值与意义。2021 年中央财经委员会第十次会议系统提出构建初次分配、再分配和三次分配协调配套的基础性制度安排的论断。从国家治理的现实需求来看，第三次分配通过激发各类治理主体的创新活力实现效率与公平，使政府、市场、公民、企业共同成为践行社会责任和推动共同富裕的主体。自进入新时代以来，党和国家更关注第三次分配和慈善事业的重要作用，《中华人民共和国慈善法》《慈善组织公开募捐管理办法》《中华人民共和国民法典》等相继发布。第三次分配的核心要义在于通过社会机制的作用，使社会慈善资源在各收入群体中灵活流动，提高社会福利在全社会的覆盖面和普惠度。

"五社联动"相比起"三社联动"，将社会慈善资源引入联动主体，有针对性地解决了社区资源来源单一、对外依赖性强的问题，社会慈善资源作为"五社联动"中的资源性要素参与社区治理，获得的稳定性、可持续性对于"五社联动"机制的实施和推广至关重要，也是减少社区对行政性资源过度依赖、提升社区活力的重要举措。通过"政府+高校+社会组织"三方的合作共建，推动帝田村、凤二村两个村级社工站持续发挥"枢纽—增能"的功能作用。"枢纽"功能体现在社工站作为资源链接的平台，需要整合和协调内外资源参与村落发展，特别是村落迫切需要和薄弱的方面；"增能"功能体现在撬动外部资源入村后，需要匹配外部资源和内部优势资源、促进引入资源的活化应用和促进内生动力的转化。现下，在帝田村、凤二村社工服务站"枢纽—增能"的功能作用持续发挥下，"五社联动"的机制在两个村落已初步形成。

二、实践初探

社工通过工作观察发现，帝田村、凤二村的社会慈善资源主体构成相对纯粹，按照资源来源的渠道大致可以分为两类：社区内生性社会慈善资源、社区外引性社会慈善资源。社会慈善资源不仅指内生于社区的人力、物质、社会关系等方面的资源，也包括从社区外部对接到的慈善组织、慈善基金会、政企慈善力量等资源。

（一）梳理分析社区内、外社会慈善资源

社区内生性社会慈善资源是内生于社区的社区资产，发展于社区的发掘和培育，和在地社区的关系十分密切。帝田村、凤二村在内生性的社会慈善资源方面基本相似，社工在开展工作的初期结合走访信息，对两个村的内生性社会慈善资源进行了认真细致的分析，具体情况为：人力慈善资源包括乡村能人、乡绅乡贤等；物质慈善资源包括乡村振兴少年宫、老人幸福饭堂、乡村图书馆、"幸福衣坊"、文化广场/社区公园、社区基金、儿童之家、社工站、健身场地与器材设备等；社会关系慈善资源包括村民自治组织、社会服务机构、村办或合办的经济合作社和企业、村落传承的文化和民俗传统等。

社区外引性社会慈善资源是从外部引入，其性质与目标和社区发展相契合，存在利益的一致性，是可以逐渐转化为社区资产的。社工根据服务需要联动外部资源、探索构建"五社联动"体系的服务过程中发现帝田村、凤二村的外引性社会慈善资源也可以分为三个层面：人力慈善资源包括高校专业师生、外部知名人士等；物质慈善资源包括捐赠性物资、慈善性收入、外地投资产业等；社会关系慈善资源包括区镇党政单位和群团组织、爱心企业、公益基金会等。

（二）调动联动社区内、外社会慈善资源

在内生性社会慈善资源方面，社工进驻之前，帝田村和凤二村已有一定的物质慈善资源，然而这些资源更多地停留在村集体对其服务空间的搭建和硬件运维上，在村民人际互动、议事互助和精细化需求的解决上存在

欠缺，但社工介入之后推动对"公共空间+服务平台+需求解决"的模式的搭建，更有利于资源的可持续利用和运维，如老人"幸福食堂"在饭堂的公共空间中为老人提供就餐、送餐服务，解决村内老人的温饱需求的同时满足其人际维系、邻里互助的情感需求；又如"幸福衣坊"在洗衣工作坊的公共空间中为困难老人提供洗衣送衣的服务，解决其衣物清洁需求的同时增强其对社区的归属感。而在人力和社会关系的资源层面，以往更多地根据资源提供方的需求进行资源投放，这个过程只重视结果成效或是实质性的回报，并没有回应到社区真实的需求，但在社工介入后，社工根据社区的真实需求对资源进行梳理和整合，整个资源投入过程更加重视过程性的获得，更有利于社区达到自助互助的目标，如在社工介入前，两个村都没有培育社区志愿队伍，单纯靠外部力量的人力补充和开展补偿性服务，社工介入后开始对村里的党员、老人、妇女、青少年、儿童等群体进行发掘赋能，将其逐步培养为社区社会组织，为邻里互助提供支持。

在外引性社会慈善资源方面，由于帝田村距离广州市区有70余千米、从化城区25千米、鳌头中心镇区5千米，囿于地理位置因素，虽然可链接到区关工委、正佳集团、佛冈县阳光志愿服务队等知名政企单位和志愿组织团体，但下村开展活动所需要的交通成本、物资运输成本相对较高，使这些社会慈善资源很难被引入村落中变现；凤二村得益于便利的交通条件和资源优势，毗邻从化城区、高速公路出入口、广州地铁站点，可链接到的社会慈善资源丰富且多元，因此对于凤二村而言，其问题应聚焦在对外引性社会慈善资源的选择和有效应用上。

三、行动路径

（一）链接高校师生优势资源，引专业力量协同发展

以帝田村为例，2023年暑期，社工通过分析帝田村现有社会慈善资源即社区资产，从人、文、地、产、景5个角度绘制出社区资产地图，发现乡村图书馆、乡村振兴少年宫、文化广场等可利用的公共空间和设备资源，同时针对村落生计发展去发掘无花果种植创业妇女能手。前期社工得知相关大学生暑期"三下乡"团队和帝田村村委会对接，表示希望到帝田

村进行下乡实践活动，社工积极扮演"协调者"的角色，链接和引入华南师范大学教育信息技术学院、广州康大职业技术学院和华南农业大学公共管理学院等大学生暑期"三下乡"实践团队，通过社工的整合和匹配，鼓励内外社会慈善资源设定助农增收的共同目标、采取开拓线上销路的统一行动，协商在各实践团队的原有实践计划上补充村落发展迫切需要且资源薄弱的内容，社工协同各方、充分赋权支持外部资源和内部资源的融合，同时应用优势视角、系统思维和示范技巧使外部公益慈善资源达到在地变现的目标，三支"三下乡"队伍顺利开展文化支教、为老义诊、社区调研、慰问探访、助农直播、社区资产地图绘制、文化周边设计等活动。成功产出帝田村社区资产地图2幅、乡情调研报告2份，开展助农直播4场、为老义诊活动2场、连续16天的义教活动，为帝田村的老人带来了诚意满满的关心和服务，给儿童带来了丰富多彩的暑期活动体验，促进妇女创业能手接受和熟悉线上直播卖货和农产品电商营销的新模式，凝聚内外社会慈善资源组成合力，推动帝田村跑出乡村振兴"加速度"。

（二）推动共建村落社区基金，促内部力量互助自助

以帝田村、凤二村为例，帝田村社区基金是2020年9月建立的，凤二村社区基金是2021年5月建立的，根据村落的发展需求和共同期待，社工精准识别社区发展不能只是"等、靠、要"，必须实现社区内部自助互助来推动社区的建设，因此社工积极动员村"两委"协调街道办或乡镇政府成立社区基金。两个村的社区基金都是在街道办事处或乡镇政府的指导和企业捐赠的慈善资金支持下建立的，社工主要承担前期资金筹募和规范化运营的铺垫工作，同时社工在社区基金中也担任着秘书长的职位，两个村的社区基金主要服务于辖区范围内困境群体、用于促进城乡融合发展等社区内公益慈善服务活动。2023年1月，帝田村社区基金收到了新年的第一笔捐赠款，帝田德孝乡贤徐瑞金以个人名义向社区基金捐款1万元，该捐赠款主要用于帝田"幸福食堂"的运维。徐瑞金是一名退休干部，曾多次回到家乡，社工站社工在向其详细介绍了"幸福食堂"的运营模式后，得到他的肯定和称赞，因此确定了他的捐赠意愿和捐款用途，进而用这笔善款补充了老人的餐费补贴，让社区内的就餐老人可以用更低的价格享用可

口的饭菜。2022 年 1 月至今，凤二村社工联动热心村民、志愿者开展了 3 场社区公益集市，通过对凤二村农特产品、村民手工艺品等的义卖，利用以购代捐的形式促进社区基金的自我造血，3 场公益集市共募集爱心资金 1477 元，该笔善款将通过社区基金的平台反哺社区助学、关爱妇女和敬老爱幼等资助或服务开展。

（三）高效利用外部慈善平台，融乐善力量解困纾难

2020 年 4 月从化区民政局发起"如愿行动"众扶互助平台，该平台采用信息化手段完成困难群众"微心愿"，社工以社工站为依托联合村"两委"、志愿者等一起走访困弱家庭，了解其日常生活中的实际困难和需求，有针对性地开展持续性的系列关爱帮扶活动，点亮和完成其"微心愿"。以帝田村为例，徐叔是村里的五保户，其生活条件比较艰苦，缺乏必要的通信工具，导致自己与外界的联系不畅，社工除定期上门走访，很难从其他途径及时精准地了解徐叔的动态需求和开展相应服务。2023 年 7 月，社工针对徐叔的情况，借助"如愿行动"平台，为其上传微心愿申请了一部手机，解决了徐叔通信难的问题，徐叔拿到新手机后兴奋地向社工学习通信功能："以前没手机只能看别人打电话，现在有了手机，我也可以打电话了，快帮我把你们的手机号码存进去。"社工借助"如愿行动"平台帮助徐叔与外界建立联结，一部小手机可以发挥大功能，拉近了村民真实需求与社区服务的距离。

"爱心到家"项目是从化区民政局携手爱心企业广州市长亨投资集团有限公司、区慈善会、区志愿者协会在 2020 年 3 月推出的，让孤寡老人、低保低收入家庭成员、残障人士、困境儿童等困难群众足不出户即可解决生活所需的项目。社工以社工站为依托链接爱心企业，为困弱群体独家定制特惠的电商超市平台，每月推出"爱心清单"，通过"企业补贴+项目补贴"的双补贴方式，为服务对象提供低价生活必需品，并由社工和社区志愿者提供送货上门服务。以凤二村为例，李叔因早年车祸现为一级视力残障人士，目前是离异独居的状态，由于早年外出海南务工，社会支持网络也较差。2022 年 11 月社工发现其因为视力残障导致外出购置生活日常用品十分困难，因此社工精准识别需求，通过定期落户探访了解其购置物品的需求并列出清单，利用"爱心到家"资源平台，联动附近超市为其购置米、面、纸巾等生活必需品并送货到家，为其正常生活提供了极大便利。

四、反思与展望

在村级社工站调动社会慈善资源的从化实践中，我们对两种资源的实践做法是链接和引入社区外引性社会慈善资源，从而与社区内生性社会慈善资源进行整合和匹配，进而应用赋权和使能的技术使内外社会慈善资源能够在实务场域充分发挥作用，聚成合力补充乡村发展建设的资源短板。

同时我们也可以发现对于内生发展动力不足的村落，外引性社会慈善资源的链接和引入是十分重要的，它可以补齐村落发展建设资源短缺的短板，发掘内生性社会慈善资源的潜力，并将内外部社会慈善资源进行整合和匹配，设定共同目标和采取统一行动，让内外部资源得到充分赋权和能力发挥，促进资源的变现和整体能力的提升。但是社工作为资源的链接者和协调者，也要留意在社会慈善资源的调动过程中，内外部资源使能的占比分配，若外引性资源占大多数，容易导致村落过度依赖外部资源，促使内生堕力的衍生；若内生性资源占大多数，容易引起内部持续发力疲软、后续动能不足，不能支撑村落的可持续发展。

综上所述，在乡村振兴的战略背景下，出现了一个促进内外资源联动的新机遇，村级社工站应勇抓机遇、总结经验，做好社区资产的摸排和分析，积极链接和引入外部社会慈善资源，扮演好"中间人"和"使能者"的角色，让内外社会慈善资源的融合成为帝田村和凤二村增进城乡联结的新活力、聚集乡村振兴的新动力。

社工推动公益助农，促进城乡合作

一、服务背景

广州市从化区江埔街道凤二村素有广州市"美丽乡村"之称，勤劳善良的村民、古朴的客家文明、优美的生态环境、独特的农畜产业共同铸就了"美丽乡村"的内核。近年来，得益于从化区委组织部、从化区民政局和从化区江埔街道的支持，凤二村社会工作服务站扎根乡村，开展了大量惠及村民的服务工作，用柔性服务提升"美丽乡村"的内涵。基于村民生计需求，社工站打造了"公益助农"项目，解决群众急难愁盼的问题，激发当地高质量发展的同时，也筑宽了富民惠民的幸福路。

二、服务策略

（一）社工发起"公益助农"项目，缓解村民生计困难

虽有得天独厚的自然耕作环境，凤二村却因地处偏僻乡村，农产品销售渠道单一、销售市场狭小，村民面临农产品滞销问题。基于村民生计需求，为破解社区优势资源运用不足的难题，社工站发起了"公益助农"项目。该项目由社工站统筹策划，整合社区内外资源，动员村民"出力、出物、出地"，将村民的果园农地变作天然卖场，链接乡村外部资源，寻找爱心头家，搭建城乡互助平台。在活动运作方面，社工调动村民集体参与社区建设，如培育社区志愿者骨干协助农户对农产品进行采摘、清洁、包装和运输。在收益分配方面，征得农户同意后，社工将抽取农产品售卖所得收益的5%作为社区慈善基金，用于发展惠及村民的各项社区服务。项目自开展以来，为多个困境家庭带去温暖和希望，切实解决了困境家庭最为重要的生计问题，同时，社工通过构建乡村发展的内部支持网络，搭建乡村资源融通平台，促进社区资源整合化，带动了乡村产业的发展。

（二）社工探索"高校研学+公益助农"，让项目焕发新生机

2021年冬，从化区社会组织联合会、凤二村社会工作服务站携手华南

农业大学公共管理学院社会工作系在凤二村开展乡村研学活动，研学活动将大学课堂从城市高楼迁移至乡村田野，让高校大学生探寻乡村文化，体验农村社会工作服务。

参与为老志愿服务是研学活动的重要环节。年过七旬的老人区婆婆与患有听力障碍的丈夫共同生活，两位老人留守乡间，风雨相依。即使年事已高，区婆婆依然辛勤耕耘，种植了一亩地红薯。在区婆婆的细心培育下，今年冬天红薯地产量喜人。然而，令人担忧的是，区婆婆刚刚经历了一场大手术，身体状况大不如前，再难下地劳作。区婆婆的丈夫有疾在身，能够给予区婆婆的协助十分有限。花在红薯地上的心血付诸东流，两位老人望着田间长势喜人的红薯，心中却满含忧愁。

社工了解情况后，计划与研学团队共同开展"薯"光行动，"拯救"区婆婆的红薯，守护困境老人家庭的冬日希望。首先，由社工发起活动，摸清区婆婆对红薯销售的需求，研学团队的负责老师与社工共同对区婆婆的生计需求进行进一步分析，制订最优的服务方案。随后，研学团队的负责老师组织了一批高校志愿者，师生共同发起倡议，在微信公众号等新媒体平台上发布信息，寻找城市内的爱心买家，打开红薯销售的广阔市场。研学团队到达凤二村后，帮助区婆婆采挖、清洗和打包红薯，并将红薯运送到爱心买家手中。据统计，"薯"光行动为区婆婆助销红薯160斤，"感谢你们的帮忙，不然我这红薯恐怕要烂地里头了！"看着倾注自己劳动心血的红薯被整整齐齐地打包好，区婆婆满心欢喜地连声道谢。

（三）社工探索"乡村集市+公益助农"，促进乡村慈善资金内循环

凤二村社工站曾举办多场"幸福墟日"活动，"幸福墟日"是面向全体村民开展的大型社区活动，活动中设置包括义诊、义剪、游戏区等摊位。社工站尝试将"幸福墟日"与"公益助农"相结合，创造更大效益。

2022年春节，在广州市从化区民政局的指导下，社工站举办"创'益'无限，最美凤二"公益集市活动。此次公益集市活动在"幸福墟日"活动的基础上，重点突出"践行公益，将爱传递"的核心服务要义，以人为本，动员村民参与，增强村民的社区参与意识，提高村民的社区参与能力。社工链接外部公益慈善资源，招募从化区书法家协会志愿者及社会各界爱心人士参与活动，公益集市售卖的物品由公益募集而来，采用义卖的特别方式，义卖所得将全部捐赠到凤二村社区慈善基金，捐赠款项将按照规范流程用于开展关爱帮扶困难群众、"幸福食堂"等社区公益服务，激活乡村慈善资金内外循环的动力和造血能力。

公益集市采取"线上+线下"的方式同步开展，线下共设置 8 个摊位，既有绘环保袋、植物拓印等儿童游戏摊位，也有"挥春送福"、情意"农农"、如愿区等公益活动摊位，让村民能够免费获得春联、售卖农副产品和领取心愿物资等。

"真有置办年货的气氛，既买了春联和年花摆件，还做了公益，这个活动很有意义。"村民穿梭在不同的摊位中，可以参与体验制作手工义卖品，以买代捐选购年花、春联等年货。为扩大公益集市的活动影响力，社工于短视频平台直播活动现场，在直播间设置摊位讲解、公益产品推荐、抽奖等环节，让不能来到现场的村民和外界人士可以通过线上途径了解并参与公益集市。

公益集市为村民提供参与乡村公益活动的机会，让每一个村民都有机会为乡村建设施展和贡献自己的才能。义卖活动帮助村民实现用"以买代捐"的特别方式参与社区公益，增强村民在社区公益活动中的参与感、获得感和幸福感。

（四）社工推动开展"高校助农+公益直播"，激发项目活力

凤二村每年夏季盛产黄皮、龙眼、荔枝等水果，但受地理位置和交通运输条件等影响，农产品销售情况不佳。华南农业大学公共管理学院组织的乡村振兴社工服务队凤二村小分队，在凤二村开展了为期 25 天的暑期"三下乡"实践活动。8 月正是龙眼成熟的季节，社工带领"三下乡"助农队伍前往农户家，与农户沟通合作，深入了解龙眼的销售困难。经多次沟通，三方共同确定助农直播方案。"三下乡"助农队伍分别于 2023 年 8 月 7 日、8 日及 10 日开展"公益助农直播"活动，在线上直播中介绍宣传凤二村"石硖龙眼"，据统计，"三下乡"助农队伍共为村民增售龙眼 180 斤，增收 1860 元。

此外"三下乡"助农队伍通过社区走访和问卷调查等方式，深入了解村民的生活情况，绘制了社区资源地图。在社区资源地图的指引下，"三下乡"助农队伍挖掘客家历史文化故事，绘制成了凤二村文旅导赏图和宣传册。

社工联动"三下乡"助农队伍运用公益直播的方式帮助村民打开线上销售渠道，创新性地推动村民实现农产品增销增收，文旅导赏图和宣传册的制作为开展社区公益活动提供了便利。以此次"助农直播"为起点，社工推动形成了"高校、社区、社区社会组织、社工"联动网络，为实施公益助农项目注入活力。

三、未来展望：构建"公益助农"支持网络，促进城乡合作

"公益助农"项目的顺利推行，离不开社工在多主体网络中发挥枢纽和增能的功能，社工正以公益助农的方式参与乡村振兴。"借助村民的农田，组织城区亲子家庭开展公益游、研学体验活动等"，充分发挥农村的土地资源和"土秀才、田专家"技术资源优势，以构建"公益助农"支持网络为主要策略，借助网络销售平台，促进城乡合作，为村民农产品找到更好的出路，帮助凤二村困难群体增收，也为城市人提供更优质健康的农产品，实现共同富裕。

案例九 >>

社工助力"一村一品"产业发展

一、背景介绍

凤二村位于从化区江埔街道东面,是具有 400 年历史的客家古村,除了农作物和经济作物,村内还发展以凤凰鸡为特色的养殖业。2020 年 2 月,该村党总支以产业发展、促进村民增收致富为突破口,成立广州市凤二村旅游经济发展有限公司,打造特色旅游业,推动乡村产业发展。在凤凰鸡养殖方面,村委会积极链接政府资金为凤凰鸡养殖户提供前期生产资本。近年来,永顺合作社收购凤凰鸡并统一出售,但受限于凤凰鸡产品本身和产业影响,凤凰鸡的销售难以产生规模效应。

为响应村民创新创业和生计发展需求,凤二村社工站于 2020 年 4 月组织妇女成立金凤凰协会,同年 12 月开展以凤凰鸡为主的经济发展项目。在从化区民政局、华南农业大学公共管理学院和从化区社会组织联合会的支持下,社工站发挥"枢纽增能"作用,组织村民以个人、金凤凰协会成员或永顺合作社成员的身份参与生计发展项目,尝试协助村民推广凤凰鸡及其他农产品,共建共享经济发展成果。

二、凤二村"一村一品"产业发展困境分析

(一)凤凰鸡产品自身的局限性

体形大。一只凤凰鸡有 6~10 斤重,且只能整只售卖,价格在 250~280 元,市场竞争力较弱,难以打开销路。

养殖周期长。凤凰鸡生长期需要满足 200 天以上,养殖周期长。

品牌知名度低。凤凰鸡虽然在从化小有知名度,但品牌标识较为普通,品牌包装不够精美,难以通过品牌效应提高产品效益。

(二)凤凰鸡产业化水平低,供应不稳定

凤凰鸡的产业化水平较低,处于粗放式经营状态,以农户散养为主,

养殖数量少，大规模养殖的农户较少，没有比较稳定的区域化生产基地，难以形成规模效应。

养殖户单家独户的分散经营与大市场之间存在矛盾。传统的养殖产销对接模式存在严重的信息不对称问题，信息渠道不畅通，产需信息对接不畅。分散的"小生产"与"大市场"对接困难，分散的养殖户难以与超市、批发市场等有批量需求的团体取得联系，以建立稳定的合作关系，导致无法获得有效的需求信息，面对偌大的需求市场依旧面临滞销的风险。

（三）凤凰鸡标准化养殖程度低

标准化是促进生产与市场连接的重要手段。规范化的饲养管理、集约化的养殖方式、饲养密度和库房设计等遵循科学合理的养殖标准可实现资源利用效益最大化，但凤凰鸡缺少统一的养殖标准和监管体系，养殖户养殖的凤凰鸡品质参差不齐，难以保证品质稳定，且存在饲养密度差异大、养殖场设置不合理等问题。

三、社工助力"一村一品"产业发展的行动策略

（一）联动高校资源，为品牌建设提供技术支持

凤二村社工联动高校资源，在与村委会的协同配合下打开凤凰鸡销路。一方面，通过联动高校资源，为凤凰鸡产品加持技术支持和品牌认证，华南农业大学动物科学学院的专家和学生团队为养殖户提供养殖指导和技术支持，依托广东华农优品数字科技公司建立华农凤凰鸡品牌溯源认证，为凤凰鸡产业品牌提供官方的专业背书，在生产、供应、销售环节加强管理，链接金穗集团，探索"互联网+"销售渠道。

另一方面，凤二村社工链接高校的师生资源，为凤二村凤凰鸡产业的发展注入人力资本和技术资本，联动华南农业大学社会工作专业研究生、本科生，共同为凤二村产业发展谋出路。

（二）联动政府、企业，开拓产品销路

凤二村社工联动凤二村村委会、江埔街道、从化区民政局及企业，共商凤二村经济发展之策，推动凤凰鸡产业链优化升级。针对凤凰鸡产品质量保障和配套运输服务等问题，凤二村社工联合村委会、企业、高校等进

行商讨。凤二村第一书记结合实际，介绍凤凰鸡目前的养殖、处理包装和物流运输等情况，为提升凤凰鸡品质问题提供解决思路。广东华农优品公司及广东金穗实业集团从经验出发，从新媒体运营的角度提供改善配套运输服务的建议。最终就凤凰鸡现存问题展开讨论并形成解决方案：第一，联动华南农业大学动科专家团队进行鸡种的改良；第二，链接政府资源引入冷链物流，从运输层面保障销量；第三，结合村庄文化特色，优化产品包装；第四，社工培育本地居民导赏团队，打造乡村研学基地，推动乡村发展特色旅游。

（三）发挥凤二村自身优势，促进产品本地自销

结合凤凰鸡产品现状及凤二村自然优势，凤二村社工积极开展乡村特色文旅研学，联合华南农业大学暑期"三下乡"团队，打造凤二村文旅研学路线，绘制凤二村文旅路线图及农产品分布图。联动高校学生及广州市内中小学，积极开展乡村文旅研学，在增加本地消费者的同时，促进凤凰鸡产品及其他农产品的本地自销，激活凤二村经济活力，激发凤二村经济发展的内生动力。

四、服务成效

凤凰鸡获评首批省级"一村一品、一镇一业"。经过组织申报、审核推荐、公示发布等程序，凤凰鸡成功获评省级"一村一品"，得到政府的资金支持，提高了凤凰鸡的知名度。

拓宽了养殖户的销售渠道，在线上依托快团团平台、社区妈妈团购等方式促进了凤凰鸡在广州市内的销售，线下依靠本村的文旅研学，提高了凤凰鸡在凤二村本地的销量。

激活乡村发展的内生动力。村民作为乡村振兴的主体，其能动性和主体性的发挥有利于提高帮扶的成效，促进乡村的可持续发展，通过小组培训、挖掘社区能人、培养社区社会组织等，带动村民参与乡村建设。

五、服务展望

凤二村社工以发展"一村一品"产业带动乡村产业发展，助力农民增收，使农民共享发展成果。为促进凤二村生计的可持续发展，社工未来还可以从以下方面提升乡村发展质量。从发展主体角度，农民在乡村产业发展中表现出来的自觉性、主动性、能动性和创造性有利于促进产业发展的持续性效果，社工可以推进农村职业教育，培育新型农民，提升农民主体的发展水平，激活农民参与乡村产业发展的主体意识；从产业建设角度，社工应注重产业发展与社会保护相结合，在发展乡村产业的同时加强农户之间的联结，形成乡村发展共同体；从生产主体角度，社工可以倡导发展新型农民合作社，引导农民以土地经营权、林权和生产设施等入股农民合作社，提高农业综合经营效益。

社工推进多方发力，共建村庄德孝文化

一、服务背景

2020 年，脱贫攻坚落下帷幕，社会各界开始探索脱贫攻坚与乡村振兴的有效衔接。而乡村文化振兴是乡村振兴的魂，也是社会工作助力乡村振兴的一个重要突破口，以乡村文化重建与发展作为重要方向，推动村民以文化作为纽带，紧密联结，营造幸福社区。

帝田村"三留守"群体居多，其中以老人为最，因此，村委重视尊老敬老，村内连续 10 年举办"春节敬老"活动，具有良好的德孝文化传统。但现代文化的冲击，不免造成村内传统文化的衰落。社工自进驻以来，基于帝田村良好的传统文化基础，以及文化振兴的指引，一直致力于重建帝田德孝文化，期望营造一个"孝以养德，德以树人"的和善社区。

二、服务方向探索：多方共建

社工站进驻后不久，通过调研走访和前期服务，社工就捕捉到了帝田村可以进行德孝文化建设的信号，但因帝田村社工此前对农村社区文化营造的经验较少，一直在不断的摸索中试错。探索至今，社工站对于帝田村德孝文化建设仍未有一个清晰明确的方向。恰逢 2022 年，项目邀请华南农业大学的教授团队作为项目总督导，设计和指导服务方向。基于此，在高校理论指导、社工实务能力、村委支持和村民群众基础万事俱备的情况下，社工站牵头举行"德孝文化建设"议事会，带来了东风。

在此次议事会中，社工站邀请了华南农业大学公共管理学院两位教授、帝田村委书记和妇女儿童主任、广州市聚赛龙工程塑料股份有限公司（以下简称聚赛龙公司）党支部书记和总经办主任及工委会主席、从化区社会组织联合会副秘书长、3 名社工及 5 名村民代表等，汇聚民政、村委、企业、高校和村民等多方力量，共同探讨帝田村德孝文化建设方向，为社工站未来服务引航。两位教授从学者角度阐述德孝文化建设对乡村发展的重要性，为会议拉开序幕。会议中，各方代表发表对帝田村德孝文化建设的看法，主要聚焦于德孝文化建设的重要性、困难及发展建议三点。

最后，综合多方代表意见，总结出目前帝田村德孝文化建设的困难主要在资金、人力及外部资源等方面，并认为帝田村德孝文化建设，要以社工站为纽带，积极寻求企业、乡贤等多方合作，发挥村民主体性力量，汇聚众力，共同建设。

三、服务过程

为促进多方共建德孝文化，帝田村社工站一方面以服务保持与村内外各主体力量的联系，村内发动村委干部、妇女、老人和青少年等主体力量参与，村外链接本土企业、民政系统和高校等资源，以社工站为中心凝聚村内外各方力量；另一方面积极发挥枢纽作用，促进各主体间的相互合作，同时在此过程中积极为各主体力量增能，共同推动德孝文化的传承与发展。

（一）企业助力"月行一孝"，力担社会责任

自社工站进驻帝田村以来，社工积极链接本土企业资源，激活了帝田村周边，如聚赛龙公司、广东煜丰实业集团有限公司、龙潭聚宝工业园等本土企业，这些本土企业在社工的引导下，力担社会责任，为帝田村德孝文化建设添砖加瓦。

关于"月行一孝"活动，社工谋划多时，但一直囿于活动开展的资金问题而未能落地，在多方寻求资金未果的低迷之际，聚赛龙公司了解活动的初衷和方案后，果断捐赠 5000 元作为活动资金。在此之前，聚赛龙公司作为本土企业，已连续几年支持帝田村开展敬老爱老相关服务，并表示如有合适的村民，可吸纳到公司上班，切实展现了企业的责任和担当。且聚赛龙公司的代表秦女士表示："过去是在物质和资金方面给予支持，未来希望将企业文化、企业责任与支持乡村发展结合起来，践行企业责任，为群众办实事，为乡村出力量。"从化区社会组织联合会的负责人也表示，在未来的德孝文化建设中，会积极寻求与聚赛龙公司

在文化上的契合点，探索更深入的合作，努力实现帝田村德孝文化和聚赛龙企业文化的共赢！

（二）化身花木兰，践行德孝精神

大量青壮年劳动力外出务工，妇女逐渐成为乡村建设和发展的主力。通过前期走访与调查，社工发现村内的妇女具有很强的潜在志愿者精神，愿意为村庄发展尽绵薄之力，如在过去 11 年的"春节敬老团圆饭"活动中，大多由村内的妇女撑起了活动后勤工作，保证了该活动能顺利地开展 11 年之久，因此，社工通过前期动员，在帝田村组建了一支"花木兰"志愿服务队，她们积极地活跃在社工服务与村庄德孝文化建设中。

在帝田村，有着这样一支"花木兰"志愿服务队，她们积极配合社工站开展德孝文化相关服务活动，在各种服务中绽放多姿多彩的风貌。她们力担活动主持和活动策划，在社工协助下顺利开展老人生日会，获得村民赞许，绽放自信；她们积极参与各种老人探访活动，对老人嘘寒问暖，细心关怀，绽放温柔；她们建言献策，在花木兰志愿者年度总结会议上，勇敢表达自己对于花木兰志愿服务队发展和德孝文化建设的想法，绽放热情……她们虽不曾替父从军建功立业，但她们投自身光热于乡村的德孝文化建设，化身帝田"花木兰"，身体力行地践行着帝田的德孝精神。

（三）老人讲述村史故事，传承德孝文化

岁月的磨炼，让老人们在体力、行动力等方面大打折扣，但也让他们拥有了青壮年难以企及的智慧。因此，帝田村社工从优势视角出发，发掘村内老人宝贵的岁月智慧，组建了一支"夕阳红"志愿服务队，希望通过社工服务，为老人参与村庄建设开辟一条自信之路，在助其提升自我效能感的同时促进帝田村德孝文化建设。

具体而言，如在"德孝文化传播小组"中，社工组织青少年组员前往几位具有代表性的老人家中，倾听他们讲述曾经的光荣岁月，了解那一段段在时光里蒙尘的独特经历，李阿婆作为党员的坚守尽责、徐阿叔照顾中风妻子的不离不弃、陈阿婆历经磨难后依旧向阳的乐观、徐阿叔亲力亲为对百岁母亲悉心照料……在老人的讲述中，青少年知晓了他们不曾见证过的村史村貌，尤其是老人共同提到的 1997 年洪水决堤后，村

民齐心协力修复防洪堤重建帝田村的历史，令青少年无比动容。作为帝田村发展的见证人，由老人向青少年讲述帝田村的独特历史和故事，一讲一听之下，不仅是长幼之间的交流，更是帝田村历史的交接，是帝田村德孝文化的传承！

(四) 奇思妙想小少年，助力社区微改造

少年是明日之希望，也是帝田村德孝文化发展传承的初升旭阳。因此，帝田村社工基于发展的理念，组建了一支"小哪吒志愿服务队"，在为其提供服务的基础上，从村庄小事出发，积极引导村内青少年思考村庄德孝文化建设的问题和路径。小小少年也借由其独特创造力，在德孝文化建设的田园里，留下他们的专属脚印。

青少年虽限于年龄和体力等客观因素的影响而难以承担一些我们常规认知的"大事"，但他们能发挥独特的创造力，推动社区微改造。在社工带领下，青少年探索帝田风采，发现村内有很多闲置区域，于是集思广益，决定在闲置场所开辟三四个"德孝小花园"。初期，青少年遇到了各式问题，要开辟怎样的小花园、种什么花、怎么种、怎么维护等；中期实地考察时，青少年脑洞大开，寻找答案。如有组员表示篮球场边的小花园，经常有人打球，可种像树花和桂花这样生命力顽强的花；后期，青少年分工合作建好花基。社工引导组员思考，花的成长周期较长，而花基处于村民活动区，易被破坏，该如何维护？青少年以奇特视角提出可先在花基里种蒜头，快速生长的蒜头可让村民知道这并非废弃花基，还可在周围竖上标语，减少破坏。就这样，一步一步，青少年们奇思妙想，付诸实践，"德孝小花园"初步完工，期待花期到来之时，青少年们在芳香中回味努力，并以更高涨的热情投入未来更多的德孝文化建设中！

四、服务反思

乡村的发展需要多元主体的共同参与，帝田村社工站在从化区社会组织联合会的指导下，经过一年多的实践，已经初步形成了"社工站枢纽凝聚，多主体增能参与"的村庄社区文化营造模式。实践中，虽然社工时刻提醒自己要守住各主体力量的主体性，保证村民参与和村民主导，但在具

体服务过程中，尤其是落到每一个活动中时，还是难以避免地出现一定程度上的社工主导的场景。因此，未来帝田村社工要更加注意和警醒自身，明确自身定位，继续发挥枢纽作用，整合多方资源，凝聚多方力量，积极为社区内多主体增能，推动多元主体共同参与德孝文化建设，结合服务，传承发扬帝田的"德"与"孝"，营造良好的帝田村德孝文化，让德孝文化浸润帝田。

案例十一 >>

社工助力客家文化传承与发展

一、凤二村文化服务情况

凤二村是传统客家村落，具有深厚的客家文化底蕴。拥有闻名九州的客家山歌、美味诱人的客家美食、凝结客家人智慧的农耕文化等特色。经过 2019 年至 2020 年的"美丽乡村"品牌建设，在村"两委"及政府相关部门的支持下，村内建成村史馆、嘎嘎书屋、凤宴广场、凤凰广场等地理性标志，借助古屋住宅（客家传统建筑）打造了一批民宿，将稻田旱地改造成客家山歌对歌台，打造乡村公共文化空间。

二、凤二村文化服务需求分析

村民具有较高的文化需求。经实地观察及调研了解，村内曾多次举办客家文化活动，如对歌台唱客家山歌、"外嫁女回娘家"主题晚会、凤凰小学学生表演客家山歌等。这些文化活动深深烙在了村民心里，村委、村民都非常支持类似活动的开展。

三、服务过程及成效

2022 年 1 月 17 日至 21 日，凤二村社会工作服务站开展"儿童客家文化传承小组"。本次客家文化小组以"文化传承"为主题，招募本村儿童为组员，运用当地文化资源，以乡村文化教育服务乡村文化振兴，通过社会工作的专业手法介入，旨在促进儿童对客家文化和村落文化的了解，增强儿童的文化认同感和自信心，寓教于乐，达到传承、保护客家文化的效果。

文化的传承与发展是一体两面的关系，既需要培养接班人，也需要对现有文化资源进行挖掘和活化。在小组筹备期，社工走访社区，挖掘社区内的文化资产、人力资产，邀请村"两委"、客家山歌传承人、客家农耕技艺志愿者、村史讲述者、客家民宿经营者、花木兰志愿服务队支持小组活动开展，申请利用村史馆、嘎嘎书屋、客家民宿、对歌台、广场等公共文化空间作为小组活动场地。

（一）动员村民支持小组活动，构建社区内部支持网络

客家山歌传承人刘奶奶的母亲范婆婆长期在"幸福食堂"就餐，就餐方式由堂食改为送餐。由于村内送餐志愿者力量有限，送餐资金成本投入较大，因而送餐名额有限。范婆婆申请送餐服务资格时，需要提交大量的个人资料，社工耐心为范婆婆讲解各类材料的用途、填写规范，协助范婆婆提交审核材料，跟进审核进度，与范婆婆及其家人保持联系，及时反馈审核情况。在社工的引导和协助下，范婆婆获得了送餐服务资格，范婆婆及其家人也因此对社工站心怀感激。本次小组服务开始前，社工联系刘奶奶，邀请她以客家山歌传承人的身份为组员进行山歌表演，讲解山歌历史文化。刘奶奶爽快地答应了。刘奶奶的态度诠释了"熟人社会"的特征，重视人情往来，刘奶奶将社工站视为人情关系网络中的一部分，以"还人情"的态度加入小组活动。经花木兰志愿服务队成员推荐，小组成功邀请了一位掌握客家农耕技艺的志愿者支持小组活动。当社工与志愿者商讨活动方案时，志愿者非常热情地提出了自己的想法，并携带簸箕、锄头、镰刀、秤砣等承载着客家人记忆的老旧物件来到社工站。此次小组活动充分运用了乡村公共文化空间，村委会听闻社工站需要借用村史馆和嘎嘎书屋，爽快答应并将钥匙交给了社工。

经过本次小组服务，首先，加强了社工站与村民、志愿服务队、村委会、社区社会组织的合作关系，加深了彼此之间的信任感。其次，邀请客家山歌传承人、志愿者为儿童讲解客家文化，增强了村民之间的支持网络。更重要的是，通过小组活动营造的浓厚文化氛围、互助团结的社区精神对村民来说意义非凡。

（二）开展客家文化传承小组，增强儿童对客家文化的认同感

综合对本村文化教育服务开展情况的调研和对文化资源的梳理，社工站计划开展6节小组活动，主题分别为认识文化传承的意义（第1节）、客家语言文化（第2、4节）、客家农耕文化（第5节）、村庄历史及客家

人精神文化（第3节）、总结小组活动（第6节），邀请客家山歌传承人、掌握农耕技艺的志愿者、村史讲述者参与本次小组活动。

小组服务加深了组员对客家文化的了解。第1节小组活动中，组员们只能说出客家文化特色的代表是"凤凰鸡"，而在小组末期，每位组员都能够说出3个或3个以上的客家文化特色代表。小组评估结果显示，95%的组员对小组的总体评价为"非常满意"，每位组员都能在小组活动过程中唱客家山歌或用客家话朗读古诗。100%的组员完成鲜花种植任务，对客家农耕生产工具的使用有了基本了解。100%的组员能够自信地说出3个以上的客家文化特色，甚至能自述村史。

小组服务增强了组员对客家文化的认同感和自信心。第1节小组活动中，组员比较羞怯，不敢尝试演唱客家山歌。经过社工的鼓励和引导，组员的态度逐渐转变。原本小组目标为每位组员学习演唱一首山歌或用客家话朗诵一首古诗即可，而到小组活动中期组员对演唱和朗诵表现出了极大热情。在最后一节小组中，组员轮流表演了山歌演唱和古诗朗诵，他们自豪地喊出："涯系客家人，涯晓唱山歌。"小组活动培养了儿童对客家文化的掌握和运用能力，让客语、山歌、农耕等客家文化的重要组成部分在儿童群体中得到接纳和认可，增强了组员对客家文化的认同感和自信心。

四、服务反思

农村社会工作的推进尤其重视与本土文化的融合。社工要对当地村落文化有深入的了解，理解村民的行动机制，尊重村落文化，促进村民在熟悉的场景中发挥自身的文化优势，"唤醒"村民对本土文化的保护意识，培育文化传承与发展意识。在村民集体参与社区文化建设的过程中，增强村民的文化自信力和认同感，提升村民凝聚力，让村民成为村庄文化的讲述者，开展创新性文化活动，做好文化传承与发展的两面，从而推动乡村文化振兴。

参 考 文 献

［1］包先康．社会工作介入农村社区"微治理"研究［J］．社会科学辑刊，2021（6）：51-59．

［2］保罗·费雷勒．被压迫者教育学［M］．顾建新，译．上海：华东师范大学出版社，2001．

［3］蔡岚．加拿大环境领域的合作治理及借鉴［J］．战略决策研究，2013，4（6）：32-43．

［4］蔡斯敏．城市社区文化营造的主体关系调适及路向选择［J］．南通大学学报（社会科学版），2022，38（1）：79-89．

［5］蔡鑫，朱若晗．链接与赋权：现代性反思视角下乡村文化资本治理与社会工作实践［J］．晋阳学刊，2021（2）：115-123．

［6］陈家家．农村妇女社会工作的实践路径［D］．北京：中国社会科学院研究生院，2012．

［7］陈树强．增权：社会工作理论与实践的新视角［J］．社会学研究，2003（5）：70-83．

［8］陈涛，胡沙，杨欣然．农村社会工作服务机构在乡村治理中的协同作用：基于 Y 农村社工事务所在 Z 村的经验分析［J］．学习与实践，2020（1）：108-114．

［9］陈涛，徐其龙．社会工作介入乡村振兴模式研究：以北京市 Z 村为例［J］．国家行政学院学报，2018（4）：73-77+149．

［10］陈向明．质的研究方法与社会科学研究［M］．北京：教育科学出版社，2000：165-168．

［11］陈晓东，李明唐．社会工作视角下中年群体边缘型人格障碍问题的介入路径［J］．黑龙江科学，2023，14（15）：112-114+117．

［12］池泽新，黄敏，赵海婷．美丽乡村建设：理论依据和现实条件：

以江西省为例 [J] . 农林经济管理学报, 2015, 14 (1): 84-90.

[13] 戴国强, 耿香玲, 刘克, 等. 文化结构视角下的城市社区文化营造探讨: 以江苏常熟部分城市社区为例 [J] . 改革与开放, 2018 (15): 81-84.

[14] 翟坤周. 后全面小康时代乡村振兴的"文化想象": 意蕴、场景及路径 [J] . 北京行政学院学报, 2020 (6): 10-19.

[15] 段小虎, 闫小斌, 荆皓. 从"农村文化建设"到"乡村文化振兴": 研究维度与思维模式的转变 [J] . 图书馆, 2018 (9): 1-4.

[16] 范斌. 弱势群体的增权及其模式选择 [J] . 学术研究, 2004 (12): 73-78.

[17] 方劲. 发展干预的社区能力建设范式及其对精准扶贫的启示 [J] . 社会建设, 2019, 6 (5): 40-49.

[18] 方劲. 内源式能力建设: 农村减贫的社会工作实践模式研究 [M] . 北京: 中国社会科学出版社, 2020: 86-110.

[19] 方堃. 城乡统筹的县域农村公共服务模式与路径探究: 从"国家单方供给"到"社会协同治理"的逻辑变迁 [J] . 天津行政学院学报, 2009, 11 (3): 38-4.

[20] 风笑天. 个案的力量: 论个案研究的方法论意义及其应用 [J] . 社会科学文摘, 2022 (8): 8-10.

[21] 付立华. 社会工作助力共同富裕: 何以可能和何以可为? [J] . 山东社会科学, 2022 (7): 15-20.

[22] 付钊. 社会工作参与社区治理共同体建构的实践策略与行动逻辑: 基于"情感—关系—行动"解释框架的分析 [J] . 新疆社会科学, 2023 (3): 139-149+152.

[23] 甘炳光. EPS 社工介入模式 [J] . 香港社会工作学报, 2016 (2): 93-115.

[24] 高飞. 传承与超越: 孝德文化在社区养老中的作用 [J] . 中共宁波市委党校学报, 2013, 35 (2): 122-128.

[25] 高瑞琴, 朱启臻. 何以为根: 乡村文化的价值意蕴与振兴路径:

基于《把根留住》一书的思考［J］．中国农业大学学报（社会科学版），2019，36（3）：103-110.

［26］格里·斯托克，华夏风．作为理论的治理：五个论点［J］．国际社会科学杂志（中文版），1999（1）：19-30.

［27］龚洁．智慧型美丽乡村建设的路径选择［J］．农业经济，2019（8）：34-35.

［28］古学斌．农村社会工作：理论与实践［M］．北京：社会科学文献出版社，2018.

［29］古学斌．道德的重量：论行动研究与社会工作实践［J］．中国农业大学学报（社会科学版），2017，34（3）：67-78.

［30］顾东辉．服务治理：社会工作中国行动的两个维度［J］．中国社会工作，2021（16）：8.

［31］顾化杰．增能发展 人文关怀：乡村振兴背景下农村社会工作的功能定位［J］．智慧农业导刊，2023，3（5）：149-152.

［32］关锐捷．美丽乡村建设应注重"五生"实现"五美"［J］．毛泽东邓小平理论研究，2016（4）：22.

［33］郭美琳．社会工作介入农村社区治理的实践研究：以江西省J市为例［J］．村委主任，2023（3）：42-44.

［34］郭伟和，徐明心．从抗逆力到抵抗：重建西方社会工作实务中的优势视角［J］．思想战线，2013（5）：105-110.

［35］韩鹏云．村庄价值世界嬗变与新农村文化建设方向［J］．学术探索，2015（2）：100-105.

［36］韩潇霏．社会工作介入海南省美丽乡村治理的路径探索［J］．农场经济管理，2020（3）：35-39.

［37］何水．协同治理及其在中国的实现：基于社会资本理论的分析［J］．西南大学学报（社会科学版），2008（3）：102-106.

［38］何卫平，张广利．中国共产党乡村文化建设的百年探索、基本经验及新时代展望［J］．理论月刊，2021（10）：13-21.

［39］何雪松．社会工作理论［M］．上海：上海人民出版社，2007：

199-212.

［40］贺芳芳，谢树青."三社联动"视角下的农村社区社会组织培育优化策略［J］.农业经济，2022（10）：50-51.

［41］赫尔曼·哈肯.高等协同学［M］.郭治安，译.北京：科学出版社，1989.

［42］赫尔曼·哈肯.协同学：大自然构成的奥秘［M］.凌复华，译.上海：上海译文出版社，2005.

［43］胡立刚，王海江.孝德文化与乡村秩序变迁中的集体行动困境研究［J］.黑河学刊，2019（02）：36-38.

［44］胡鹏辉，任敏，严艺文.重建熟悉关系："五社联动"中专业社工参与乡村治理何以可为：基于 Q 县 H 村项目实践案例的探究［J］.学习与实践，2023（5）：112-120.

［45］胡子彤.百年探索：中国特色社会主义农村体系建设下的农村社会工作介入［J］.黑龙江粮食，2021（1）：65-66.

［46］湖北省民政厅"五社联动"课题组."五社联动"中社会工作者的专业优势初探［J］.中国民政，2021（10）：33-35.

［47］黄爱宝.论走向后工业社会的环境合作治理［J］.社会科学，2009（3）：3-10+187.

［48］黄红.专业化高质量推动社工站建设为基层社会治理现代化赋能［J］.中国社会工作，2021（31）：25-26.

［49］黄建栩.新时代社会工作介入乡村治理的机制建构［J］.经济研究导刊，2022（10）：28-30.

［50］孔祥智，卢洋啸.建设生态宜居美丽乡村的五大模式及对策建议：来自 5 省 20 村调研的启示［J］.经济纵横，2019（1）：19-28.

［51］郎友兴.从小区到新故乡：社区文化与中国城市社区建设［J］.浙江社会科学，2013（5）：76-81.

［52］李芳，韩艳.社会主义新农村孝文化建设的基本策略：以衢州市余家山头村"女儿节"为例［J］.山西高等学校社会科学学报，2015，27（3）：31-34.

［53］李光绪，李尉．社会工作参与农村社区治理：何以可能？何以可为？［J］．中国社会工作，2021（4）：30-32.

［54］李海生，王丽婧，张泽乾，等．长江生态环境协同治理的理论思考与实践［J］．环境工程技术学报，2021，11（3）：409-417.

［55］李锦顺，等．白云供销社工服务乡村振兴模式［M］．上海：东方出版中心，2022.

［56］李玲．乡村旅游背景下南京美丽乡村建设的探讨［J］．太原城市职业技术学院学报，2013（12）：8-10.

［57］李文祥．我国乡村建设中社会工作本土化发展研究［J］．社会科学辑刊，2023（3）：67-73.

［58］李晓凤，万叶风．社会工作参与村落治理的经验模式探究：以深圳市龙华区"社工村"为例［J］．中国社会工作，2022（31）：26-28.

［59］李亚情．"五社联动"助推农村基层社会治理能力提高［J］．南方农机，2023，54（15）：134-137.

［60］李周．推进生态文明建设　努力建设美丽乡村［J］．中国农村经济，2016（10）：21.

［61］梁爱文．乡村振兴视域下西部民族地区美丽乡村建设新探［J］．黑龙江民族丛刊，2018（5）：48-55.

［62］梁若冰．文化自信引领乡村文化建设的实践策略［J］．内蒙古社会科学，2021，42（3）：190-196.

［63］林候，吕万陆．新常态下美丽乡村建设困境及对策研究：以永春县大羽村为例［J］．农业经济，2018（4）：48-49.

［64］刘宝．农村社区建设的范式转换与实践路径：基于社区能力构建的视角［J］．福建论坛（人文社会科学版），2013（6）：179-184.

［65］刘凤梅．美丽乡村建设实践中农民现代主体意识的培育［J］．中共银川市委党校学报，2013，15（6）：39-41.

［66］刘建生，陈鑫．协同治理：中国空心村治理的一种理论模型：以江西省安福县广丘村为例［J］．中国土地科学，2016（1）：53-60.

［67］刘江．城市"社区能力"基准结构研究：基于境外实证研究的

探索性分析 [J]．社会建设，2016，3（3）：75-84.

[68] 刘洁．德孝文化与社会治理 [J]．中学政治教学参考，2017
(9)：26-28.

[69] 刘淑君，雷杏珊．"五社联动"全民共治，一个街道的治理实践
[J]．中国社会工作，2022（1）：34-35.

[70] 刘文文，朱健刚．中国农村社会工作的本土知识生产研究：基
于西方现代文明与中国乡土情境的建构 [J]．华东理工大学学报（社会科
学版），2023，38（4）：27-40.

[71] 刘振，徐永祥．本土化社会工作还是爱国主义运动？乡村建设
运动的再认识 [J]．新视野，2020（1）：59-64.

[72] 鹿风芍，齐鹏．乡村振兴战略中美丽乡村建设优化策略研究
[J]．理论学刊，2020（6）：141-150.

[73] 罗峰，蔺若冰，柳雅思，等．党建引领下的社区协同治理研究：基
于武汉市 X 街道的社区实践 [J]．周口师范学院学报，2022，39（6）：133-
138.

[74] 罗西瑙．没有政府的治理 [M]．南昌：江西人民出版社，2001.

[75] 吕宾．当代中国农民文化需求变化：特点、原因与对策 [J]．
理论月刊，2022（4）：78-88.

[76] 马宁．"五社联动"视角下乡村社会治理研究：以 L 镇某村 W
项目为例 [J]．国际公关，2023（3）：43-45.

[77] 马永庆．孝文化对农村家庭道德建设的意义 [J]．齐鲁学刊，
2006（3）：35-38.

[78] 毛宏龙，罗玉华，黄婷，等．新时代社会工作介入边境地区乡
村治理路径研究：以崇左市为例 [J]．科技创业月刊，2020，33（10）：
91-95.

[79] 孟祥瑞．乡村社会治理共同体的内涵、挑战与构建路径 [J]．
长春师范大学学报，2020，39（11）：59-64.

[80] 莫筱筱，明亮．台湾社区建设的经验及启示 [J]．城市发展研
究，2016，23（1）：91-96.

［81］聂玉梅，顾东辉．增权理论在农村社会工作中的应用［J］．理论探索，2011（3）：80-83.

［82］彭永庆．社区建设与民族地区乡村文化建设［J］．华南农业大学学报（社会科学版），2017，16（3）：121-131.

［83］普忠鸿．社会工作参与城市边缘"非典型古村落"振兴发展的路径：以社区为本位的 1+N 整合联动实践［J］．楚雄师范学院学报，2019，34（6）：105-11.

［84］钱宁，田金娜．农村社区建设中的自组织与社会工作的介入［J］．山东社会科学，2011（10）：29-34.

［85］钱逊．先秦儒学［M］．沈阳：辽宁教育出版社，1995.

［86］乔成邦．新型城镇化背景下农村社区治理：功能、困境与转型［J］．中共成都市委党校学报，2017（4）：77-81.

［87］任敏，胡鹏辉，郑先令．"五社联动"的背景、内涵及优势探析［J］．中国社会工作，2021（3）：15-17.

［88］任敏，齐力．"五社联动"框架下"五社"要素的城乡比较［J］．中国社会工作，2021（7）：32-33.

［89］任敏．"五社联动"参与社区治理的三种模式及其共同特点［J］．中国社会工作，2021（10）：28-30.

［90］任文启，顾东辉．基层治理专业化视野下社会工作站建设的进程、困境与实践策略［J］．社会工作与管理，2022，22（6）：50-59.

［91］仜文启．"五社联动"促进基层治理效能提升［J］．中国社会工作，2022（1）：14.

［92］任映红．乡村文化难题破解与中华优秀传统文化价值实现研究透析［J］．毛泽东邓小平理论研究，2022（1）：48-55.

［93］沙勇忠，解志元．论公共危机的协同治理［J］．中国行政管理，2010（4）：73-77.

［94］舒仁凯．从个体能力到集体行动：国外赋权理论发展研究［D］．南昌：南昌大学，2018：6.

［95］苏巧平．以增权理论解读中国农村贫困问题［J］．科技进步与

对策，2006（5）：51-53.

［96］孙庆忠．离土中国与乡村文化的处境［J］．江海学刊，2009（4）：136-141.

［97］孙志勇．当代中国乡村孝文化建设研究［D］．石家庄：河北师范大学，2017.

［98］谭英．美丽乡村建设背景下的孝文化与乡村治理［J］．中共浙江省委党校学报，2016，32（6）：37-43.

［99］唐南．社区文化保育：凝聚社区居民力量参与社区治理：社会工作介入农村社区治理的探索研究［J］．教育现代化，2019，6（60）：288-290.

［100］田舒，迪丽孜巴·图尔荪．社区治理"五社联动"：内涵、机制与困境［J］．湖南行政学院学报，2022（4）：101-108.

［101］田玉麒．协同治理的运作逻辑与实践路径研究［D］．长春：吉林大学，2017.

［102］童敏．从问题视角到问题解决视角：社会工作优势视角再审视［J］．厦门大学学报（哲学社会科学版），2013（6）：1-7.

［103］万江红．乡镇社工站建设中的领导注意力分析［J］．华中农业大学学报（社会科学版），2023（4）：147-155.

［104］汪海玲．以"五社联动"机制推进社工站建设模式观察［J］．中国社会工作，2022（22）：20-21.

［105］汪阔林．"五社联动"中的共建共治密码［J］．中国社会工作，2021（10）：25.

［106］汪来杰，刘玉灵．我国政府协同治理研究的三重维度：基于文献分析视角［J］．许昌学院学报，2019，38（4）：111-116.

［107］王富国．乡村振兴背景下社会工作参与农村社区治理的路径［J］．农村经济与科技，2022，33（19）：128-130.

［108］王国红，瞿磊．县域治理研究述评［J］．湖南师范大学社会科学学报，2010，39（6）：61-65.

［109］王慧，吴猛．农村新社区治理创新研究［J］．沈阳工业大学学

报（社会科学版），2018，11（4）：368-371.

［110］王宁．代表性还是典型性？个案的属性与个案研究方法的逻辑基础［J］．社会学研究，2002（5）：123-125.

［111］王倩．城市社区文化营造：理论机理、现实困境与路径创新：以上海市两个社区为例［J］．中共珠海市委党校珠海市行政学院学报，2017（6）：53-59.

［112］王清华．社会工作在乡村治理中的角色与功能探析［J］．现代农业研究，2020，26（8）：140-142.

［113］王世强．强化赋权式介入：社会工作参与社会救助的实践进路［J］．学习与实践，2022（2）：101-111.

［114］王卫星．美丽乡村建设：现状与对策［J］．华中师范大学学报（人文社会科学版），2014，53（1）：1-6.

［115］卫小将，黄雨晴．乡村振兴背景下农村社会工作人才队伍建设研究［J］．中共中央党校（国家行政学院）学报，2022，26（1）：104-112.

［116］卫子璇．传统德孝文化实践的载体创新：微时代效应［J］．法制与社会，2017（11）：165-166.

［117］魏开琼，李婷．农村妇女参与基层治理的路径探讨：基于社会工作介入H村社区建设的研究［J］．理论月刊，2023（5）：127-134.

［118］吴琛杭．乡村振兴背景下农村社会工作的历史沿革、现实观照与发展路径［J］．乡村论丛，2022（6）：12-20.

［119］吴海红，郭圣莉．从社区建设到社区营造：十八大以来社区治理创新的制度逻辑和话语变迁［J］．深圳大学学报（人文社会科学版），2018，35（2）：107-115.

［120］吴建南．以改革创新方法论引领区域协同治理［J］．探索与争鸣，2020（10）：5-7+143.

［121］吴岚波．三维赋权与三重减负：社区系统视角下的减负增效研究［J］．领导科学，2021（4）：56-60.

［122］伍玉振．赋权增能：新时代城市社区治理的新视角［J］．中共

天津市委党校学报，2021，23（5）：87-95.

[123] Herbert Altrichter, PeterPosch, Bridget Somekh. 行动研究方法导论：教师动手做研究［M］. 夏林清，译. 台北市：远流出版公司. 1993.

[124] 向德平. 充分发挥社会工作在乡村振兴中的专业作用［J］. 中国社会工作，2022（34）：14-15.

[125] 向羽，袁小良，张和清. "双百社工"在乡村社会治理中何以可为［J］. 社会工作，2020（4）：97-108+112.

[126] 向羽. 从"服务"到"发展"：农村社会工作发展路径探析：对珠海农村社会工作发展的反思［J］. 社会工作与管理，2016，16（3）：31-38.

[127] 萧子扬. "清河实验"：当代中国农村社区治理的路径选择［J］. 世界农业，2017（7）：184-188.

[128] 肖燕，曹李耘，王彦蓉，等. 共建共享理念下肿瘤医院"五社联动"模式探索［J］. 中国肿瘤，2023，32（1）：59-65.

[129] 谢太平. 内生性与传播赋权：乡村文化建设再思考［J］. 青年记者，2021（6）：33-34.

[130] 徐道稳. 社区基金："五社联动"中的社会创新［J］. 中国社会工作，2022（10）：14.

[131] 徐晓斌，张洁，刘云海. 新媒体背景下优秀文化传承与弘扬的策略研究：以孝文化为实例［J］. 文化产业，2022（19）：97-99.

[132] 徐选国，杨絮. 农村社区发展、社会工作介入与整合性治理：兼论我国农村社会工作的范式转向［J］. 华东理工大学学报（社会科学版），2016，31（5）：8-17.

[133] 徐选国. 探索乡镇（街道）社工站在创新基层社会治理中的作用机制［J］. 中国社会工作，2023（1）：11.

[134] 许静. 社会工作嵌入农村基层社会治理的实践路径研究［J］. 西部学刊，2023（10）：50-53.

[135] 闫薇，张燕. "五社联动"增强社区治理力量［J］. 中国社会工作，2021（3）：12-14.

[136] 严雪雁，谢金晶．乡村社会治理中的社工助力探析：角色定位与路径选择 [J]．乐山师范学院学报，2021，36（6）：76-84.

[137] 颜小钗，张和清，等．乡村振兴，社会工作参与的路径和困境 [J]．中国社会工作，2018（22）：13-14.

[138] 杨红，陈涛．社会工作机构支撑的村庄多元主体协同治理：北京市 Z 村治理模式研究 [J]．社会工作与管理，2022，22（3）：80-91.

[139] 杨乐，邓亚情，李艳荣．奏响社区治理协奏曲：湖北省武汉市汉阳区琴断口街七里一村社区的"五社联动"探索 [J]．中国社会工作，2021（3）：17-18.

[140] 杨良山，柯福艳，徐知渊，等．振兴我国乡村文化的几点思考 [J]．农业经济，2021（7）：51-52.

[141] 杨清华．协同治理：治道变革的一种战略选择 [J]．南京航空航天大学学报（社会科学版），2011，13（1）：31-34.

[142] 杨清华．协同治理与公民参与的逻辑同构与实现理路 [J]．北京工业大学学报（社会科学版），2011，11（2）：46-50+70.

[143] 姚进忠．服务型治理：乡镇（街道）社工站运作的追求 [J]．中国社会工作，2021（31）：26-27.

[144] 尹广文．社区建设：一个新的社区建设的理论与实践 [J]．福建论坛（人文社会科学版），2017（4）：159-164.

[145] 尹广文．中国社会工作与乡村建设行动：亲和性、实践史与行动路径选择 [J]．兰州学刊，2023（8）：139-149.

[146] 余敏江．论区域生态环境协同治理的制度基础：基于社会学制度主义的分析视角 [J]．理论探讨，2013（2）：13-17+2.

[147] 俞可平．国家治理的中国特色和普遍趋势 [J]．公共管理评论，2019（3）：25-32.

[148] 俞可平．治理与善治 [M]．北京：社会科学文献出版社，2009.

[149] 庾虎．桂西北瑶族德孝文化研究 [J]．广西教育学院学报，2018（1）：25-29.

［150］袁小平，熊茜．社会动员视角下的农村社区能力建设［J］．山东社会科学，2011（11）：26-30.

［151］袁小平．农村社会工作对乡村振兴的因应研究［J］．甘肃社会科学，2019（4）：147-153.

［152］原珂，赵建玲．"五社联动"助力基层社会治理共同体建设［J］．河南社会科学，2022，30（04）：75-82.

［153］岳天明，孙祥．我国受暴女性的赋权增能与社会工作救助［J］．学习与实践，2017（1）：104-111.

［154］张大维，赵彦静．"三社联动"中社会工作的专业缺位与补位［J］．中州学刊，2017（10）：56-61.

［155］张海荣．中国共产党百年乡村文化治理的逻辑演进［J］．人民论坛，2021（10）：72-75.

［156］张和清，杨锡聪，古学斌．优势视角下的农村社会工作：以能力建设和资产建立为核心的农村社会工作实践模式［J］．社会学研究，2008（6）：174-193+246.

［157］张和清．中国社区社会工作的核心议题与实务模式探索：社区为本的整合社会工作实践［J］．东南学术，2016（6）：58-67.

［158］张和清．建构中国特色本土化农村社会工作实务模式［J］．中国社会工作，2021（13）：17-18.

［159］张立荣，何水．公共危机协同治理：理论分析与中国关怀：社会资本理论的视角［J］．理论与改革，2008（2）：37-40.

［160］张丽华，颜少菊．广东客家孝文化建设面临的机遇与挑战［J］．文化产业，2022，（20）：130-132.

［161］张瑞凯．社区能力建设：从理论概念走向行动实践［M］．北京：北京理工大学出版社，2012.

［162］张生元，孙媛媛，等．社工站介入乡村治理共同体构建的理论基础及实践路径［J］．山东理工大学学报（社会科学版），2022，38（6）：48-53.

［163］张燕．湖北推行"五社联动"，化解"疫后综合征"［J］．中

国社会工作, 2020 (28)：34-35.

[164] 张云昊. 增权："农民工讨薪"案例的分析及其启示 [J]. 青年研究, 2005 (9)：13-18.

[165] 赵方方. 社会工作介入农村社区治理实践研究：以三亚市 S 村社区为例 [J]. 农场经济管理, 2020 (10)：33-35.

[166] 郑恒峰. 协同治理视野下我国政府公共服务供给机制创新研究 [J]. 理论研究, 2009 (4)：25-28.

[167] 郑巧, 肖文涛. 协同治理：服务型政府的治道逻辑 [J]. 中国行政管理, 2008 (7)：48-53.

[168] 郑向群, 陈明. 我国美丽乡村建设的理论框架与模式设计 [J]. 农业资源与环境学报, 2015, 32 (2)：106.

[169] 钟纯. 论中华传统之德孝文化 [J]. 知与行, 2017 (8)：30-35.

[170] 钟世华, 邓军彪. 重塑乡村文化生态的目标与进路 [J]. 人民论坛, 2022 (4)：120-122.

[171] 周柏春. 中国特色乡村文化振兴道路的内在机理与推进策略 [J]. 学术交流, 2021 (7)：141-150.

[172] 周锋. 德孝文化内涵探析 [J]. 国际公关, 2020 (11)：328-329.

[173] 朱力, 葛亮. 社会协同：社会管理的重大创新 [J]. 社会科学研究, 2013 (5)：1 7.

[174] 卓彩琴, 马林芳, 方洁虹, 等. 从单一主体到五社联动：社会工作者推动农村社区治理结构优化的行动研究 [J]. 社会工作, 2022 (2)：46-63.

[175] 卓彩琴. 麻风隔离群体增权的社会工作行动过程与策略：以 H 机构的服务为例 [J]. 社会工作, 2015 (2)：48-59+126-127.

[176] 左建辉. 社会工作助力乡村振兴的困境和路径分析 [J]. 山西农经, 2022 (4)：46-48.

[177] 曾秀兰. 乡村振兴背景下社会工作参与乡村文化治理：角色及

路径 [J]. 探求, 2021 (3): 100-105+120.

[178] ANSELL C, GASH A. Collaborative governance in theory and practice [J]. Journal of public administration research and theory, 2007 (4).

[179] Aspen Institute. Rural Communities in the Path of Development: Stories of Growth, Conflict and Cooperation [EB/OL]. (1996). https://www. aspeninstitute. org/publications/rural-communities-path-development-stories-growth-conflict-and-cooperation-1996/.

[180] AMADEI B. A systems approah to buliding community capacity and resilence [J]. Challenges, 2020, 11.

[181] CHAPMAN M, KIRK K. Lessons for community capacity building: A summary of research evidence [J]. 2024.

[182] CHASKIN R J. Building community capacity: A definitional framework and case studies from a comprehensive community initiative [J]. Urban affairs review, 2001, 36 (3): 291-323.

[183] CHEERS, COCK G, KEELE L H, et al., Measuring community capacity: An electronic audit tool [J]. Primary industries, 2006.

[184] CONGER J A, KANUNGO R N. The empowerment process: integrating theory and practice [J]. Academy of management review, 1988, 13 (3): 471-482.

[185] EISENBERG D A. Transforming building regulatory systems to address climate change [J]. Building research & amp; Information, 2016, 44 (5-6).

[186] 赛尔贝. 优势视角: 社会工作实践的新模式 [M]. 杜立婕, 李亚文, 译. 上海: 华东理工大学出版社, 2004: 19-24.

[187] FREIRE P. Education for critical consciousness [J]. Continuum, 1973.

[188] GLICKMAN N J, SERVON L. More than bricks and sticks: Five components of community development corporation capacity [J]. Housing policy debate, 1998, 9 (3): 497-539.

［189］GOODMAN R, SPEERS M, MCLEROY K, et al. Identifying and defining the dimensions of community capacity to provide a basis for measurement ［J］. Health education and behaviour, 1998 (3): 258-278.

［190］HOGG C. Giving power to employees: the soft approach to high productivity ［J］. Multinational business, 1993 (4): 13-18.

［191］HOLLAND J, RAMAZANOGLU C. , SCOTT, S, et al. Pressure, Resistance, empowerment: Young Women and the Negotiation of Safer Sex ［M］. London: The Tufnell Press, 1991.

［192］HYDEN G, COURT J, MEASE K. Making sense of governance: the need for involving local stakeholders ［J］. Overseas development institute, 2003: 1-11.

［193］WITKOWSKA J. Foreign direct investment in the changing business environment of the european union's new member states ［J］. Global economy journal, 2011, 7 (4).

［194］PURDY J M. A framework for assessing power in collaborative governance processes ［J］. Public administration review, 2012, 72 (3).

［195］KAM P K . Strengthening the empowerment approach in social Work practice: An EPS model ［J］. Journal of social work, 2020, 21 (1).

［196］KAM P K. Strengthening the empowerment approach in social Work practice: an eps Model ［J］. Journal of Social Work, 2020, 21 (3).

［197］KEMMIS S , MCTAGGART R , NIXON R . Doing critical participatory action research: The "Planner" Part ［J］. Springer singapore, 2014.

［198］KOONTZ T M, NEWIG J. From planning to implementation: Top-down and bottom-Up approaches for collaborative watershed management ［J］. Policy studies journal, 2014.

［199］LABONTE R, LAVERACK, G. Capacity building in health promotion, Part 1: For whom and for what purpose ［J］. Critical public health, 2001 (2): 129-138.

［200］LEAT D , STOKER G . Towards holistic governance: the new Eeform agenda ［J］. Palgrave, 2002.

［201］LEWIN K. Frontiers in group dynamics：II. Channels of group life；social planning and action research ［J］. Human relations, 1947, 1（2）：143-153.

［202］PIERRE J. Debating governance ［J］. Level in sensitive policy areas' european law journal, 2000.

［203］RAPPAPORT J. Terms of empowerment/exemplars of prevention：Toward a theory for community psychology ［J］. American journal of community psychology, 1987（15）：121-148.

［204］ROBERT K Y. Case Study Research：Designand Methods ［M］. 2nded. London：Sage Publications, 1994.

［205］SOLOMON, BARBARA B. Black empowerment：Social Work in Oppressed Communities ［M］. New York：Columbia University Press, 1976.

［206］SUSMAN G I. Action research：a sociotechnical systems perspective ［J］. Beyond method：Strategies for social research, 1983, 95：113.

［207］WAUGH W L, STREIB G. Collaboration and leadership for effective emergency management ［J］. Public administration review, 2006, 66（1）：131-140.

［208］ANDALA Y, SOMA C. POTENTIAL opportunities and challenging realities：Organizations' experiences while accessing resources and advocating on behalf of survivors of domestic violence in ghana ［J］. Women's studies international forum, 2022, 94.

［209］ZIMMERMAN M. Empowerment theory：Psychological, Organizational and Community Levels of Analysis ［J］. 2000.

后 记

2023 年 1 月，我统筹出版了自己的第一本行动研究专著《社区能力建设与社会工作服务研究》，该专著以广州市某街道社工站六年的社区社会工作服务历程为研究对象，探索社会工作参与社区治理的实践模式，尝试为中国城市社区社会工作实践提供本土化研究样本。2019 年，为积极响应国家乡村振兴战略，在广州市从化区民政局的邀请下，华南农业大学社会工作系教师团队开启了农村社区社会工作服务，重点探索社会工作推进农村社区治理创新，形成可推广、可复制的实践模式。2022 年 6 月，李锦顺副教授、刘晓雯等基于 2020 年度即第一年服务经验研究，出版了专著《从化农村社会工作服务模式》。这本《乡村振兴目标下社工推进农村社区治理创新的从化实践》则是我们教师团队四年完整的农村社区社会工作行动研究成果，可以被看作是《从化农村社会工作服务模式》的续集。华南农业大学社会工作系教师团队希望为中国社会工作自主知识生产贡献一份绵薄之力。此时此刻，值得我感谢感激的人和事涌上心头！

感谢华南农业大学动物科学学院院长谢青梅教授，四年前她挂职担任广州市从化区副区长，正是在谢教授的热情牵线搭桥下才有了我们这个"政府+高校+社会组织"三方联动项目。感谢华南农业大学动物科学学院党委书记孙凌洁，目前他正在挂职担任广州市从化区副区长，他对该项目给予了持续支持和帮助。感谢从化区民政局历任领导汪中芳局长、郑俊荣书记、宋鹏书记、胡香玲局长等对我们的信任和支持，在本项目开展过程中提供政策和资源支持。感谢广州市从化区社会组织联合会在项目运营中提供的全方位支持，谭秀妹会长、欧阳文静副秘书长、李润发项目专员都是亲力亲为及时协助解决项目中的各种问题。

感谢支持项目落地的江埔街道、鳌头镇以及凤二村和帝田村的基层党委、政府、村党总支、村委等对本项目执行所给予的大力支持和无限信任，是他们才使我们的创新思维和行动方案得以落地。特别值得一一感谢的是江埔街道党工委书记郑俊荣（从化区民政局原党组书记）、江埔街道公共服务办主任董建、凤二村党总支第一书记李学超、凤二村党总支书记李铝平、凤二村党总支副书记谭云、凤二村村委委员夏远金、谢刘雨等；帝田村党总支书记徐座潮（时任）、徐丽宜（现任）、帝田村村委委员曾燕群等。除此，还要特别感谢凤二村、帝田村的所有村民，他们对我们这些"外来人员"的到来给予了热情欢迎和拥抱，让我们在这里扎根，逐渐成为村里的一份子。

感谢华南农业大学公共管理学院几任院领导的大力支持，戴育滨书记、张玉院长大力促成合作项目的落地；蔡茂华书记、史传林院长推动项目全面发展，并多次到项目点进行现场指导；唐斌院长、王希副书记、廖杨副院长、杨正喜副院长、刘峥嵘副院长、张开云党委委员等都对该项目给予了很大支持和帮助。

感谢华南农业大学公共管理学院社会工作系的所有老师和学生，本项目是我们在乡村开展调研和服务的大本营，很多老师直接参与了项目指导或者学生实习实践指导。老师和学生以该项目实践为基础，成功申请研究课题和大学生创新创业项目。因此，本书是我们社会工作系师生的集体成果。深度参与的老师有：马林芳、李锦顺、王建平、陈玉生、唐晓容、曾永辉、林诚彦、李颖奕、肖小霞、罗天莹等。

要特别说明的是，李锦顺是第一年的项目统筹老师，项目运营机构是李老师牵头创办的广东省惠诚社会工作服务与评估中心，第一年是开创期，从无到有，李老师带领项目团队经历了很多困难和艰苦，披荆斩棘打下坚实的基础，李老师对乡村的热爱令人敬佩，值得一提的是，他还为两个村谱写了村歌。

最后要特别感谢历年来项目的专职社工、实习社工以及专业督导，他们在田野中充分发挥了自己的主体能动性和专业自主性，也为这片土地贡献了自己的青春热血。专职社工和实习社工分别是：

第一年（2020年3至2021年3月）：周堪照、谭淑娟、李银枝、朱惠琼、李汝金、禤伟健、李思韵、吴荸妮、程玲、刘晓雯、吴曼妮、张晓钰、王健美、谷舒晴、陈惠君、陈彩琼、何晶、杨洋、陆奕余；

第二年（2021年3至2022年3月）：龙雪媚、欧阳文静、周堪照、李润发、李银枝、梁严文、刘爱英、谭淑娟、戚梦宜、高原、杜煜帆、张玉莉、李力坚、朱惠琼、胡勇辉、张少敏、刘晓丹、谢雅彤、卓如婷；

第三年（2022年3至2023年3月）：李银枝、刘爱英、梁严文、戚梦宜、谭淑娟、高原、徐晓如、张少敏、刘晓丹、谢雅彤、陈春龙、吴妮颖；

第四年（2023年3至2024年3月）：李银枝、刘爱英、梁严文、戚梦宜、高原、徐晓如、陈春龙、吴妮颖、德慧萌、胡锦城、卓晓慧、邓小泳、曾敏睿、梁赛阳。

主要专业督导是：卓彩琴、马林芳、谭秀妹、欧阳文静、方洁虹、龙雪媚、熊成珠、李亚飞、耿强巍等。

本专著汇集了很多人的智慧，作者如下：

第一章　马林芳（华南农业大学公共管理学院社会工作系副教授）；硕士生：李硕、袁满

第二章　卓彩琴（华南农业大学公共管理学院社会工作系教授）

第三章　卓彩琴、谭秀妹（广州市从化区民政局科长、从化区社会组织联合会会长、社会工作师）

第四章　卓彩琴、欧阳文静（从化区社会组织联合会副秘书长、社会工作师）

第五章　刘晓丹（华南农业大学公共管理学院2023届社会工作专业硕士）、欧阳文静

第六章　刘晓丹、卓彩琴

第七章　谢雅彤（华南业大学公共管理学院2023届社会工作专业硕士）、卓彩琴

第八章　张少敏（华南业大学公共管理学院2023届农村发展专业硕士）、卓彩琴

第九章　卓彩琴

第十章　马林芳统稿

案例一　马林芳、刘晓丹

案例二　谢雅彤

案例三　龙震霄、徐晓如

案例四　吴妮颖、陈春龙

案例五　马林芳、李银枝

案例六　欧阳文静、卓晓慧

案例七　胡锦城、梁严文、徐晓如

案例八　刘晓丹

案例九　德慧萌、邱良紫、刘爱英

案例十　谢雅彤

案例十一　刘晓丹

最后感谢中国社会出版社的责任编辑张迟对专著进行了细致审读、修改和润色！

卓彩琴

2024 年 3 月 30 日